ドリル&ドリル

日本語能力試験

N2
基礎力
アップ

文字・語彙／文法／読解／聴解

著者：星野恵子 ＋ 辻 和子

N2を目指す人

N2

UNICOM Inc.

目次
もくじ

別冊 （べっさつ） 正解と少し難しい言葉の翻訳 （せいかい すこ むずか ことば ほんやく）
[Separate Booklet] Correct answers and translation of slightly difficult words
[Quyển riêng] Phiên dịch đáp án và các từ ngữ hơi khó

この本の使い方
（ほん。つかいかた）
How to use this book
Cách sử dụng cuốn sách này

◇ この本は、次のような人におすすめします。

・日本語能力試験 N2 を目指してこれから勉強を始める人

・日本語能力試験 N2 対策の問題集が少し難しいと感じる人

◇ この本の特長と使い方

① 分野別に問題を解きながら、無理なく、勉強を進めることができます。

文字・語彙（もじ・ごい）	話題別に単語のチェックをします。知らない単語は意味を確認して覚えましょう。

「覚えましょう！」（おぼ）の翻訳は別冊にあります。（ほんやく　べっさつ）

文法（ぶんぽう）	第１回〜第３回で N3 までの文法項目の復習をし、第４回〜第 10 回で N2 の勉強を始めるときに知っておきたい文法項目を、問題を解きながら確認していきます。

読解（どっかい）	第１回で接続詞、こ・そ・あ・どや、読解のキーになる表現のチェックをします。第２回〜第８回は、問題形式別に内容理解や情報検索の練習をします。

聴解（ちょうかい）	第１回で音の変化、表現や接続など、会話を聞き取るポイントのチェックをします。第２回〜第８回では、問題形式別に聞き取りの練習をします。（→ CD の利用方法）（りょうほうほう）

② 語句や難しい説明に翻訳（英語・ベトナム語）つき。

　N3 レベル以上の言葉には、簡単な日本語や英語・ベトナム語で意味を示してあります。

「*」がついている言葉の意味がわからないときは、
📖を見てください。

③ 日本語能力試験形式の問題で実力チェック。

　毎回、日本語能力試験に出題される問題形式の問題を解きます（「やってみましょう」）。 1回ごとに必ず成績をチェックして、ページの右上の得点欄に点数を書き入れてください。実力がどれだけ伸びたか自分で確認することできます。

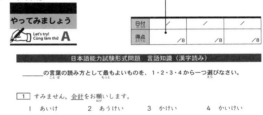

④ 解答と少し難しい言葉の翻訳は別冊に。

　「練習しましょう」「やってみましょう」の答えと、少し難しい言葉の翻訳は、参照しやすいように別冊にまとめてあります。

💿 CD の利用方法

　＊この本には CD が 1 枚ついています。

　＊音声マークがあるところでは、必ず CD を聞いてください。

　＊必要なときは CD を一時停止しましょう。

　　🔊 10●──音声のトラック No. を表しています。

教室用音声提供のご案内

本書には CD がついていますが、問題に答えるための時間を十分にとった教室用の音声を別途ご用意いたしております。必要な場合は以下にご連絡ください。無償ダウンロードの URL をお知らせいたします。

連絡先：oto2022@unicom-lra.co.jp

How to use this book

◇ **This book is recommended for people:**
- Beginning to study for the Japanese Language Proficiency Test (JLPT) N2
- Finding the practice questions for JLPT N2 somewhat difficult

◇ **Guidelines in using this book:**
① **You may solve problems in each area to gradually progress with your studies.**

Vocabulary	You may explore different sets of vocabularies according to different topics. If you don't understand the word, make sure you write down the meaning of it to memorise. The translation of " 覚えましょう !" is in the Separate Booklet.
Grammar	Sections 1 through 3 revises the grammar up to N3, after which you move on to Section 4 through 10 in which it covers a range of grammar that you need to know commencing your study for the N2 test.
Reading comprehension	Section 1 explores the key grammar representations that help with reading comprehension such as conjunctions and *ko-so-a-do* demonstratives. In section 2 through 8 you can do practice questions that enhance your skills in understanding the stimulus and picking out information.
Listening comprehension	You can look at change in intonation, verbal representations and connections, and important points to pick out of conversations in section 1. In section 2 to 8 you can practice your listening skills keeping those points in mind, solving a series of questions. (Find page 5 for instructions on using our CDs)

② **For high level vocabulary or instructions there will be translations in English and Vietnamese.**

Any words from level above N3 will have basic Japanese meanings with translations in English and Vietnamese.

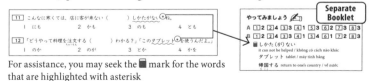

For assistance, you may seek the ■ mark for the words that are highlighted with asterisk

③ **Check your level of Japanese by solving some JLPT N2 structured questions.**

You will be solving the most common questions across the last few JLPT papers (「やってみましょう」). Always check your results after each section and write your score in the top right corner of the page. This way you can see how well you are progressing.

④ **Translations for: answers and words that are slightly harder to understand, can be found in the separate booklet.**

For example, answers to questions such as 「練習しましょう」 and 「やってみましょう」 can be found in the separate booklet to make it easier for you to compare to your answer.

 How to use the CD

* There is a CD attached to this book.
* Be sure to listen to the CD where there is a sound mark.
* When necessary pause the CD.

 10

The sound indicates the track number.

Cách sử dụng cuốn sách này

◇ **Cuốn sách này được khuyến khích sử dụng cho những người như sau**

- Những người bắt đầu học để thi cấp độ N2 của Kỳ thi năng lực Nhật ngữ.
- Những người cảm thấy để luyện thi cấp độ N2 của Kỳ thi năng lực Nhật ngữ hơi khó.

◇ **Đặc trưng và cách sử dụng của cuốn sách này**

① **Có thể vừa giải các bài tập theo chủ đề vừa học một cách không quá sức**

Chữ cái, Từ vựng	Kiểm tra từ đơn theo chủ đề
	Đối với từ đơn không biết thì kiểm tra nghĩa để nhớ

Phiên dịch của " 覚えましょう !" ở Quyển riêng.

Ngữ pháp	Ôn tập phần Ngữ pháp cho đến N3 ở Mục 1 đến Mục 3, sau đó vừa làm bài tập vừa kiểm tra phần Ngữ pháp mà muốn biết khi bắt đầu học N2 ở Mục 4 đến Mục 10.
Đọc hiểu	Ở Mục 1, kiểm tra các liên từ, cách nói nhấn mạnh, từ khóa khi đọc hiểu như *Ko, So, A, Do*. Từ Mục 2 đến Mục 8, luyện tập hiểu nội dung và tìm thông tin theo từng dạng bài.
Nghe hiểu	Ở Mục 1, kiểm tra các điểm cần chú ý khi nghe hiểu hội thoại như sự thay đổi của âm, cách diễn đạt, liên từ.
	Từ Mục 2 đến Mục 8, luyện tập nghe hiểu theo từng dạng bài. (Xem Cách sử dụng CD ở trang 5)

② **Có phiên dịch (tiếng Anh, tiếng Việt) đối với cụm từ và nội dung giải thích khó**

Từ cấp độ N3 trở lên, từ ngữ được hiển thị ý nghĩa bằng tiếng Nhật, tiếng Anh, tiếng Việt đơn giản.

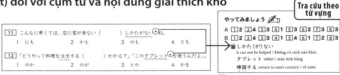

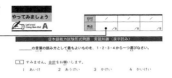

Khi không hiểu ý nghĩa của từ có dấu "*" thì hãy xem ■.

③ **Kiểm tra thực lực bằng bài tập dạng đề của Kỳ thi năng lực Nhật ngữ**

Giải các bài tập dạng đề được đưa ra trong các Kỳ thi năng lực Nhật ngữ (「やってみましょう」).

Chú ý kiểm tra kết quả từng lần, ghi điểm số ở <u>Ô điểm số</u> ở phía trên bên phải của trang. Có thể tự kiểm tra xem thực lực tiến bộ như thế nào.

④ **Phần phiên dịch của Đáp án và từ ngữ hơi khó một chút thì ở quyển khác**

Phàn phiên dịch cho Đáp án của Phần 「練習しましょう」「やってみましょう」và từ ngữ hơi khó một chút được tập hợp ở quyển khác cho dễ đối chiếu.

 Cách sử dụng CD

* CD được đính kèm trong giáo trình.
* Luôn nghe CD ở chỗ có ký hiệu âm thanh.
* Tạm dừng CD khi cần.

 10

Biểu thị số track trong CD.

◇ 学習の進め方 Study guide / Cách tiến hành học
がくしゅう　すす　かた

● 「文字・語彙」で勉強する言葉は、「文法」「読解」「聴解」でも出てきます。
もじ　ごい　べんきょう　ことば　ぶんぽう　どっかい　ちょうかい　で
　ですから、まず「文字・語彙」の学習から始めるとよいでしょう。
もじ　ごい　がくしゅう　はじ

● 「文法」で勉強する文型は、「読解」「聴解」でも出てきます。
ぶんぽう　べんきょう　ぶんけい　どっかい　ちょうかい　で
　ですから、「読解」「聴解」の前に「文法」を終わらせるほうがいいでしょう。
どっかい　ちょうかい　まえ　ぶんぽう　お

● 「読解」と「聴解」はどちらを先に勉強してもいいです。
どっかい　ちょうかい　さき　べんきょう
　「読解」と「聴解」を交互に進めてもいいでしょう。
どっかい　ちょうかい　こうご　すす

- Vocabulary you study in「文字・語彙」will also appear in「文法」「読解」「聴解」. Therefore, it is recommended for you to start from 「文字・語彙」.
- Sentence patterns you can find in「文法」will also appear in「読解」「聴解」. Therefore, it is recommended for you to finish「文法」before 「読解」「聴解」.
- You have the option to start either of the「読解」and「聴解」before one another. You may work on both as you go along.
- Từ ngữ học ở Phần「文字・語彙」cũng xuất hiện trong Phần「文法」「読解」「聴解」. Vì vậy, nên bắt đầu học từ Phần「文字・語彙」.
- Mẫu câu học ở Phần「文法」cũng xuất hiện ở Phần「読解」「聴解」. Do đó, trước khi học Phần「読解」「聴解」thì nên học xong Phần「文法」.
- Phần「読解」và Phần「聴解」thì học phần nào trước cũng được. Học luân phiên Phần「読解」và Phần「聴解」cũng được.

◇ 学習プラン例 Study guide example / Ví dụ Kế hoạch học tập
がくしゅう　れい

	プランA	プランB	プランC
1日目〜10日目	文字・語彙　第1回〜第10回		文字・語彙および文法　第1回〜第10回
11日目〜20日目	文法　第1回〜第10回		読解および聴解　第1回〜第8回
21日目	読解（または聴解）第1回〜第8回	読解　第1回	
22日目		聴解　第1回	
23日目		読解　第2回	
24日目		聴解　第2回	
25日目		読解　第3回	
26日目		聴解　第3回	
27日目		読解　第4回	
28日目		聴解　第4回	
29日目	聴解（または読解）第1回〜第8回	読解　第5回	「練習しましょう」「やってみましょう」をくり返しましょう。
30日目		聴解　第5回	
31日目		読解　第6回	
32日目		聴解　第6回	
33日目		読解　第7回	
34日目		聴解　第7回	
35日目		読解　第8回	
36日目		聴解　第8回	
37日目〜	「練習しましょう」「やってみましょう」をくり返しましょう。		

文字・語彙
もじ ご い

Vocabulary
Chữ, từ

第1回
だい かい
買い物・銀行
か もの ぎんこう

Shopping / Bank
Mua sắm / Ngân hàng

知っていますか？
Do you know? ◇ Bạn có biết?

スーパーで
At the supermarket
Tại siêu thị

（お）会計　cashier, check/bill, accounting
かいけい　tính tiền

お会計

レジ　checkout (counter), register
quầy tính tiền

現金　cash
げんきん　tiền mặt

（クレジット）カード
credit card
thẻ tín dụng

定価　(list) price
ていか　giá cố định

税込み　tax inclusive
ぜいこ　bao gồm thuế
tiêu dùng

税抜き　tax exclusive
ぜいぬ　không bao gồm
thuế tiêu dùng

定価
¥5,500-
税込み
¥5,000-
税抜き

SALE 半額！

SALE 3割引き

半額　half (the price)
はんがく　giảm giá một nửa

3割引 / 30 ％ 引き / 30 ％ OFF
わりびき　　パーセント び　　パーセント オフ
30% discount
giảm giá 30%

覚えましょう！
おぼ
Let's memorise! ◇ Cùng nhớ!

- [ ] 値段
  ねだん
- [ ] 支払う
  しはら
- [ ] 支払い
  しはら
- [ ] １回払い
  いっかいばら
- [ ] おつり

- [ ] ポイントカード
- [ ] 電子マネー
  てんし
- [ ] レシート
- [ ] 領収書
  りょうしゅうしょ
- [ ] 請求書
  せいきゅうしょ

- [ ] 金額
  きんがく
- [ ] 代金
  だいきん
- [ ] 料金
  りょうきん
- [ ] 有料
  ゆうりょう
- [ ] 無料
  むりょう

- [ ] 商品
  しょうひん
- [ ] 品物
  しなもの
- [ ] 手数料
  てすうりょう
- [ ] 送料
  そうりょう

- [ ] 自動販売機
  じどうはんばいき
- [ ] 売れる
  う
- [ ] 売り上げ
  う あ
- [ ] 売り切れ
  う き

- [ ] 得（を する）
  とく
- [ ] 損（を する）
  そん
- [ ] サービス（する）
- [ ] セール

- [ ] 物価（が 上がる / 下がる / 高い / 安い）
  ぶっか　　あ　　さ　　たか　　やす

- [ ] （お）札
  さつ
- [ ] 硬貨
  こうか
- [ ] 小銭
  こぜに

- [ ] 〜円玉〔１円玉 / ５円玉 / 10円玉 / 50円玉 / 100円玉 / 500円玉〕
  えんだま　えんだま　えんだま　えんだま　えんだま　えんだま　えんだま

- [ ] 〜円札〔千円札 / ５千円札 / １万円札〕
  えんさつ　せんえんさつ　せんえんさつ　まんえんさつ

銀行で
ぎんこう

At the bank
Tại ngân hàng

窓口
まどぐち
bankteller
quầy giao dịch

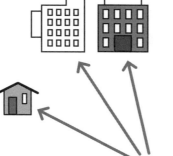

（お金を）
かね
引き出す／下ろす
ひ　だ　　　　　　　お
引き出し
ひ　だ
withdraw (money)
rút tiền

振り込む
ふ　　こ
振り込み
ふ　　こ
transfer (monery)
chuyển tiền

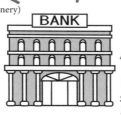

BANK

（お金を）預ける
かね　　　　　あず
預け入れ
あず　　い
deposit (money)
gửi tiền

ＡＴＭ
エーティーエム
ATM
máy rút tiền tự động

知っていることばの □ に
✔ を付けましょう
つ

- □ 両替（する）
  りょうがえ
- □ 入金（する）
  にゅうきん
- □ （お金が）かかる
  かね

- □ （お金を）送る
  かね　　　　おく
- □ （お金を）ためる
  かね

- □ 送金（する）
  そうきん
- □ 貯金（する）
  ちょきん

- □ 税／～税〔消費税〕
  ぜい　　ぜい　しょうひぜい
- □ （お金を）借りる
  かね　　　　か

- □ 税金（を払う／納める）
  ぜいきん　　はら　　おさ
- □ 借金（する）
  しゃっきん

- □ （税金が）かかる
  ぜいきん
- □ （お金を）返す
  かね　　　　かえ

- □ キャッシュカード
- □ 暗証番号
  あんしょうばんごう
- □ 口座
  こうざ
- □ 残高
  ざんだか

- □ 通帳
  つうちょう
- □ 判子
  はんこ

- □ 家賃
  やちん
- □ 水道料金／水道代
  すいどうりょうきん　　すいどうだい
- □ 電気料金／電気代
  でんきりょうきん　　でんきだい

- □ ガス料金／ガス代
  りょうきん　　　だい
- □ 収入
  しゅうにゅう
- □ 支出（する）
  ししゅつ

- □ 費用
  ひよう
- □ 交通費
  こうつうひ
- □ 食費
  しょくひ
- □ 生活費
  せいかつひ
- □ 学費
  がくひ

◆覚えましょう！の翻訳は別冊にあります
おぼ　　　　　　　　　　　　ほんやく　　べっさつ

日付 ひづけ	／	／	／
得点 とくてん	／20	／20	／20

文字・語彙

文法

読解

聴解

問題　＿＿＿＿に最も合うものを ▢▢▢▢ から一つ選んでください。
もっと　　　　　　　　　　　　　　　　　えら

① 1. この店では今、セールで商品が＿＿＿＿になっている。
しょうひん

2. 雨が続いて、野菜の＿＿＿＿が上がっている。
つづ　　　やさい

3. この本はインターネットでも買えるが、その場合は＿＿＿＿がかかる。
ばあい

4. 会計はあちらの＿＿＿＿でお願いします。
かいけい　　　　　　　　ねが

5. ＿＿＿＿は、商品が届いたときに払った。
しょうひん　とど　　　　はら

a. レジ	b. 値段 ねだん	c. 送料 そうりょう	d. 半額 はんがく	e. 代金 だいきん

② 1. 友達と遊びに行く前に、ATM でお金を＿＿＿＿。
ともだち　あそ　　　　　　エーティーエム

2. 家賃は、この銀行口座に＿＿＿＿ことになっている。
やちん　　　　　　こうざ

3. 銀行にお金を＿＿＿＿ために、口座を作った。
こうざ

4. 買い物をすると消費税が＿＿＿＿。
か　もの　　　しょうひぜい

5. 留学している息子にお金を＿＿＿＿ために銀行へ行った。
りゅうがく　　　むすこ

a. 送る おく	b. 預ける あず	c. 下ろす お	d. 振り込む ふ こ	e. かかる

③ 1. クレジットカードで買い物をする前に、銀行口座の＿＿＿＿を確認した。
こうざ　　　　　かくにん

2. 電気料金の＿＿＿＿が来たので、コンビニへ払いに行った。
りょうきん　　　　　　　　　　はら

3. 仕事で必要な物を買ったら、忘れずに＿＿＿＿をもらうこと。
ひつよう　　　　　わす

4. 銀行のキャッシュカードがあれば、＿＿＿＿がなくてもお金を出せる。

5. ＿＿＿＿が増えて、財布が重くなった。
ふ　　　さいふ

a. 小銭 こぜに	b. 通帳 つうちょう	c. 領収書 りょうしゅうしょ	d. 請求書 せいきゅうしょ	e. 残高 ざんだか

④ 1. 大学の＿＿＿＿は父が出してくれる。

2. 今月はボーナスをもらったので、いつもより＿＿＿＿が多い。

3. メニューに書いてある値段は＿＿＿＿込みだから、その金額を払う。
ねだん　　　こ　　　　　きんがく　はら

4. 会費は 350 円です。＿＿＿＿がないようにお願いします。
かいひ　　　　　　　　　　　　　　ねが

5. 買い物をしたら、必ず＿＿＿＿をもらうこと。
か　もの　　　かなら

a. おつり	b. 税 ぜい	c. 学費 がくひ	d. 収入 しゅうにゅう	e. レシート

◆ **練習しましょう** の解答は別冊にあります
れんしゅう　　　かいとう　べっさつ

やってみましょう

Let's try!
Cùng làm thử **A**

第1回

第2回

第3回

第4回

第5回

第6回

第7回

第8回

第9回

第10回

日本語能力試験形式問題　言語知識（漢字読み）

＿＿＿＿の言葉の読み方として最もよいものを、1・2・3・4から一つ選びなさい。
　　　　　　ことば　　　　　　　　　もっと　　　　　　　　　　　　　　　　　　　　えら

1 すみません。会計をお願いします。
　　　　　　　　　　　ねが

　　1　あいけ　　　　　2　あうけい　　　　3　かけい　　　　4　かいけい

2 1万円以下の商品の送料は有料です。
　　　　　　　　しょうひん　そうりょう

　　1　ゆりょ　　　　　2　ゆりょう　　　　3　ゆうりょう　　　4　ゆうりょ

3 買った品物がこわれていたので、取り替えてもらった。
　　　　　　　　　　　　　　　　　　　と　か

　　1　しなもの　　　　2　しなぶつ　　　　3　ひんぶつ　　　　4　ひんもの

4 商品の代金は、クレジットカードで支払うことができる。
　　しょうひん　だいきん

　　1　しばらう　　　　2　しはらう　　　　3　しぱらう　　　　4　しっぱらう

5 買い物をすると、消費税がかかります。

　　1　しょうひいぜい　　　　　　　　　2　しょひぜい

　　3　しょうひぜい　　　　　　　　　　4　しょおひぜえ

6 ＡＴＭでお金を引き出した。
　　エーティーエム

　　1　ひきだした　　　　　　　　　　2　ひきでした

　　3　いきだした　　　　　　　　　　4　いきでした

7 今度の工事の費用は5万円ぐらいです。

　　1　ひよう　　　　　2　ひいよ　　　　　3　ひよ　　　　　4　ひいよう

8 本日は全商品2割引きです。
　　ほんじつ　ぜんしょうひん

　　1　わりひき　　　　2　わりびき　　　　3　わるひき　　　　4　わるびき

◆ **やってみましょう** の正解は別冊にあります
　　　　　　　　　　せいかい　べっさつ

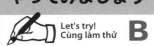
文字・語彙

文法

読解

聴解

日本語能力試験形式問題　言語知識（表記）

_____の言葉(ことば)を漢字で書くとき、最(もっと)もよいものを１・２・３・４から一つ選(えら)びなさい。

1 毎月のせいかつひは 10 万円ぐらいです。

　　１　生括質　　　　２　生活貸　　　　３　生括賃　　　　４　生活費

2 カードがあれば、げんきんは持たなくてもだいじょうぶだ。

　　１　硯金　　　　　２　規金　　　　　３　現金　　　　　４　元金

3 この金額(きんがく)はていかです。これに税(ぜい)が付(つ)きます。

　　１　定価　　　　　２　低価　　　　　３　低下　　　　　４　定値

4 財布(さいふ)を忘(わす)れたので、友達(ともだち)にお金をかりた。

　　１　貸りた　　　　２　足りた　　　　３　昔りた　　　　４　借りた

5 申(もう)し訳(わけ)ありません。こちらの商品(しょうひん)は、うりきれです。

　　１　売り了れ　　　２　売り切れ　　　３　買り着れ　　　４　買り上れ

6 結婚式(けっこんしき)のお祝(いわ)い金(きん)には新しいおさつを使います。

　　１　札　　　　　　２　礼　　　　　　３　払　　　　　　４　枚

7 明日タンさんにお金をかえすのを忘(わす)れないようにしよう。

　　１　帰す　　　　　２　反す　　　　　３　返す　　　　　４　送す

8 今年の４月からガスだいが上がる。

　　１　台　　　　　　２　額　　　　　　３　値　　　　　　４　代

日付 ひづけ	／	／	／
得点 とくてん	／8	／8	／8

日本語能力試験形式問題　言語知識（語彙）

（　　　　）に入れるのに最もよいものを、1・2・3・4から一つ選びなさい。

---

1 来月から水道（　　　　）が上がる。

　1　金額　　　　　2　値段　　　　　3　税金　　　　　4　料金
　　きんがく　　　　　　ねだん　　　　　　ぜいきん　　　　　　りょうきん

---

2 このタクシーは（　　　　）で支払いができる。
　　　　　　　　　　　　　　　　　しはら

　1　カード　　　　　2　サービス　　　3　セール　　　　4　メーター

---

3 今月は旅行に行ったので、（　　　）が多くなった。

　1　収入　　　　　2　支出　　　　　3　送金　　　　　4　代金
　　しゅうにゅう　　　　ししゅつ　　　　　そうきん　　　　　だいきん

---

4 東京は（　　　　）が高いので、生活が大変だ。
　　とうきょう　　　　　　　　　　　せいかつ　　たいへん

　1　物価　　　　　2　売り上げ　　　3　消費　　　　　4　借金
　　ぶっか　　　　　　　うあ　　　　　　しょうひ　　　　　しゃっきん

---

5 このスーパーは、買い物をすると駐車料金が（　　　　）になる。
　　　　　　　　　　　　　　　　ちゅうしゃりょうきん

　1　有料　　　　　2　無料　　　　　3　送料　　　　　4　手数料
　　ゆうりょう　　　　　むりょう　　　　　そうりょう　　　　　てすうりょう

---

6 旅行に行くとき、空港で円をドルに（　　　　）。
　　　　　　　　　　くうこう

　1　引き出した　　2　変更した　　　3　両替した　　　4　預けた
　　ひだ　　　　　　　へんこう　　　　　りょうがえ　　　　　あず

---

7 銀行の（　　　　）は午前9時から午後3時までです。

　1　戸口　　　　　2　窓口　　　　　3　出入口　　　　4　非常口
　　とぐち　　　　　　まどぐち　　　　　でいりぐち　　　　ひじょうぐち

---

8 パソコンを買ったので、（　　　　）がなくなった。

　1　商品　　　　　2　おつり　　　　3　支払い　　　　4　貯金
　　しょうひん　　　　　　　　　　　しはら　　　　　　ちょきん

◆ **やってみましょう** の正解は別冊にあります
　　　　　　　　　　せいかい　べっさつ

第1回

第2回

第3回

第4回

第5回

第6回

第7回

第8回

第9回

第10回

文字・語彙

文法

読解

聴解

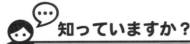

知っていますか？
Do you know? ◇ Bạn có biết?

駅前の交差点
えきまえ こうさてん
Intersection in front of the station
Giao lộ trước nhà ga

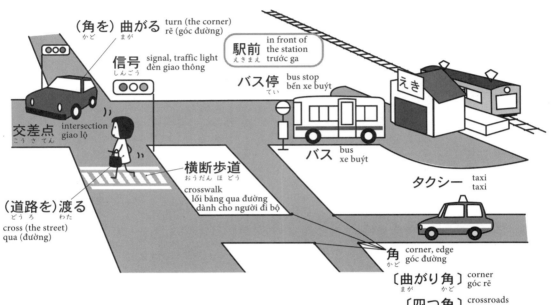

（角を）曲がる
かど まが
turn (the corner)
rẽ (góc đường)

信号
しんごう
signal, traffic light
đèn giao thông

駅前
えきまえ
in front of the station
trước ga

バス停
てい
bus stop
bến xe buýt

交差点
こうさてん
intersection
giao lộ

バス
bus
xe buýt

タクシー
taxi
taxi

横断歩道
おうだんほどう
crosswalk
lối băng qua đường
dành cho người đi bộ

（道路を）渡る
どうろ わた
cross (the street)
qua (đường)

角
かど
corner, edge
góc đường

〔曲がり角〕
まが かど
corner
góc rẽ

〔四つ角〕
よ かど
crossroads
ngã tư

覚えましょう！
おぼ
Let's memorise! ◇ Cùng nhớ!

☐ 道路
どうろ

☐ 通り
とお

☐ 車道
しゃどう

☐ 歩道
ほどう

☐ 横断（する）
おうだん

☐ 渋滞（する）
じゅうたい

☐ 混雑（する）
こんざつ

☐ 停車（する）
ていしゃ

☐ （電車／道 が）込む／混む
てんしゃ みち こ こ

☐ （電車／道 が）すく
てんしゃ みち

☐ 交通
こうつう

☐ 高速道路
こうそくどうろ

☐ 出発（する）
しゅっぱつ

☐ 到着（する）
とうちゃく

☐ 着く
つ

☐ 遅れる
おく

☐ 間に合う
ま あ

☐ 早く
はや

☐ （時間が）かかる
じかん

☐ 乗り継ぎ（する）
の つ

☐ 経由（する）
けいゆ

☐ 空港
くうこう

☐ 飛行機
ひこうき

☐ 直行便
ちょっこうびん

☐ 行き先
い/ゆ さき

☐ 目的地
もくてきち

☐ 地下鉄
ちかてつ

☐ 停留所
ていりゅうじょ

☐ 荷物
にもつ

☐ 事故
じこ

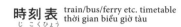

駅の中
（えき　なか）

Inside the station
Bên trong nhà ga

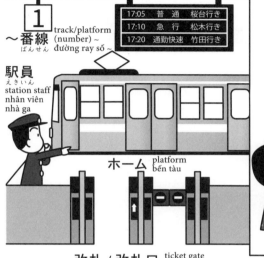

時刻表
（じ　こくひょう）
train/bus/ferry etc. timetable
thời gian biểu giờ tàu

17:05	普通	桜台行き
17:10	急行	松木行き
17:20	通勤快速	竹田行き

1
～番線
（ばんせん）
track/platform
(number) ~
đường ray số ~

駅員
（えきいん）
station staff
nhân viên
nhà ga

ホーム
platform
bến tàu

改札 / 改札口
（かいさつ）（かいさつぐち）
ticket gate
soát vé / cửa soát vé

～券
（けん）
~ ticket
vé ~

〔特急券〕
（とっきゅうけん）
limited express ticket
vé tốc hành

〔乗車券〕
（じょうしゃけん）
(train/bus) ticket
vé lên tàu

特急券　乗車券

券売機
（けんばいき）
ticket-vending
machine
máy bán vé tự
động

案内所
information

案内所
（あんないしょ/じょ）
information
office
văn phòng
hướng dẫn

知っていることばの □ に
✔ を付けましょう
（　　　　　　　　　　つ　）

- □ 切符
  （きっぷ）
- □ 片道
  （かたみち）
- □ 往復
  （おうふく）
- □ 行き
  （い）
- □ 帰り
  （かえ）
- □ 鉄道
  （てつどう）
- □ 列車
  （れっしゃ）
- □ ＪＲ
  （ジェイアール）
- □ 新幹線
  （しんかんせん）
- □ 特急
  （とっきゅう）
- □ 急行
  （きゅうこう）
- □ 快速
  （かいそく）
- □ 普通電車
  （ふつうでんしゃ）
- □ 各駅停車
  （かくえきていしゃ）
- □ 乗り場
  （の　ば）
- □ 上り
  （のぼ）
- □ 下り
  （くだ）
- □ エスカレーター
- □ 席
  （せき）
- □ 座席
  （ざせき）
- □ 座席指定
  （ざせきしてい）
- □ 指定席
  （していせき）
- □ 自由席
  （じゆうせき）
- □ 満員
  （まんいん）
- □ 満席
  （まんせき）
- □ 空席
  （くうせき）
- □ （席が）空く
  （せき）（あ）
- □ 始発
  （しはつ）
- □ 乗車（する）
  （じょうしゃ）
- □ 終点
  （しゅうてん）
- □ 下車（する）
  （げしゃ）
- □ 降りる
  （お）
- □ 乗り換える
  （の　か）
- □ 通過（する）
  （つうか）
- □ 線路
  （せんろ）
- □ ～方面
  （ほうめん）
- □ ～行き
  （い/ゆ）
- □ 通勤（する）
  （つうきん）
- □ 移動（する）
  （いどう）
- □ 通路側（の 席）
  （つうろがわ）（せき）
- □ 運賃
  （うんちん）
- □ 日帰り
  （ひがえ）
- □ 旅館
  （りょかん）
- □ 宿泊（する）
  （しゅくはく）
- □ 泊まる
  （と）

◆覚えましょう！の翻訳は別冊にあります
（おぼ）　　　　　（ほんやく）　（べっさつ）

第1回
第2回
第3回
第4回
第5回
第6回
第7回
第8回
第9回
第10回

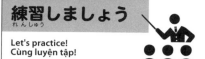

日付 ひづけ	／	／	／
得点 とくてん	／20	／20	／20

文字・語彙

文法

読解

聴解

問題 _____に最も合うものを▢▢▢から一つ選んでください。
もっと　　　　　　　　　　　　　　えら

①
1. この飛行機は_____ですから、乗り継ぎはありません。
　　　ひこうき　　　　　　　　　　　　　　の　つ

2. 東京は_____が便利です。電車も地下鉄もバスもありますから。
　　とうきょう　　　　　　べんり　　でんしゃ　ちかてつ

3. 空港へ行くには次の駅で_____してください。
　　くうこう　　　　つぎ　えき

4. 東京から大阪へ行くには、名古屋_____のバスで8時間かかる。
　　とうきょう　おおさか　　　　　なごや　　　　　　　じかん

5. 2番線に止まっている_____に乗車するには、特急券が必要です。
　　ばんせん　と　　　　　　　　　じょうしゃ　　　　とっきゅうけん　ひつよう

a. 列車	b. 経由	c. 直行便	d. 下車	e. 交通
れっしゃ	けいゆ	ちょっこうびん	げしゃ	こうつう

②
1. 駅のそばにホテルがあるかどうか、あそこの_____で聞いてみよう。
　　えき　　　　　　　　　　　　　　　　　　　　　　　き

2. _____が黄色に変わったら、止まりましょう。
　　　　　きいろ　か　　　　と

3. 車道を歩かないで、_____を歩いてください。
　　しゃどう　ある　　　　　　　　　ある

4. バスが_____で乗れなかったので、タクシーで行った。
　　　　　　　　の　　　　　　　　　　　　い

5. 地下鉄の_____は、このエスカレーターを下りたところにあります。
　　ちかてつ　　　　　　　　　　　　　　　お

a. 信号	b. 歩道	c. 満員	d. 乗り場	e. 案内所
しんごう	ほどう	まんいん	のば	あんないしょ/じょ

③
1. 次の角を右に_____と、左側に白いビルが見えます。
　　つぎ　かど　みぎ　　　　　　ひだりがわ　しろ　　　　み

2. 前の駅で事故があって、電車が1時間も_____そうです。
　　まえ　えき　じこ　　　　　でんしゃ　じかん

3. 次の列車がこの駅に_____時間を教えてください。
　　つぎ　れっしゃ　　えき　　　　　じかん　おし

4. この駅は、近くに学校がたくさんあるので、朝は学生で_____。
　　　えき　ちか　　がっこう　　　　　　　　あさ　がくせい

5. 普通電車で行くと時間が_____から、急行に乗ろう。
　　ふつうでんしゃ　い　　じかん　　　　　　きゅうこう　の

a. 到着する	b. 遅れる	c. 混雑する	d. かかる	e. 曲がる
とうちゃく	おく	こんざつ		ま

④
1. 約束の時間に_____かどうか心配です。
　　やくそく　じかん　　　　　　　　しんぱい

2. 道路が_____と、車が進まなくなる。
　　どうろ　　　　　　くるま　すす

3. 来月_____ホテルは、もう予約してあります。
　　らいげつ　　　　　　　　　よやく

4. 特急はこの駅を_____ので乗れません。
　　とっきゅう　　えき　　　　　　の

5. 急行より特急のほうが早く_____から、特急で行こう。
　　きゅうこう　とっきゅう　　　はや　　　　　　とっきゅう　い

a. 渋滞する	b. 着く	c. 間に合う	d. 宿泊する	e. 通過する
じゅうたい	つ	まあ	しゅくはく	つうか

18

◆ **練習しましょう** の解答は別冊にあります
　　れんしゅう　　　かいとう　べっさつ

日付	／	／	／
得点	／8	／8	／8

日本語能力試験形式問題　言語知識（漢字読み）

＿＿＿＿の言葉の読み方として最もよいものを、1・2・3・4から一つ選びなさい。

1 この駅には、特急は止まりません。

　　1　とくきゅ　　　2　とくきゅう　　　3　とっきゅう　　　4　とっきゅ

2 通路側の座席がいいです。

　　1　どうろそく　　　　　　　2　つうろがわ

　　3　つうろそく　　　　　　　4　どうろがわ

3 空港へ行くバスはどこから出ますか。

　　1　くうこう　　　2　くこう　　　3　くうこ　　　4　くっこう

4 東京から日帰りで大阪へ行った。

　　1　にちかえり　　　2　にちがえり　　　3　ひがえり　　　4　ひかえり

5 往復じゃありません。片道の切符をください。

　　1　へんみち　　　2　へんどう　　　3　かたどう　　　4　かたみち

6 自由席だから、どこに座ってもいい。

　　1　じゅうせき　　　2　じゅせき　　　3　じゅうせき　　　4　じゅせき

7 バスの停留所はどこにありますか。

　　1　てりゅうじょ　　　　　　2　てりゅうしょ

　　3　ていりゅしょ　　　　　　4　ていりゅうじょ

8 そこの四つ角を右に曲がってください。

　　1　しつかく　　　2　よっつかど　　　3　よつかく　　　4　よつかど

19

◆ **やってみましょう** の正解は別冊にあります

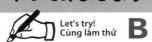

やってみましょう

Let's try!
Cùng làm thử **B**

日付	／	／	／
得点	／8	／8	／8

文字・語彙

文法

読解

聴解

日本語能力試験形式問題　言語知識（表記）

＿＿＿＿＿の言葉を漢字で書くとき、最もよいものを１・２・３・４から一つ選びなさい。

1 今夜は旅館にとまる。
１　拍まる　　２　泊まる　　３　伯まる　　４　佰まる

2 「すみません。その席、あいていますか。」
１　空いて　　２　閉いて　　３　開いて　　４　写いて

3 朝夕の電車は、つうきんの人でいっぱいだ。
１　道勤　　２　道禁　　３　通禁　　４　通勤

4 かいそくに乗ったので、早く着いた。
１　会足　　２　快速　　３　回速　　４　快足

5 道をわたるときは、左右をよく見ること。
１　洗る　　２　池る　　３　渡る　　４　港る

6 にもつを預けるところはどこですか。
１　荷物　　２　何持　　３　荷持　　４　何物

7 座席指定なので、席をいどうすることはできません。
１　位動　　２　移動　　３　異動　　４　利動

8 こうさてんでは事故が起きやすい。
１　校差点　　２　郊差点　　３　効差点　　４　交差点

日本語能力試験形式問題　言語知識（語彙）

（　　　　）に入れるのに最もよいものを、1・2・3・4から一つ選びなさい。

---

1 道路を（　　　　）ときは、よく注意しなければならない。

1　停車する　　　　2　横断する　　　　3　渋滞する　　　　4　出発する

2 電車の中で眠ってしまって、（　　　　）まで行ってしまった。

1　出口　　　　　　2　欠点　　　　　　3　改札口　　　　　4　終点

3 大山駅には急行は止まらないので、（　　　　）に乗ってください。

1　各駅停車　　　　2　高速　　　　　　3　行き先　　　　　4　通過

4 横浜へ行くんですか。じゃあ、次の駅で降りて、（　　　　）ください。

1　乗りついで　　　2　乗りこして　　　3　乗りかえて　　　4　乗りこんで

5 大阪まで新幹線で行くとき、（　　　　）はいくらかかりますか。

1　価格　　　　　　2　運賃　　　　　　3　改札　　　　　　4　計算

6 駅前の（　　　　）は交通量が多い。

1　線路　　　　　　2　方面　　　　　　3　歩道　　　　　　4　通り

7 朝の電車はいつも混んでいるけれど、今日は（　　　　）。

1　すいている　　　　　　　　　　　2　すわっている

3　とまっている　　　　　　　　　　4　あいている

8 父の趣味は（　　　　）の写真を撮ることです。

1　料金　　　　　　2　満席　　　　　　3　鉄道　　　　　　4　時差

◆ **やってみましょう** の正解は別冊にあります

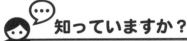

第3回 食事
しょくじ

知っていますか？
Do you know? ◇ Bạn có biết?

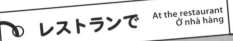

レストランで
At the restaurant
Ở nhà hàng

予約（する）reservation
よやく　đặt trước

喫煙席 smoking seat
きつえんせき chỗ ngồi hút thuốc

禁煙席 Non smoking seat
きんえんせき chỗ ngồi không hút thuốc

喫煙席

禁煙席

ランチメニュー

食事（する）
しょくじ
meal
ăn uống

注文（する）order
ちゅうもん　đặt hàng, gọi món

ランチ lunch
bữa trưa

覚えましょう！
おぼ
Let's memorise! ◇ Cùng nhớ!

- 朝食　ちょうしょく
- 昼食　ちゅうしょく
- 夕食 / 晩御飯　ゆうしょく / ばんごはん
- 夜食　やしょく
- 御飯　ごはん
- おかず
- おやつ
- 外食（する）がいしょく
- うちで 食べる　た
- 弁当　べんとう
- テイクアウト /（お）持ち帰り　もちかえ
- デリバリー / 配達（する）はいたつ
- キャンセル（する）/ 取り消す　とけ
- 追加（する）ついか
- おかわり
- カフェ
- ファミリーレストラン
- 食堂　しょくどう
- ビュッフェ / バイキング
- ファーストフード / ファストフード
- メニュー
- ドリンク
- おすすめ
- 本日の（おすすめ / ランチ）ほんじつ
- 定食　ていしょく
- セット
- 食べ放題　たほうだい
- 試食（する）ししょく
- 試飲（する）しいん
- サービスが いい / 悪い　わる
- サービス料　りょう
- おなかが すく / すいた
- おなかが いっぱい / いっぱいだ
- 食欲が ある / ない　しょくよく
- のどが かわく / かわいた
- よう / よっぱらう
- 営業する / している　えいぎょう
- （料理を）残す　りょうり　のこ

食事

Meeal
Ăn uống

第1回
第2回
第3回
第4回
第5回
第6回
第7回
第8回
第9回
第10回

料理 りょうり
Cooking
Nấu ăn

切る き cut cắt　炒める いた stir-fry xào　揚げる あ deep-fry rán　蒸す む steam hấp

新鮮（な）しんせん fresh tươi

腐る くさ rot hỏng

油 あぶら oil dầu ăn

知っていることばの□に✔を付けましょう

- □ 焼く や
- □ ゆでる
- □ 煮る に
- □ 御飯を 炊く ごはん た
- □ （お）湯（を 沸かす - が 沸く）ゆ わ わ
- □ きざむ
- □ 割る わ
- □ 皮 かわ
- □ （皮を） むく かわ
- □ 温める - 温まる あたた あたた
- □ 冷やす - 冷える ひ ひ
- □ 冷ます - 冷める さ さ
- □ こがす - こげる
- □ かむ
- □ 硬い かた
- □ やわらかい
- □ 食器 しょっき
- □ 食品 しょくひん
- □ 冷凍食品 れいとうしょくひん
- □ 調味料 ちょうみりょう
- □ インスタント食品 しょくひん
- □ 缶詰 かんづめ
- □ 生 なま
- □ 生もの なま
- □ 食料 しょくりょう
- □ 作物 さくもつ
- □ 食物 しょくもつ
- □ 豆 まめ
- □ 缶 かん
- □ びん
- □ ペットボトル
- □ （プラスチック）容器 ようき
- □ 体に いい / 悪い からだ わる
- □ カロリー
- □ 栄養（が ある / ない）えいよう
- □ たんぱく質 しつ
- □ ビタミン
- □ （しょうゆを） かける
- □ 味（が 濃い / 薄い）あじ こ うす
- □ 塩辛い しおから
- □ すっぱい

◆覚えましょう！おぼ の翻訳は別冊にあります ほんやく べっさつ

練習しましょう
れんしゅう

Let's practice!
Cùng luyện tập!

日付 ひづけ	/	/	/
得点 とくてん	/20	/20	/20

問題 _____に最も合うものを□□□から一つ選んでください。
　　　　　　　　　　　もっと　　　　　　　　　　　　　　　　　えら

①
1. 私の_____はこのチーズケーキです。ぜひ召し上がってみてください。
2. この魚の_____を使った料理は簡単でおいしい。
　　　　　　　　　　　　　　　　　　かんたん
3. 息子は毎朝自分で_____を作って会社へ持って行く。
　むすこ　　　　じぶん
4. 子どものころ、母がよく３時の_____にプリンを作ってくれた。
5. 御飯ばかり食べないで、_____も食べなさい。
　ごはん

a. おやつ	b. 弁当	c. 缶詰	d. おかず	e. おすすめ
	べんとう	かんづめ		

②
1. _____が続いたから、今夜はうちで食べよう。
　　　　　　　つづ
2. 大学を卒業したら、_____会社に就職したいと思っています。
　　　　そつぎょう　　　　　　　　　　しゅうしょく
3. この店の昼の_____は安くておいしい。
4. _____のバランス* を考えて料理を作りましょう。
5. うちの大学の_____は、学生に人気がある。
　　　　　　　　　　　　　　　　　にんき

a. 栄養	b. 食品	c. 食堂	d. 定食	e. 外食
えいよう	しょくひん	しょくどう	ていしょく	がいしょく

③
1. 塩辛いものを食べると、のどが_____。
　しおから
2. このおかしは新商品ですね。_____ことはできますか。
　　　　　　　　しんしょうひん
3. 最近、24 時間_____店が減っている。
　さいきん　　　　　　　　　　　へ
4. 予約を_____場合は、前日までに連絡してください。
　よやく　　　　　ばあい　　ぜんじつ　　　　れんらく
5. 取った料理を食べないで_____のは困ります。
　と　　りょうり　　　　　　　　　　　　こま

a. かわく	b. 取り消す	c. 試食する	d. 営業する	e. 残す
	と　け	ししょく	えいぎょう	のこ

④
1. オレンジの皮を_____と、とてもいいにおいがする。
　　　　　　かわ
2. お湯が_____まで、もう少し待ちましょう。
　　ゆ
3. 天ぷらは、魚や野菜を油で_____料理です。
　てん　　　　　　　　あぶら
4. 野菜を_____とやわらかくなります。
5. 火が強いと_____から、気を付けてください。
　　　　　　　　　　　　き　つ

a. ゆでる	b. むく	c. こげる	d. あげる	e. わく

◆ **練習しましょう** の正解・少し難しい言葉(*)の翻訳は別冊にあります
　れんしゅう　　　　せいかい　むずか　ことば　　　　ほんやく　べっさつ

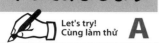
日本語能力試験形式問題　言語知識（漢字読み）

＿＿＿＿＿の言葉の読み方として最もよいものを、１・２・３・４から一つ選びなさい。
（ことば）（もっと）（えら）

1 なべに油を入れる。

１　ゆ　　　　　２　にく　　　　　３　やさい　　　　　４　あぶら

2 お湯を沸かしてください。
（わ）

１　おゆ　　　　　２　おちゃ　　　　　３　おみず　　　　　４　おす

3 食事の後、弟と二人で食器を洗う。
（あら）

１　しょくき　　　２　たべき　　　　３　しょき　　　　４　しょっき

4 メニューを見て、料理を注文した。

１　ちゅうぶん　　２　ちゅうもん　　３　ちゅぶん　　　４　ちゅもん

5 暑いときは、よく冷えたビールがおいしい。

１　さえた　　　　２　つめえた　　　３　ひやえた　　　４　ひえた

6 料理をプラスチック容器に入れて保存する。
（ほぞん）

１　ようき　　　　２　よき　　　　　３　ようきい　　　４　よきい

7 豆腐は豆を煮て作ります。
（とうふ）　（に）

１　こめ　　　　　２　いも　　　　　３　まめ　　　　　４　たね

8 この魚は焼いて食べるとおいしいですよ。

１　たいて　　　　２　やいて　　　　３　わいて　　　　４　むいて

第1回
第2回
第3回
第4回
第5回
第6回
第7回
第8回
第9回
第10回

◆ **やってみましょう** の正解は別冊にあります
（せいかい）（べっさつ）

やってみましょう

Let's try!
Cùng làm thử   **B**

日付 ひづけ	／	／	／
得点 とくてん	／8	／8	／8

文字・語彙

文法

読解

聴解

日本語能力試験形式問題　言語知識（表記）

＿＿＿＿＿の言葉を漢字で書くとき、最もよいものを１・２・３・４から一つ選びなさい。

1 まだ熱いですから、さめるまで少し待ってください。

　　１　怜める　　　　２　冷める　　　　３　玲める　　　　４　令める

2 りんごのかわをむきましょう。

　　１　皮　　　　　　２　種　　　　　　３　実　　　　　　４　枝

3 東日本の料理はあじが濃いと言われている。

　　１　昧　　　　　　２　未　　　　　　３　味　　　　　　４　朱

4 卵を３個わってください。

　　１　破って　　　　２　分って　　　　３　切って　　　　４　割って

5 母がやしょくを作ってくれた。

　　１　夕食　　　　　２　夜食　　　　　３　昼食　　　　　４　朝食

6 タンさんの家には、日本のちょうみりょうがある。

　　１　調味料　　　　２　食料　　　　　３　香辛料　　　　４　材料

7 この野菜はなまで食べられる。

　　１　王　　　　　　２　生　　　　　　３　活　　　　　　４　主

8 スープをあたためておく。

　　１　暖めて　　　　２　熱めて　　　　３　温めて　　　　４　固めて

日本語能力試験形式問題　言語知識（語彙）

（　　　）に入れるのに最もよいものを、1・2・3・4から一つ選びなさい。

1 これは今朝とった（　　　）野菜だから、水分が多くて甘い。
1　安全な　　　2　便利な　　　3　安心な　　　4　新鮮な

2 この店は、御飯の（　　　）が何杯でもできます。
1　おかず　　　2　おかわり　　　3　おやつ　　　4　弁当

3 健康のために、（　　　）の高い食事はしないようにしている。
1　ビタミン　　　2　メニュー　　　3　セット　　　4　カロリー

4 山へ行くときは、日帰りの予定でも2日分の（　　　）を準備する。
1　食器　　　2　食堂　　　3　食料　　　4　食欲

5 電話で料理を注文すると、30分ぐらいで（　　　）くれる。
1　配達して　　　2　営業して　　　3　受け取って　　　4　出張して

6 野菜は、細かく（　　　）、炒めてください。
1　きざんで　　　2　にて　　　3　たいて　　　4　ゆでて

7 このみかん、レモンみたいに（　　　）ですね。
1　こい　　　2　すっぱい　　　3　しおからい　　　4　うすい

8 夏は腐りやすいから、（　　　）は食べないほうがいい。
1　缶詰　　　2　食物　　　3　生もの　　　4　作物

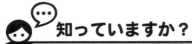 知っていますか？
Do you know? ◇ Bạn có biết?

 衣服の種類と柄（いふく の しゅるい と がら）

Clothes, types, and patterns
Loại và kiểu trang phục

背広（せびろ） (men's) business suit
com-lê (nam)

スーツ suit
com-lê (nam/nữ)

Tシャツ T-shirt
áo phông
[縞（しま）] stripe
kẻ sọc

セーター sweater
áo len
[無地（むじ）] plain, solid-color
đơn sắc, không hình

ブラウス blouse
áo sơ mi
[花柄（はながら）/ 花模様（はな も よう）] floral (patterns)
hình hoa

ワンピース dress
váy liền thân
[チェック] check
kẻ ô

コート / オーバー coat
áo khoác

覚（おぼ）えましょう！
Let's memorise! ◇ Cùng nhớ!

- ☐ 衣服（いふく）
- ☐ 服装（ふくそう）
- ☐ かっこう
- ☐ 普段着（ふだんぎ）
- ☐ ワイシャツ
- ☐ ジャンパー
- ☐ ジーンズ
- ☐ ダウンジャケット
- ☐ 和服（わふく）
- ☐ 婦人服（ふじんふく）
- ☐ 紳士服（しんしふく）
- ☐ 下着（したぎ）
- ☐ えり
- ☐ 袖（そで）
- ☐ 半袖（はんそで）
- ☐ 長袖（ながそで）
- ☐ 模様（もよう）
- ☐ 柄（がら）
- ☐ 色（いろ）
- ☐ 真っ赤（まか）
- ☐ 地味（じみ）（な）
- ☐ 派手（はで）（な）
- ☐ おしゃれ（な）
- ☐ 素敵（すてき）（な）
- ☐ デザイン
- ☐ 形（かたち）
- ☐ （服の）スタイル
- ☐ モデル
- ☐ ファッション
- ☐ センス（が いい）
- ☐ はやる
- ☐ 流行（りゅうこう）（する）
- ☐ 布（ぬの）
- ☐ きれ
- ☐ 生地（きじ）
- ☐ 木綿（もめん）
- ☐ ナイロン
- ☐ ウール
- ☐ 裁縫（さいほう）
- ☐ 縫う（ぬう）
- ☐ 針（はり）
- ☐ 糸（いと）
- ☐ ミシン

服を着る

ふく き

Putting on clothes
Mặc quần áo vào

（服を）着る / 脱ぐ wear / take off the clothes
ふく き ぬ mặc/cởi (áo)

（ネクタイを）しめる shoot (a tie)
đeo (cà vạt)

（靴 / 靴下を）はく / 脱ぐ
くつ くつした ぬ
(put on/ take off) shoes / socks
đi/cởi (giấy)

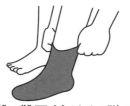

（マスクを）する / 外す / 取る
はず と
put on / remove (the mask)
đeo/tháo (khẩu trang)

（めがねを）かける
wear (glasses)
đeo (kính)

（帽子を）かぶる wear (a hat/cap)
ぼう し đội (mũ)

知っていることばの□に
✔を付けましょう
つ

- ☐ ハイヒール
- ☐ 長靴
  ながぐつ
- ☐ スニーカー
- ☐ サンダル
- ☐ スリッパ
- ☐ ベルト
- ☐ ボタン
- ☐ イヤリング
- ☐ 洋品店
  ようひんてん
- ☐ 寸法
  すんぼう
- ☐ サイズ
- ☐ ゆるい
- ☐ きつい
- ☐ ちょうどいい
- ☐ ぴったりした
- ☐ 厚い
  あつ
- ☐ 薄い
  うす
- ☐ 細い
  ほそ
- ☐ 太い
  ふと
- ☐ 短い
  みじか
- ☐ （幅が）狭い
  はば せま
- ☐ 似合う
  に あ
- ☐ 合う
  あ
- ☐ 試着（する）
  し ちゃく
- ☐ 試す
  ため
- ☐ 着替える
  き が
- ☐ たたむ
- ☐ しわ
- ☐ アイロン
- ☐ （アイロンを）かける

第1回
第2回
第3回
第4回
第5回
第6回
第7回
第8回
第9回
第10回

29

◆覚えましょう！の翻訳は別冊にあります
おぼ ほんやく べっさつ

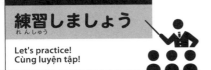

日付 ひづけ	／	／	／
得点 とくてん	／20	／20	／20

文字・語彙

文法

読解

聴解

問題 _____に最も合うものを_____から一つ選んでください。
　　　　　　　　　　もっと　　　　　　　　　　　　　　　　　えら

① 1.「このスーツの_____は何ですか。」「ウールです。」

2. 祖母は_____を着て出かけることが多い。
　　そぼ

3. _____が合うかどうか着てみたら、ちょうどよかった。

4. 今夜のパーティーは、楽な_____で来てください。
　　　　　　　　　　　　　らく

5. この雑誌に出ているブラウスは、色も_____も素敵です。
　　　ざっし　　　　　　　　　　　　　　　　　　　　　　すてき

a. デザイン	b. 和服 わふく	c. サイズ	d. 服装 ふくそう	e. 生地 きじ

② 1. 猫が好きな友達に、猫の_____のシャツをあげた。
　　ねこ　　　　ともだち　　ねこ

2. _____をつけて出かけたが、片方を落としてなくしてしまった。
　　　　　　　　　　　　　　　　　　かたほう　お

3. 冬が来る前に_____を整理して、コートや手袋を出した。
　　　　　　　　　　　　　　せいり　　　　　　　　てぶくろ

4. ネクタイは、模様のない_____のものが好きです。
　　　　　　　もよう

5. 運動するために、新しい_____を買いました。
　　うんどう

a. 衣服 いふく	b. 柄 がら	c. スニーカー	d. イヤリング	e. 無地 むじ

③ 1. 今日_____靴は、どれにしようか。
　　　　　　　　くつ

2. 脱いだ服は、いつもきちんと_____ようにしなさい。
　　ぬ

3. あいさつをするときは帽子を_____ほうがいいです。
　　　　　　　　　　　　ぼうし

4. アイロンを_____と、服のしわがのびてきれいになります。

5. 破けたところを_____ので、このミシンを使ってもいいですか。
　　やぶ

a. たたむ	b. ぬう	c. とる	d. かける	e. はく

④ 1. あのバッグ、いいなあ。とっても_____だね。

2. 私は、細くて_____パンツが好きです。
　　　　　ほそ

3. 幅の_____靴は、長い時間歩くと足が痛くなる。
　　はば　　　　くつ　　　　　　　　　　　　　いた

4. この帽子は小さすぎて、_____です。
　　　ぼうし

5. やせたので、去年買ったスカートが_____。

a. ゆるい	b. ぴったりした	c. おしゃれ	d. せまい	e. きつい

◆ **練習しましょう** の解答は別冊にあります
　　れんしゅう　　　　かいとう　べっさつ

日付 ひづけ	／	／	／
得点 とくてん	／8	／8	／8

日本語能力試験形式問題　言語知識（漢字読み）

_____の言葉の読み方として最もよいものを、1・2・3・4から一つ選びなさい。

1 婦人服の売り場は3階です。

1　ふうじんふく　　　　　　　2　ふうにんふく

3　ふにんふく　　　　　　　　4　ふじんふく

2 形が同じで、もう少し大きい靴はありますか。

1　かたち　　　2　けい　　　3　ぎょう　　　4　がた

3 下着は薄いほうがいい。

1　かぎ　　　2　かき　　　3　したぎ　　　4　したき

4 今年は太いパンツが流行している。

1　りゅうこう　　2　ながれいく　　3　ながいき　　4　りゅうぎょう

5 服が合うかどうか試着してみました。

1　しぎ　　　2　しき　　　3　しちゃく　　　4　しちやく

6 お風呂に入る前に、指輪を外した。

1　がいした　　2　はずした　　3　そとした　　4　ほかした

7 ワイシャツを買うとき、首の寸法を測ってもらった。

1　すんぽ　　2　すんほ　　3　すんほう　　4　すんぽう

8 家に帰ると普段着に着替えます。

1　ふたんき　　2　ふだんぎ　　3　ふたんぎ　　4　ふだんき

◆ **やってみましょう** の正解は別冊にあります
せいかい　　　べっさつ

第1回
第2回
第3回
第4回
第5回
第6回
第7回
第8回
第9回
第10回

31

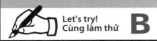

日付 ひづけ	／	／	／
得点 とくてん	／8	／8	／8

文字・語彙

文法

読解

聴解

日本語能力試験形式問題　言語知識（表記）

＿＿＿＿＿の言葉を漢字で書くとき、最もよいものを１・２・３・４から一つ選びなさい。

1 夏には、みじかいズボンをはきます。

　　１　太い　　　　　２　広い　　　　　３　長い　　　　　４　短い

2 スカートを作るので、ぬのを買いに行きました。

　　１　不　　　　　　２　布　　　　　　３　在　　　　　　４　市

3 赤は私の好きないろです。

　　１　色　　　　　　２　巴　　　　　　３　危　　　　　　４　巳

4 寒いから、あついセーターを着よう。

　　１　暑い　　　　　２　熱い　　　　　３　厚い　　　　　４　温い

5 このネクタイ、ぼくににあうかな。

　　１　似合う　　　　２　二合う　　　　３　似会う　　　　４　二会う

6 このベルトは、ようひんてんで買いました。

　　１　用品点　　　　２　要品店　　　　３　容品点　　　　４　洋品店

7 彼女はじみな服装が好きだそうだ。

　　１　自見　　　　　２　地味　　　　　３　字見　　　　　４　字味

8 靴を買うときは、足に合うかどうか、ためしてみる。

　　１　話して　　　　２　計して　　　　３　試して　　　　４　記して

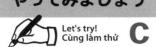
日付 ひづけ	／	／	／
得点 とくてん	／8	／8	／8

日本語能力試験形式問題　言語知識（語彙）

（　　　　）に入れるのに最もよいものを、1・2・3・4から一つ選びなさい。

1 今日は暑いから、（　　　　）のないシャツを着ていこう。

　　1　しま　　　　　2　ベルト　　　　　3　ボタン　　　　　4　えり

2 あの人はいつも変な（　　　　）をしているね。

　　1　きれ　　　　　2　スリッパ　　　　3　かっこう　　　　4　タイプ

3 仕事に行くときは、（　　　　）を着ます。

　　1　背広
　　せびろ　　　2　長靴
　　ながぐつ　　　3　そで　　　　　4　スタイル

4 裁縫には、糸と（　　　　）が必要だ。

　　1　鉄
　　てつ　　　　2　紙
　　かみ　　　　3　線
　　せん　　　　4　針
　　はり

5 家に帰ったら、スーツを脱いで、楽な服に（　　　　）。

　　1　きがえる　　　2　ふりかえる　　　3　とりかえる　　　4　きりかえる

6 真っ赤なジャンパーは、かっこいいけど、年寄りのぼくには（　　　　）すぎるよ。

　　1　無事
　　ぶじ　　　2　見事
　　みごと　　　3　派手
　　はで　　　4　派
　　は

7 彼女は（　　　　）のセンスがいい。

　　1　チェック　　　2　サンダル　　　3　アイロン　　　4　ファッション

8 モデルが着ている服は、どれも（　　　　）です。

　　1　正直
　　しょうじき　　2　素敵
　　すてき　　　3　安全
　　あんぜん　　4　豊富
　　ほうふ

◆ やってみましょう の正解は別冊にあります
　　　　　　　　　　　せいかい　べっさつ

町・建物・住宅
まち たてもの じゅうたく

文字・語彙

文法

読解

聴解

知っていますか？
Do you know? ◇ Bạn có biết?

町
まち

Town
Phố phường

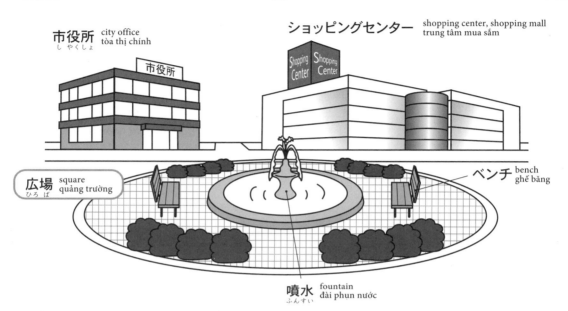

市役所 city office
しやくしょ tòa thị chính

市役所

ショッピングセンター shopping center, shopping mall
trung tâm mua sắm

Shopping Center

広場 square
ひろば quảng trường

ベンチ bench
ghế băng

噴水 fountain
ふんすい đài phun nước

覚えましょう！
おぼ
Let's memorise! ◇ Cùng nhớ!

- 美術館
  びじゅつかん
- 博物館
  はくぶつかん
- 植物園
  しょくぶつえん
- 動物園
  どうぶつえん

- 建物
  たてもの
- 役所 / 区役所
  やくしょ くやくしょ
- 会議場
  かいぎじょう
- 図書館
  としょかん

- 交番
  こうばん
- 警察（署）
  けいさつ しょ
- 消防署
  しょうぼうしょ
- 体育館
  たいいくかん

- 商店街
  しょうてんがい
- 住宅街 / 住宅地
  じゅうたくがい じゅうたくち
- 工場
  こうじょう

- 駐輪場
  ちゅうりんじょう
- 駐車場（が ある / ない）
  ちゅうしゃじょう
- 案内板
  あんないばん

- 神社
  じんじゃ
- 寺
  てら
- 教会
  きょうかい
- （お）墓
  はか

- 消防車
  しょうぼうしゃ
- パトカー
- 救急車
  きゅうきゅうしゃ

- ごみ捨て場
  すば
- 掲示板
  けいじばん
- 地域
  ちいき
- 住民 / 市民 / 区民
  じゅうみん しみん くみん

- 集める - 集まる
  あつ あつ
- （新しい建物が）できる
  あたら たてもの
- （落とし物を）届ける
  お もの とど

- 環境（が いい / 悪い）
  かんきょう わる
- 設備（が いい / 新しい / 古い）
  せつび あたら ふる

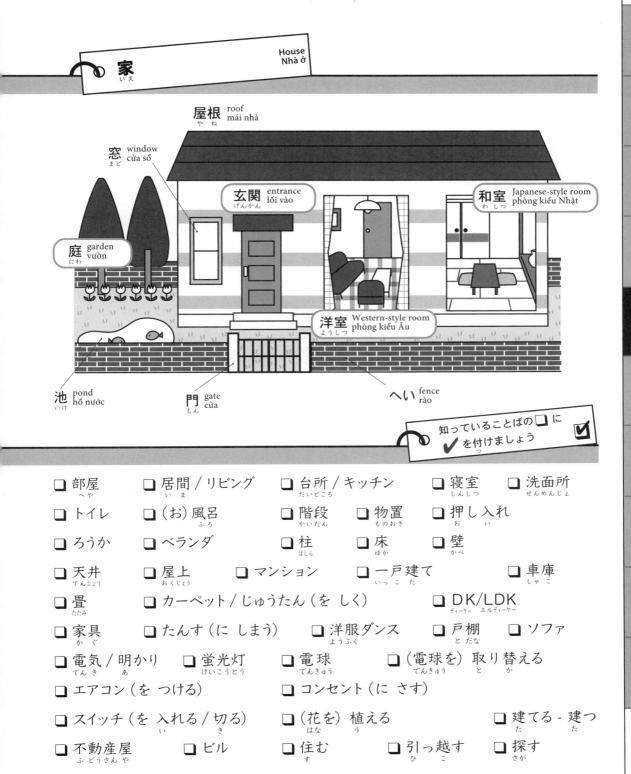

家
いえ

House
Nhà ở

屋根
やね
roof
mái nhà

窓
まど
window
cửa sổ

玄関
げんかん
entrance
lối vào

和室
わしつ
Japanese-style room
phòng kiểu Nhật

庭
にわ
garden
vườn

洋室
ようしつ
Western-style room
phòng kiểu Âu

池
いけ
pond
hồ nước

門
もん
gate
cửa

へい
fence
rào

知っていることばの □ に ✔ を付けましょう

- □ 部屋
へや
- □ 居間 / リビング
いま
- □ 台所 / キッチン
だいどころ
- □ 寝室
しんしつ
- □ 洗面所
せんめんじょ

- □ トイレ
- □ (お) 風呂
ふろ
- □ 階段
かいだん
- □ 物置
ものおき
- □ 押し入れ
お　い

- □ ろうか
- □ ベランダ
- □ 柱
はしら
- □ 床
ゆか
- □ 壁
かべ

- □ 天井
てんじょう
- □ 屋上
おくじょう
- □ マンション
- □ 一戸建て
いっこだ
- □ 車庫
しゃこ

- □ 畳
たたみ
- □ カーペット / じゅうたん (を しく)
- □ DK/LDK
ディーケー　エルディーケー

- □ 家具
かぐ
- □ たんす (に しまう)
- □ 洋服ダンス
ようふく
- □ 戸棚
とだな
- □ ソファ

- □ 電気 / 明かり
でんき　あ
- □ 蛍光灯
けいこうとう
- □ 電球
でんきゅう
- □ (電球を) 取り替える
でんきゅう　と　か

- □ エアコン (を つける)
- □ コンセント (に さす)

- □ スイッチ (を 入れる / 切る)
い　き
- □ (花を) 植える
はな　う
- □ 建てる - 建つ
た　た

- □ 不動産屋
ふどうさんや
- □ ビル
- □ 住む
す
- □ 引っ越す
ひ　こ
- □ 探す
さが

第1回
第2回
第3回
第4回
第5回
第6回
第7回
第8回
第9回
第10回

◆覚えましょう！の翻訳は別冊にあります
おぼ　　　　　　　　　　　　　　ほんやく　べっさつ

練習しましょう

Let's practice!
Cùng luyện tập!

日付	／	／	／
得点	／20	／20	／20

問題　＿＿＿＿に最も合うものを□□□□から一つ選んでください。

①
1. 食事の後、＿＿＿＿のソファに座ってテレビを見るのが楽しみだ。
2. 朝起きたら、＿＿＿＿で歯をみがく。
3. 洗濯をしたシャツは、＿＿＿＿の引き出しにしまう。
4. 毎朝ふとんを＿＿＿＿に入れるのは大変だが、いい運動になる。
5. ＿＿＿＿に干した洗濯物が雨でぬれてしまった。

　　a.リビング　　b.押し入れ　　c.たんす　　d.洗面所　　e.ベランダ

②
1. お風呂の＿＿＿＿は、すべりやすいので、気を付けてください。
2. この部屋は＿＿＿＿が高いので広い感じがする。
3. 危ないから、＿＿＿＿を走ってはいけません。
4. 部屋の＿＿＿＿に花の絵をかけたら、部屋が明るい感じになった。
5. お寺には太い＿＿＿＿が何本もある。

　　　　a.柱　　　b.床　　　c.壁　　　d.天井　　　e.ろうか

③
1. 火事の場合は、＿＿＿＿に連絡をする。
2. 引っ越しをしたので、＿＿＿＿へ行って手続きをした。
3. 財布を拾ったので、＿＿＿＿に届けた。
4. 駅前の＿＿＿＿は毎年12月にセールをする。
5. この＿＿＿＿には昔の人が使った道具が集められている。

　　a.交番　　　b.消防署　　　c.博物館　　　d.役所　　　e.商店街

④
1. 和室にじゅうたんを＿＿＿＿と、部屋の感じが変わるだろう。
2. 出かけるときエアコンを＿＿＿＿のを忘れないように。
3. この町にコンサートホールを＿＿＿＿工事が始まった。
4. 公園の中に図書館が＿＿＿＿そうだ。
5. カーテンを＿＿＿＿ために、窓のサイズを測った。

　　　a.できる　　　b.しく　　　c.たてる　　　d.つける　　　e.きる

◆ **練習しましょう** の解答は別冊にあります

第1回
第2回
第3回
第4回
第5回
第6回
第7回
第8回
第9回
第10回

やってみましょう

Let's try!
Cùng làm thử **A**

日付 ひづけ	／	／	／
得点 とくてん	／8	／8	／8

日本語能力試験形式問題　言語知識（漢字読み）

_____の言葉の読み方として最もよいものを、1・2・3・4から一つ選びなさい。
　　　　ことば　　　　　　もっと　　　　　　　　　　　　　　　　　　　　えら

1　この神社には有名な美しいにわがある。
　　　じんじゃ　　　　　うつく

　　1　間　　　　　　2　門　　　　　　3　庭　　　　　　4　池

2　台風でやねが飛んでしまった。
　　　　　　　　　　と

　　1　屋根　　　　　2　家屋　　　　　3　室寝　　　　　4　家板

3　駅前に新しいビルがたつそうだ。
　　　えきまえ

　　1　立つ　　　　　2　建つ　　　　　3　経つ　　　　　4　断つ

4　しやくしょでは、外国語の案内も準備している。
　　　　　　　　　　　　　　　　あんない　じゅんび

　　1　市屋署　　　　2　支訳署　　　　3　市役所　　　　4　支役所

5　変な人が家の前にいるので、けいさつに電話をした。
　　　へん

　　1　警察　　　　　2　敬擦　　　　　3　刑札　　　　　4　刑冊

6　この病院には広いちゅうしゃじょうがある。

　　1　注車場　　　　2　注車所　　　　3　駐車所　　　　4　駐車場

7　今日は、びじゅつかんは休みです。

　　1　備実館　　　　2　美術館　　　　3　美実館　　　　4　芸術館

8　だいどころの電気を消すのを忘れた。
　　　　　　　　　　　　け　　　　わす

　　1　大所　　　　　2　代場　　　　　3　台場　　　　　4　台所

37

◆ **やってみましょう** の正解は別冊にあります
　　　　　　　　　　せいかい　べっさつ

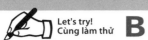
文字・語彙

文法

読解

聴解

日本語能力試験形式問題　言語知識（表記）

_____の言葉を漢字で書くとき、最もよいものを1・2・3・4から一つ選びなさい。

1　私の<u>部屋</u>は<u>南向</u>きで、明るい。
　　1　ぶや　　　　　2　ぶおく　　　　3　べや　　　　　4　へや

2　休みの日は、大学の<u>建物</u>には<u>入</u>れない。
　　1　たてぶつ　　　2　たてもの　　　3　けんぶつ　　　4　けんもの

3　<u>寝室</u>のカーテンを<u>替</u>えたら、よく<u>寝</u>られるようになった。
　　1　ねま　　　　　2　ねしつ　　　　3　しんしつ　　　4　ししつ

4　<u>消防車</u>が走って行った。<u>火事</u>があったようだ。
　　1　しょぼうしゃ　　　　　　　　　2　しょうぼしゃ
　　3　しょうぼうしゃ　　　　　　　　4　しょぼしゃ

5　<u>駅前</u>の<u>広場</u>に町の<u>案内板</u>がある。
　　1　ひろば　　　2　こうじょう　　　3　ひろじょう　　4　こうば

6　中学校のグラウンドに<u>生徒</u>たちが<u>集</u>まっている。
　　1　こまって　　　2　あつまって　　3　とまって　　　4　しまって

7　学校の<u>屋上</u>から<u>富士山</u>が見える。
　　1　やじょう　　　2　やね　　　　　3　やうえ　　　　4　おくじょう

8　暑いので、<u>窓</u>を<u>開</u>けた。
　　1　まど　　　　　2　いりぐち　　　3　と　　　　　　4　ふた

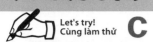
日付 ひづけ	／	／	／
得点 とくてん	／8	／8	／8

日本語能力試験形式問題　言語知識（語彙）

（　　　　）に入れるのに最もよいものを、1・2・3・4から一つ選びなさい。

---

1 このアパートには、テーブルやソファなどの（　　　　）がついている。

1 家具
かぐ　　　　2 洋室
ようしつ　　　　3 ろうか　　　　4 階段
かいだん

2 （　　　　）がいっぱいなので、要らないものは捨てることにした。

1 駐車場
ちゅうしゃじょう　　2 玄関
げんかん　　3 車庫
しゃこ　　4 物置
ものおき

3 この部屋には（　　　　）がたくさんあるので、電気製品を使うのに便利だ。

　へや　　　　　　　　　　　　　　　　　　　　　せいひん　　　べんり

1 マンション　　2 カーペット　　3 エアコン　　4 コンセント

4 居間の蛍光灯が切れたので（　　　　）。

　いま　けいこうとう　き

1 いれかえた　　2 とりかえた　　3 かけかえた　　4 おきかえた

5 私たちの学校には（　　　　）があるので、雨の日でもスポーツができる。

1 しょくぶつえん　　　　　　2 かいぎじょう

3 たいいくかん　　　　　　　4 としょかん

6 この工場は建物も立派だし、中の（　　　　）も新しい。

　こうじょう　たてもの　りっぱ

1 環境
かんきょう　　2 設備
せつび　　3 自然
しぜん　　4 準備
じゅんび

7 5時になると公園の（　　　　）が閉まって、中に入れなくなる。

　　　　　　こうえん　　　　　　　し　　　　　　はい

1 床
ゆか　　　　2 門
もん　　　　3 柱
はしら　　　　4 壁
かべ

8 子どもができるので、もう少し広い家を（　　　　）います。

1 引っ越して
ひ　こ　　2 取り替えて
と　か　　3 住んで
す　　4 探して
さが

◆ **やってみましょう** の正解は別冊にあります

　　　　　　　　　　　せいかい　　べっさつ

第**6**回
だい かい

社会・仕事
しゃかい　しごと

Society / Job
Xã hội / Việc làm

文字・語彙

文法

読解

聴解

知っていますか?
Do you know?　◇　Bạn có biết?

オフィス
Office
Văn phòng

オフィス　office
　　　　　văn phòng

職場　workplace
しょくば　nơi làm việc

同僚　co-worker
どうりょう　đồng nghiệp

上司　one's superior/boss
じょうし　cấp trên

部下　subordinate
ぶか　cấp dưới

資料　material, data,
しりょう　information
　　　　tài liệu

書類　document
しょるい　giấy tờ

覚えましょう!
おぼ
Let's memorise!　◇　Cùng nhớ!

☐ 企業
　き ぎょう

☐ 会議
　かい ぎ

☐ プレゼンテーション

☐ 伝える
　つた

☐ 能率
　のうりつ

☐ 担当（する）
　たんとう

☐ パソコン

☐ 給料
　きゅうりょう

☐ かせぐ

☐ 規則
　きそく

☐ 休日
　きゅうじつ

☐ 経営（する）
　けいえい

☐ 話題
　わだい

☐ 決定（する）
　けってい

☐ 命令（する）
　めいれい

☐ 手間（が かかる）
　てま

☐ 出勤（する）
　しゅっきん

☐ スマホ / スマートフォン

☐ ボーナス

☐ もうかる

☐ ルール

☐ 日時
　にちじ

☐ 予定（する）
　よてい

☐ 話し合う
　はな あ

☐ 発表（する）
　はっぴょう

☐ 指示（する）
　しじ

☐ 順調（な）
　じゅんちょう

☐ 出張（する）
　しゅっちょう

☐ 商売
　しょうばい

☐ 利益
　り えき

☐ 守る
　まも

☐ イベント

☐ 計画（する）
　けいかく

☐ 意見
　いけん

☐ 協力（する）
　きょうりょく

☐ 契約（する）
　けいやく

☐ 競争（する）
　きょうそう

☐ 事務
　じむ

☐ 携帯 / 携帯電話
　けいたい　けいたいでんわ

☐ 販売（する）
　はんばい

☐ 違反（する）
　いはん

☐ チャンス

産業
さんぎょう

Industry
Ngành

農業 agriculture
のうぎょう nông nghiệp
農家 farmer
のうか nhà nông

工業 industry
こうぎょう công nghiệp

作業 (する) work, job
さ ぎょう công việc

生産 (する) production
せいさん sản xuất

畑 field, farm
はたけ ruộng

製品 product
せいひん sản phẩm

知っていることばの□に
✔を付けましょう
　　　　　つ

第1回
第2回
第3回
第4回
第5回
第6回
第7回
第8回
第9回
第10回

◆覚えましょう！の翻訳は別冊にあります
　 おぼ　　　　　　　　 ほんやく　 べっさつ

日付 ひづけ	／	／	／
得点 とくてん	／20	／20	／20

文字・語彙

文法

読解

聴解

問題 ＿＿＿＿に最も合うものを □ から一つ選んでください。
もっと えら

① 1. 交番で＿＿＿＿に道を聞いた。
こうばん

2. 警察が事故の＿＿＿＿を調べている。
けいさつ じこ しら

3. このあたりは米を作る＿＿＿＿が多い。
こめ

4. 税金を払うことは国民の＿＿＿＿だ。
ぜいきん はら こくみん

5. 弟は役所で働く＿＿＿＿です。
やくしょ

a. 農家 のうか	b. 公務員 こうむいん	c. 義務 ぎむ	d. 原因 げんいん	e. おまわりさん

② 1. ＿＿＿＿がある方は、手をあげてください。

2. 説明会の＿＿＿＿を皆さんに配ってください。
せつめいかい みな くば

3. この商品は売り切れました。もう＿＿＿＿はしていません。
しょうひん う き

4. A社の新しいパソコンのことが＿＿＿＿になっている。

5. それは＿＿＿＿とは違うでしょう。本当のことを話しなさい。
ちが ほんとう

a. 事実 じじつ	b. 話題 わだい	c. 販売 はんばい	d. 資料 しりょう	e. 意見 いけん

③ 1. 朝の電車は＿＿＿＿人で混んでいる。
こ

2. 電気自動車の普及は、これからますます*＿＿＿＿だろう。
ふきゅう

3. 生活費を＿＿＿＿ために、妻と二人で働いています。
せいかつひ つま

4. 災害地で＿＿＿＿ボランティアが増えている。
さいがいち ふ

5. この問題について、みんなでよく＿＿＿＿必要がある。
ひつよう

a. 進む すす	b. 話し合う はな あ	c. かせぐ	d. 通勤する つうきん	e. 活動する かつどう

④ 1. 新しい高速道路の工事は＿＿＿＿進んでいる。
こうそくどうろ すす

2. この仕事は手間が＿＿＿＿。
てま

3. 男女が＿＿＿＿社会がいい。
だんじょ

4. 楽にお金が＿＿＿＿商売はありません。
らく しょうばい

5. 仕事がなくて生活が＿＿＿＿人たちを助けたいと思う。
せいかつ たす

a. もうかる	b. 平等な びょうどう	c. 困難な こんなん	d. かかる	e. 順調に じゅんちょう

◆ **練習しましょう** の正解・少し難しい言葉(*)の翻訳は別冊にあります
れんしゅう せいかい むずか ことば ほんやく べっさつ

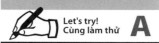
日付 ひづけ	／	／	／
得点 とくてん	／8	／8	／8

日本語能力試験形式問題　言語知識（漢字読み）

＿＿＿＿の言葉の読み方として最もよいものを、1・2・3・4から一つ選びなさい。
　　　　　　　ことば　　　　　　もっと　　　　　　　　　　　　　　　　　えら

1 明日から国会が開かれる。
　　　　　　　　　ひら

　　1　こくかい　　　　2　くにかい　　　　3　こっかい　　　　4　こかい

2 少子化が社会問題になっている。

　　1　しょしか　　　　2　しょうしか　　　3　しょうこか　　　4　しょこか

3 私の家は、父も兄も政治家だ。

　　1　せいじか　　　　2　せじか　　　　　3　せいちか　　　　4　せちか

4 どこの企業でも人手が足りなくて困っている。
　　　　　きぎょう　　　　た　　　　　こま

　　1　ひとて　　　　　2　じんて　　　　　3　じんしゅ　　　　4　ひとで

5 この町の人口は少しずつ減っている。
　　　　　　　　　　　　　　へ

　　1　じんこう　　　　2　じんこ　　　　　3　にんこう　　　　4　にんこ

6 毎朝9時に出勤します。

　　1　できん　　　　　2　しゅっきん　　　3　でつとめ　　　　4　しゅつきん

7 去年この町で大きな事件があった。

　　1　じけん　　　　　2　じっけん　　　　3　しげん　　　　　4　じげん

8 自分の考えを発表するチャンスがまだない。

　　1　はっひょう　　　2　はつひょう　　　3　はっぴょう　　　4　はつぴょう

第1回

第2回

第3回

第4回

第5回

第6回

第7回

第8回

第9回

第10回

◆ **やってみましょう** の正解は別冊にあります
　　　　　　　　　　せいかい　べっさつ

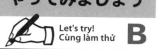

日付 ひづけ	／	／	／
得点 とくてん	／8	／8	／8

文字・語彙

文法

読解

聴解

日本語能力試験形式問題　言語知識（表記）

_____の言葉を漢字で書くとき、最もよいものを1・2・3・4から一つ選びなさい。

1 「また後で電話します」とつたえてください。

　　1　仏えて　　　　2　伝えて　　　　3　任えて　　　　4　使えて

2 仕事を探すしつぎょうしゃが増えている。

　　1　実業者　　　　2　室業者　　　　3　質業者　　　　4　失業者

3 書類をゆうそうしてください。

　　1　睡送　　　　　2　錘送　　　　　3　捶送　　　　　4　郵送

4 パソコンのおかげで仕事ののうりつが上がった。

　　1　能率　　　　　2　脳率　　　　　3　能卒　　　　　4　悩卒

5 県のちじは、選挙で選ぶ。

　　1　地字　　　　　2　知字　　　　　3　知事　　　　　4　地事

6 仕事はけいかくのとおりに進んでいる。

　　1　計画　　　　　2　計角　　　　　3　計各　　　　　4　計書

7 上司のしじで来週出張することになった。

　　1　使事　　　　　2　試示　　　　　3　仕事　　　　　4　指示

8 きゅうりょうを上げてほしいと店長に言うつもりだ。

　　1　級料　　　　　2　給料　　　　　3　休料　　　　　4　急料

やってみましょう

Let's try!
Cùng làm thử **C**

日付 ひづけ	／	／	／
得点 とくてん	／8	／8	／8

日本語能力試験形式問題　言語知識（語彙）

（　　　　）に入れるのに最もよいものを、1・2・3・4から一つ選びなさい。

---

1 この国の主な（　　　　）は工業です。

　1　経営　　　　　2　産業　　　　　3　競争　　　　　4　発展
　　けいえい　　　　　さんぎょう　　　　　きょうそう　　　　　はってん

2 上司から出張の（　　　　）が出た。
　　じょうし　　しゅっちょう

　1　命令　　　　　2　利益　　　　　3　担当　　　　　4　通勤
　　めいれい　　　　　りえき　　　　　たんとう　　　　　つうきん

3 運転の（　　　　）を取るために、自動車学校に通っている。
　　　　　　　　　　と　　　　　　　　　　　　　　　　　　　　　かよ

　1　指示　　　　　2　法律　　　　　3　証明　　　　　4　免許
　　しじ　　　　　ほうりつ　　　　　しょうめい　　　　　めんきょ

4 パスポートを取るときは、面倒な（　　　　）をしなければならない。
　　　　　　　　　と　　　　　めんどう

　1　手続き　　　　2　手助け　　　　3　手違い　　　　4　手洗い
　　てつづ　　　　　てだす　　　　　てちが　　　　　てあら

5 彼は去年私と一緒に会社に入った（　　　　）です。
　　かれ　きょねんわたし　いっしょ　　　かいしゃ　はい

　1　先輩　　　　　2　同僚　　　　　3　後輩　　　　　4　部下
　　せんぱい　　　　　どうりょう　　　　　こうはい　　　　　ぶか

6 学校の（　　　　）を守らない学生がいる。
　　　　　　　　　　　まも

　1　世間　　　　　2　規則　　　　　3　違反　　　　　4　経験
　　せけん　　　　　きそく　　　　　いはん　　　　　けいけん

7 イベントに参加したい人は電話で（　　　　）こと。
　　　　　　さんか

　1　契約する　　　2　協力する　　　3　申し上げる　　4　申し込む
　　けいやく　　　　　きょうりょく　　　　　もうあ　　　　　もうこ

8 私は（　　　　）への通勤にバイクを使っている。
　　　　　　　　　　つうきん

　1　ボーナス　　　2　ルール　　　　3　オフィス　　　4　チーム

右側のタブ：

第1回　第2回　第3回　第4回　第5回　第6回　第7回　第8回　第9回　第10回

◆ **やってみましょう** の正解は別冊にあります
　　　　　　　　　　せいかい　　べっさつ

第**7**回
だい かい

スポーツ・芸術・趣味
げいじゅつ しゅみ

Sports / Art / Hobby
Thể thao / Nghệ thuật / Sở thích

文字・語彙

文 法

読 解

聴 解

知っていますか？
Do you know? ◇ Bạn có biết?

スポーツ

Sports
Thể thao

応援（する）cheering
おうえん cổ vũ

監督 director
かんとく giám sát

スコア〔10対8〕 score (10 to 8)
たい điểm số (10-8)

山田	松木
10	8

めざせ優勝！
山田高校

V

チーム team
đội

選手 player, runner
せんしゅ cầu thủ, tuyển thủ

（バスケット）コート (basketball) court
sân (bóng rổ)

覚えましょう！
おぼ

Let's memorise! ◇ Cùng nhớ!

- 体操
  たいそう
- 陸上競技
  りくじょうきょうぎ
- 水泳
  すいえい
- ゴルフ

- 柔道
  じゅうどう
- 剣道
  けんどう
- ジョギング
- 運動（する）
  うんどう

- 競技場
  きょうぎじょう
- 運動場／グラウンド
  うんどうじょう
- 会場
  かいじょう

- 競技会
  きょうぎかい
- 運動会
  うんどうかい
- 開く
  ひら

- プロ
- アマ／アマチュア
- トレーナー
- コーチ

- 記録（する）
  きろく
- 試合（を する）
  しあい

- 勝つ／勝ち
  か か
- 負ける／負け
  ま ま
- 引き分ける／引き分け
  ひ わ ひ わ

- 優勝（する）
  ゆうしょう
- ～位〔1位／2位／3位〕
  い い い い
- ジム

- スポーツクラブ
- トレーニング（する）
- 行う
  おこな
- 練習（する）
  れんしゅう

- 得意（な）
  とくい
- 苦手（な）
  にがて
- 技術
  ぎじゅつ

趣味
しゅみ

Hobby
Sở thích

写真 (を 撮る) take a photo
しゃしん と (chụp) ảnh

撮影 (する) photography, photo shooting
さつえい chụp ảnh

ペット (を 飼う) keep a pet
か (nuôi) thú cưng

ゲーム (を する) play games
(chơi) game

絵を かく draw/paint a picture
え vẽ tranh

バイオリン (を 弾く / 演奏する)
ひ えんそう
play the violin
(biểu diễn)
vĩ ô lồng

絵画 paint, picture, drawing
かいが hội họa

知っていることばの ☐ に
✔ を付けましょう
つ

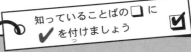

- ☐ 美術
  びじゅつ
- ☐ 演劇
  えんげき
- ☐ 芸術
  げいじゅつ
- ☐ コンサート
- ☐ ライブ

- ☐ 演奏会
  えんそうかい
- ☐ 楽器
  がっき
- ☐ ダンス
- ☐ 踊る
  おど
- ☐ コーラス

- ☐ (ふえ / トランペット を) 吹く
  ふ
- ☐ ステージ
- ☐ 劇場/ホール
  げきじょう
- ☐ 拍手 (する)
  はくしゅ

- ☐ レッスン (を 受ける)
  う
- ☐ 発表会
  はっぴょうかい
- ☐ チケット
- ☐ 展覧会
  てんらんかい

- ☐ 〜展 〔写真展 / 絵画展 / 美術展〕
  てん しゃしんてん かいがてん びじゅつてん
- ☐ 美術品
  びじゅつひん
- ☐ 作品
  さくひん

- ☐ 読書
  どくしょ
- ☐ 小説
  しょうせつ
- ☐ 詩
  し
- ☐ ドラマ
- ☐ 語学
  ごがく

- ☐ 書道
  しょどう
- ☐ 茶道
  さどう
- ☐ 歌舞伎
  かぶき
- ☐ 動物
  どうぶつ
- ☐ 植物
  しょくぶつ

- ☐ 温泉
  おんせん
- ☐ 見学 (する)
  けんがく
- ☐ 見物 (する)
  けんぶつ
- ☐ 観光 (する)
  かんこう
- ☐ ドライブ (する)

- ☐ ファン
- ☐ 観客
  かんきゃく
- ☐ アイドル
- ☐ 番組
  ばんぐみ
- ☐ チャンネル

- ☐ 職人
  しょくにん
- ☐ 画家
  がか
- ☐ 作家
  さっか
- ☐ 歌手
  かしゅ
- ☐ 俳優
  はいゆう

◆覚えましょう！の翻訳は別冊にあります
おぼ ほんやく べっさつ

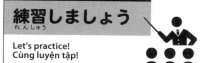

練習しましょう
れんしゅう

Let's practice!
Cùng luyện tập!

日付 ひづけ	／	／	／
得点 とくてん	／20	／20	／20

文字・語彙

文法

読解

聴解

問題 _____に最も合うものを□□□□から一つ選んでください。
もっと　　　　　　　　　　　　　　　　えら

① １. 健康のために_____をしたほうがいい。
けんこう

２. 新しくできた_____には、いろいろな技術が使われている。
ぎじゅつ

３. 明日がんばってね。_____に行くからね。

４. 明日の_____に出る選手が発表された。
せんしゅ　はっぴょう

５. 私は会社のゴルフ大会で_____をしたことがある。
たいかい

a. 試合	b. 応援	c. 優勝	d. 劇場	e. 運動
しあい	おうえん	ゆうしょう	げきじょう	うんどう

② １. 建物の中では写真の_____はできません。
たてもの

２. 毎朝ニュース_____を見ている。

３. バイオリンの_____が終わると、大きな拍手が起きた。
はくしゅ

４. 街は祭りの_____に来た人でいっぱいだった。
まち　まつ

５. 来週自動車工場を_____に行く。

a. 見物	b. 見学	c. 番組	d. 演奏	e. 撮影
けんぶつ	けんがく	ばんぐみ	えんそう	さつえい

③ １. ペットを_____人が増えている。
ふ

２. 父は毎年写真展を_____のを楽しみにしている。
しゃしんてん　　　　　たの

３. 広いところでトランペットを_____と、気持ちがいい。

４. 駅に置いてあるピアノを_____人たちをテレビで見た。
お

５. これは、音楽に合わせて_____人形です。
あ　　　　　　　にんぎょう

a. ふく	b. かう	c. ひらく	d. おどる	e. ひく

④ １. 兄は大学に行くのをやめて、_____のゴルフ選手になった。
せんしゅ

２. 来週から新しい_____の指導を受けることになった。
しどう　う

３. 週に２回、運動のために_____に通っている。
うんどう　　　　　　　　　かよ

４. 優勝したアマチュアの選手は毎日仕事の後に_____をしているそうだ。
ゆうしょう　　　　　　　　せんしゅ

５. 毎週木曜日は子どもたちに_____を教えている。

a. コーチ	b. ダンス	c. トレーニング	d. プロ	e ジム

48

◆ **練習しましょう** の解答は別冊にあります
れんしゅう　　　かいとう　べっさつ

日本語能力試験形式問題　言語知識（漢字読み）

_____の言葉の読み方として最もよいものを、1・2・3・4から一つ選びなさい。
　　　　 ことば　　　　　　　　　 もっと 　　　　　　　　　　　　　　　　 えら

1　コンサートの会場は5時に開きます。
　　　　　　　　　　　　　 あ

　　1　かいば　　　　　2　かいしょ　　　　　3　かいじょ　　　　　4　かいじょう

2　子どもの作品は自由で明るい。
　　　　　　　　　 じ ゆう

　　1　さくひん　　　　2　さっひん　　　　　3　さしな　　　　　　4　さくしな

3　大学で観光について学びたいと思っている。
　　　　　　　　　　　 まな

　　1　かんこ　　　　　2　りょこう　　　　　3　かんこう　　　　　4　りょうこう

4　ピカソはスペインの有名な画家です。

　　1　かくいえ　　　　2　がか　　　　　　　3　かっか　　　　　　4　かか

5　何か楽器が弾けるようになりたい。
　　　　　　　 ひ

　　1　がくき　　　　　2　らくき　　　　　　3　がっき　　　　　　4　らっき

6　私は小説を読むのが好きです。

　　1　こうせつ　　　　　　　　　　　2　しょうせえつ

　　3　しょせつ　　　　　　　　　　　4　しょうせつ

7　娘がピアノの発表会に出る。
　 むすめ

　　1　はつひょうかい　　　　　　　　2　はっぴょうかい

　　3　はつぴょかい　　　　　　　　　4　はっぴょうかい

8　来週大好きな歌手のコンサートに行く。

　　1　うたて　　　　　2　うたで　　　　　　3　かしゅう　　　　　4　かしゅ

◆ **やってみましょう** の正解は別冊にあります
　　　　　　　　　　せいかい　べっさつ

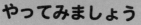
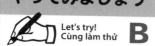

やってみましょう

Let's try!
Cùng làm thử **B**

日付 ひづけ	／	／	／
得点 とくてん	／8	／8	／8

文字・語彙

文法

読解

聴解

日本語能力試験形式問題　言語知識（表記）

＿＿＿の言葉（ことば）を漢字で書くとき、最（もっと）もよいものを1・2・3・4から一つ選（えら）びなさい。

1 毎日ダンスの<u>れんしゅう</u>をしている。

　1　連習　　　　2　練習　　　　3　連修　　　　4　練修

2 私は運動（うんどう）が<u>とくい</u>ではない。

　1　特意　　　　2　得以　　　　3　特以　　　　4　得意

3 この<u>さっか</u>の小説（しょうせつ）は若（わか）い人に人気（にんき）がある。

　1　作家　　　　2　昨家　　　　3　作者　　　　4　昨者

4 パリは<u>げいじゅつ</u>の街（まち）として知られている。

　1　芸実　　　　2　現実　　　　3　芸術　　　　4　技術

5 この水泳大会（すいえいたいかい）で新しい<u>きろく</u>が出た。

　1　紀禄　　　　2　記録　　　　3　季碌　　　　4　希緑

6 祖父（そふ）はフランスの<u>かいが</u>を集（あつ）めている。

　1　書画　　　　2　合画　　　　3　会画　　　　4　絵画

7 弟の夢（ゆめ）はサッカー<u>せんしゅ</u>になることだ。

　1　選手　　　　2　専主　　　　3　戦士　　　　4　先首

8 私の趣味（しゅみ）は<u>どくしょ</u>です。

　1　説所　　　　2　読書　　　　3　諸書　　　　4　語所

50

日本語能力試験形式問題　言語知識（語彙）

（　　　）に入れるのに最もよいものを、1・2・3・4から一つ選びなさい。
　　　　　　　　　　　　　　もっと　　　　　　　　　　　　　　　　えら

1 私は数学が（　　　　　）なので、科学者にはなれないと思う。
　　　すうがく　　　　　　　　　　　　　かがくしゃ

　　1　得意　　　　　　2　苦手　　　　　　3　上手　　　　　　4　下手
　　　とくい　　　　　　　にがて　　　　　　　じょうず　　　　　　へた

2 これは昔から伝えられている壁の塗り方だが、これができる（　　　　　）は
　　　　　むかし　つた　　　　　　　　かべ　ぬ　かた

　減ってしまった。
　へ

　　1　職人　　　　　　2　作品　　　　　　3　作物　　　　　　4　画家
　　　しょくにん　　　　　さくひん　　　　　　さくもつ　　　　　　がか

3 天気がいいので、海岸を（　　　　　）したら、とても気持ちよかった。
　　　　　　　　　　かいがん

　　1　コンサート　　　2　コーラス　　　　3　ステージ　　　　4　ドライブ

4 今日の試合は、3対3で（　　　　　）。
　　　　しあい　　たい

　　1　おうえんした　　　　　　　　　　　2　かった

　　3　まけた　　　　　　　　　　　　　　4　ひきわけた

5 あそこが、サッカーの試合が（　　　　　）競技場です。
　　　　　　　　　　　　　しあい　　　　　　　きょうぎじょう

　　1　おこなわれる　　　　　　　　　　　2　とられる

　　3　けんぶつされる　　　　　　　　　　4　あけられる

6 新しくできた劇場は（　　　　　）が3,000人も入るそうだ。
　　　　　　　　げきじょう　　　　　　　　　　　　　はい

　　1　選手　　　　　　2　監督　　　　　　3　歌手　　　　　　4　観客
　　　せんしゅ　　　　　　かんとく　　　　　　かしゅ　　　　　　かんきゃく

7 俳優になりたくて、ロンドンへ（　　　　　）の勉強に行った。
　　　はいゆう

　　1　芸術　　　　　　2　美術　　　　　　3　演劇　　　　　　4　技術
　　　げいじゅつ　　　　　びじゅつ　　　　　　えんげき　　　　　　ぎじゅつ

8 子どもたちの絵の（　　　　　）が市役所で開かれている。
　　　　　　　　え　　　　　　　　　　しやくしょ　ひら

　　1　競技会　　　　　2　演奏会　　　　　3　運動会　　　　　4　展覧会
　　　きょうぎかい　　　　えんそうかい　　　　うんどうかい　　　　てんらんかい

◆ **やってみましょう** の正解は別冊にあります
　　　　　　　　　　せいかい　べっさつ

第**8**回
だい かい

生活・学校
せいかつ　がっこう

Life / School
Đời sống / Trường học

知っていますか？

Do you know?　◇　Bạn có biết?

生活
せいかつ

Life
Đời sống

（洗濯物を）干す
せんたくもの　　ほ
hang out (the laundry)
phơi (quần áo giặt)

育児
いくじ
child rearing
nuôi trẻ

世話（する）
せわ
care
chăm sóc

家事
かじ
housework
việc nhà

化粧（する）
けしょう
makeup
trang điểm

（犬の）散歩
いぬ　さんぽ
(dog) walk
(chó) đi dạo

炊事（する）
すいじ
cooking, kitchen work
nấu nướng

覚えましょう！
おぼ

Let's memorise!　◇　Cùng nhớ!

- ☐ 暮らす
く
- ☐ 子育て（する）
こそだ
- ☐ 支度（する）
したく
- ☐ かぎ
- ☐ 忙しい
いそが
- ☐ ごみ
- ☐ （ごみを）出す
て
- ☐ 掃除機（を かける）
そうじき
- ☐ 洗濯機
せんたくき
- ☐ ごちそう
- ☐ 必要（な）
ひつよう

- ☐ 過ごす
す
- ☐ 育てる
そだ
- ☐ 準備（する）
じゅんび
- ☐ （かぎを）かける
- ☐ ぐっすり（寝る / 眠る）
ね　　ねむ
- ☐ 生ごみ
なま
- ☐ 空き缶 / 空きびん
あ　かん　あ
- ☐ 汚れる
よご
- ☐ 洗濯物（を 洗う / 乾かす）
せんたくもの　あら　　かわ
- ☐ 冷蔵庫
れいぞうこ
- ☐ 不要（な）
ふよう

- ☐ 片付け
かたづ
- ☐ 手伝い
てつだ
- ☐ 外出（する）
がいしゅつ
- ☐ 留守
るす
- ☐ （目が）覚める
め　　さ
- ☐ 燃やすゴミ / 燃やさないゴミ
も　　　　　も
- ☐ ほこり（が たまる）
- ☐ 雑巾（で ふく）
ぞうきん
- ☐ 日用品
にちようひん

- ☐ 片付ける
かたづ
- ☐ 手伝う
てつだ
- ☐ 急ぐ
いそ
- ☐ 留守番（する）
るすばん
- ☐ 寝坊（する）
ねぼう
- ☐ ほうき（で 掃く）
は
- ☐ バケツ
- ☐ 済む
す
- ☐ ほっとする

勉強
べんきょう
Study
Học tập

学習（する） studying
がくしゅう 　 học tập

予習（する） preparation for a new lesson
よしゅう 　 học trước

復習（する） review
ふくしゅう 　 ôn tập

授業 studying
じゅぎょう giờ học

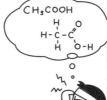

暗記（する） memorization
あんき 　 học thuộc

覚える memorize
おぼ 　 ghi nhớ

がんばる work hard
　 cố gắng

知っていることばの☐に
✔を付けましょう
　 つ ✔

☐ 教育（する）
　 きょういく

☐ 科目
　 かもく

☐ 教科書
　 きょうかしょ

☐ 成績
　 せいせき

☐ 学部
　 がくぶ

☐ 教授
　 きょうじゅ

☐ 講義（する）
　 こうぎ

☐ 指導（する）
　 しどう

☐ 教わる
　 おそ

☐ 学ぶ
　 まな

☐ 知識
　 ちしき

☐ 基礎
　 きそ

☐ 学力
　 がくりょく

☐ レベル

☐ 努力（する）
　 どりょく

☐ 通学（する）
　 つうがく

☐ 受験（する）
　 じゅけん

☐ 入学試験
　 にゅうがくしけん

☐ 合格（する）
　 ごうかく

☐ 失敗（する）
　 しっぱい

☐ 将来
　 しょうらい

☐ 未来
　 みらい

☐ 現在
　 げんざい

☐ 過去
　 かこ

☐ 昔
　 むかし

☐ 平日
　 へいじつ

☐ 週末
　 しゅうまつ

☐ 連休
　 れんきゅう

☐ 明け方
　 あ　がた

☐ 早朝
　 そうちょう

☐ 日中
　 にっちゅう

☐ 夕方
　 ゆうがた

☐ 夕べ
　 ゆう

☐ 夜中
　 よなか

☐ 真夜中
　 まよなか

☐ 深夜
　 しんや

☐ 晩
　 ばん

☐ 今晩
　 こんばん

☐ 前日
　 ぜんじつ

☐ 翌日
　 よくじつ

☐ 当日
　 とうじつ

☐ 先日
　 せんじつ

第1回
第2回
第3回
第4回
第5回
第6回
第7回
第8回
第9回
第10回

◆覚えましょう！の翻訳は別冊にあります
　おぼ 　 ほんやく 　 べっさつ

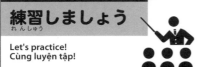

練習しましょう
れんしゅう

Let's practice!
Cùng luyện tập!

日付 ひづけ	／	／	／
得点 とくてん	／20	／20	／20

文字・語彙

文法

読解

聴解

問題 ＿＿＿＿＿に最も合うものを ＿＿＿＿ から一つ選んでください。
もっと   えら

① 1. 食事の＿＿＿＿＿ができました。さあ、食べましょう。

2. 教師の仕事には＿＿＿＿＿だけでなく、経験も必要だ。
きょうし   けいけん   ひつよう

3. 朝起きると、まず犬の＿＿＿＿＿をします。

4. ＿＿＿＿＿の準備を始めたので遊ぶ時間がない。
じゅんび   あそ

5. ＿＿＿＿＿をしっかり勉強することは、とても大切です。

a.受験 じゅけん	b.世話 せわ	c.基礎 きそ	d.知識 ちしき	e.支度 したく

② 1. 今日は家族がみんな出かけたので、私は一人で＿＿＿＿＿です。

2. 生徒の＿＿＿＿＿を上げるために、新しい教科書が作られた。
せいと   きょうかしょ

3. 太陽が上ってくる＿＿＿＿＿の空は美しい。
たいよう のぼ   うつく

4. 息子は＿＿＿＿＿医者になりたいと言っている。
むすこ

5. ＿＿＿＿＿の失敗は、もう忘れましょう。
しっぱい   わす

a.留守番 るすばん	b.学力 がくりょく	c.早朝 そうちょう	d.過去 かこ	e.将来 しょうらい

③ 1. 毎朝6時に目が＿＿＿＿＿。

2. 入学試験に＿＿＿＿＿自信がない。もっと勉強しないと。
にゅうがくしけん   じしん

3. 外へ出るときは入り口のかぎを＿＿＿＿＿のを忘れないようにしなさい。
わす

4. 漢字を＿＿＿＿＿のは大変です。
たいへん

5. ＿＿＿＿＿学生は、必ず成績が上がる。
かなら せいせき

a.かける	b.合格する ごうかく	c.覚める さ	d.覚える おぼ	e.努力する どりょく

④ 1. 今日は、子どもの入学に＿＿＿＿＿物をデパートへ買いに行った。
にゅうがく

2. 田舎で静かに＿＿＿＿＿生活が好きです。
いなか しず   せいかつ

3. ＿＿＿＿＿物は、捨てなさい。
す

4. ごみを＿＿＿＿＿日はいつですか。

5. 疲れたときにお風呂に入ると＿＿＿＿＿。
つか   ふろ はい

a.不要な ふよう	b.出す だ	c.ほっとする	d.暮らす く	e.必要な ひつよう

◆ **練習しましょう** の解答は別冊にあります
れんしゅう   かいとう べっさつ

やってみましょう

Let's try!
Cùng làm thử **A**

日本語能力試験形式問題　言語知識（漢字読み）

＿＿＿＿の言葉の読み方として最もよいものを、１・２・３・４から一つ選びなさい。

1 日用品を買うときはスーパーへ行く。

　１　ひようしな　　　　　　　２　ひようひん

　３　にちようしな　　　　　　４　にちようひん

2 姉は今、子育てに一生懸命です。

　１　しそだて　　　２　こそだて　　　３　しいくて　　　４　こいくて

3 学校で好きな科目は何ですか。

　１　りょうめ　　　２　りょうもく　　３　かめ　　　　　４　かもく

4 寝る前に、翌日の仕事の準備をした。

　１　よくじつ　　　２　せんじつ　　　３　よくにち　　　４　せんにち

5 真夜中に電話が鳴ったのでびっくりした。

　１　しんやちゅう　２　しんやなか　　３　まよちゅう　　４　まよなか

6 仕事が済まないと出かけられません。

　１　すまない　　　２　くまない　　　３　やまない　　　４　つまない

7 昨日は外出しないで、ずっと家にいました。

　１　がいしつ　　　２　そとしゅつ　　３　そとしつ　　　４　がいしゅつ

8 休日は子どもが掃除や料理の手伝いをしてくれる。

　１　てつたい　　　２　しゅつたい　　３　てつだい　　　４　しゅつだい

55

◆ **やってみましょう** の正解は別冊にあります
せいかい　　べっさつ

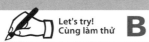

日付	／	／	／
得点	／8	／8	／8

文字・語彙

文法

読解

聴解

日本語能力試験形式問題　言語知識（表記）

＿＿＿＿の言葉を漢字で書くとき、最もよいものを1・2・3・4から一つ選びなさい。

1 毎日言葉を10語ずつ<u>あんき</u>している。
　　1　安記　　　　2　暗気　　　　3　安気　　　　4　暗記

2 今週は予定が多くて<u>いそがしい</u>。
　　1　忘しい　　　2　忙しい　　　3　快しい　　　4　性しい

3 <u>よごれた</u>シャツを洗濯した。
　　1　汚れた　　　2　注れた　　　3　泊れた　　　4　洋れた

4 試験の<u>とうじつ</u>は、早めに家を出るほうがいい。
　　1　当日　　　　2　休日　　　　3　前日　　　　4　本日

5 私は大学で日本語を<u>まなぶ</u>つもりです。
　　1　覚ぶ　　　　2　学ぶ　　　　3　働ぶ　　　　4　習ぶ

6 昨日の<u>ばん</u>は早く寝た。
　　1　勉　　　　　2　晩　　　　　3　俛　　　　　4　悗

7 <u>かじ</u>が済んでから出かけます。
　　1　家事　　　　2　火事　　　　3　家時　　　　4　火時

8 うちの子は<u>かたづけ</u>が苦手です。
　　1　方づけ　　　2　形づけ　　　3　片づけ　　　4　型づけ

日本語能力試験形式問題　言語知識（語彙）

（　　　　）に入れるのに最もよいものを、1・2・3・4から一つ選びなさい。

1 明日の授業の（　　　　）をしてから寝よう。

1 学問 がくもん	2 復習 ふくしゅう	3 学部 がくぶ	4 予習 よしゅう

2 部屋のすみに（　　　　）がたまっている。

1 ほこり	2 空気 くうき	3 光 ひかり	4 かど

3 明日は娘の誕生日だから（　　　　）を作ろう。

1 パーティー	2 ごちそう	3 プレゼント	4 ごみ

4 今朝は（　　　　）をして会社に遅刻した。

1 準備 じゅんび	2 風邪 かぜ	3 めざまし	4 寝坊 ねぼう

5 洗った皿は（　　　　）に入れてください。

1 テーブル	2 留守 るす	3 戸棚 とだな	4 カーペット

6 夕べは（　　　　）眠ったので、今日は元気だ。

1 さっぱり	2 はっきり	3 ぐっすり	4 そっくり

7 （　　　　）はしっかり働いて、週末にゆっくり休みます。

1 来日 らいにち	2 平日 へいじつ	3 前日 ぜんじつ	4 翌日 よくじつ

8 あの教授の（　　　　）は、とてもおもしろい。

1 講義 こうぎ	2 学者 がくしゃ	3 学習 がくしゅう	4 教育 きょういく

◆ **やってみましょう** の正解は別冊にあります
せいかい　　べっさつ

文字・語彙

文法

読解

聴解

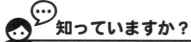

知っていますか？

Do you know? ◇ Bạn có biết?

体 (からだ)

Body
Cơ thể

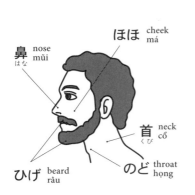

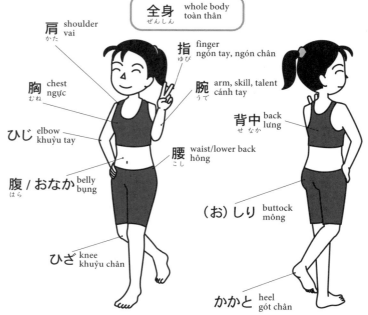

全身 (ぜんしん) whole body / toàn thân

肩 (かた) shoulder / vai

指 (ゆび) finger / ngón tay, ngón chân

腕 (うで) arm, skill, talent / cánh tay

胸 (むね) chest / ngực

背中 (せ なか) back / lưng

ほほ cheek / má

鼻 (はな) nose / mũi

ひじ elbow / khuỷu tay

腰 (こし) waist/lower back / hông

首 (くび) neck / cổ

腹 / おなか (はら) belly / bụng

（お）しり buttock / mông

ひげ beard / râu

のど throat / họng

ひざ knee / khuỷu chân

かかと heel / gót chân

覚 (おぼ) えましょう！

Let's memorise! ◇ Cùng nhớ!

- ☐ 身長 (しんちょう)
- ☐ 体重 (たいじゅう)
- ☐ 太 (ふと) る
- ☐ やせる
- ☐ ダイエット（する）
- ☐ 心臓 (しんぞう)
- ☐ 胃 (い)
- ☐ 骨 (ほね)
- ☐ 肌 (はだ)
- ☐ 歯 (は)
- ☐ 虫歯 (むしば)
- ☐ 血液 / 血 (けつえき / ち)
- ☐ 血圧 (けつあつ)
- ☐ 消化 (しょうか)（する）
- ☐ 呼吸 / 息 (こきゅう / いき)
- ☐ 体調 (たいちょう)
- ☐ 具合 (ぐあい)
- ☐ 調子 (ちょうし) が いい / 悪 (わる) い
- ☐ 健康 (けんこう)
- ☐ 睡眠 (すいみん)
- ☐ 眠 (ねむ) い
- ☐ 疲 (つか) れる
- ☐ 休養 (きゅうよう)（する）
- ☐ 休憩 (きゅうけい)（する）
- ☐ 熱 (ねつ)（が ある / ない / 上 (あ) がる / 下 (さ) がる）
- ☐ 体温 (たいおん)
- ☐ 体温計 (たいおんけい)
- ☐ せき
- ☐ 鼻水 (はなみず)
- ☐ くしゃみ
- ☐ 涙 (なみだ)
- ☐ 汗 (あせ)
- ☐ だるい
- ☐ めまいがする
- ☐ はき気 (け) がする
- ☐ 寒気 (さむけ) がする
- ☐ 痛 (いた) み
- ☐ 頭痛 (ずつう)
- ☐ 腹痛 (ふくつう)
- ☐ かゆい
- ☐ やけど（する）
- ☐ けが（する）
- ☐ 骨折 (こっせつ)（する）
- ☐ しびれる

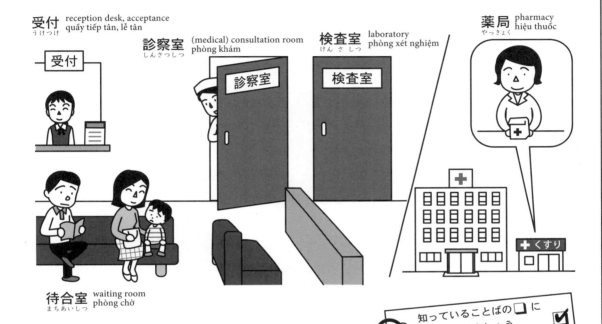

病院
びょういん
Hospital
Bệnh viện

受付
うけつけ
reception desk, acceptance
quầy tiếp tân, lễ tân

診察室
しんさつしつ
(medical) consultation room
phòng khám

検査室
けんさしつ
laboratory
phòng xét nghiệm

薬局
やっきょく
pharmacy
hiệu thuốc

受付

診察室

検査室

くすり

待合室
まちあいしつ
waiting room
phòng chờ

知っていることばの □ に
✓ を付けましょう
つ

□ 内科 ないか	□ 外科 げか	□ 小児科 しょうにか	□ 整形外科 せいけいげか
□ 耳鼻科 じびか	□ 眼科 がんか	□ 歯科 しか	□ 皮膚科 ひふか
□ 診察 (する) / 診る しんさつ　　　 み	□ 診察券 しんさつけん	□ 保険証 ほけんしょう	
□ 医者 / 医師 いしゃ　 いし	□ 歯医者 はいしゃ	□ 看護師 かんごし	□ 患者 かんじゃ
□ 検査 (する) けんさ	□ 血液検査 けつえきけんさ	□ レントゲン	
□ 治療 (する) ちりょう	□ 注射 (する) ちゅうしゃ	□ 手術 (する) しゅじゅつ	□ 看病 (する) かんびょう
□ 予防 (する) よぼう	□ 治る なお	□ 薬 くすり	□ 薬が効く / 効かない くすり き　　　 き
□ 飲み薬 の　 ぐすり	□ 薬を飲む くすり の	□ 塗り薬 ぬ ぐすり	□ 薬を塗る くすり ぬ
□ 目薬 めぐすり	□ 目薬をさす めぐすり	□ 湿布を貼る しっぷ は	
□ インフルエンザ	□ ワクチン	□ うがい (する)	□ 手洗い てあら
□ マスク	□ 入院 (する) にゅういん	□ 退院 (する) たいいん	□ (お)見舞い み ま

◆覚えましょう！の翻訳は別冊にあります
おぼ　　　　　　　　 ほんやく　　べっさつ

第1回
第2回
第3回
第4回
第5回
第6回
第7回
第8回
第9回
第10回

練習しましょう
れんしゅう

Let's practice!
Cùng luyện tập!

問題 _____に最も合うものを[_____]から一つ選んでください。
もっと　　　　　　　　　　　　　えら

① 1. 目が赤くなったので_____で診てもらった。
み

2. 15歳までは_____へ行ってください。
さい

3. 小さい音が聞こえにくいので、病院の_____へ行った。

4. 熱があるんですね。_____の前でお待ちください。
ねつ

5. 腰が痛いので、_____へ行った。
こし　いた

a. 内科	b. 耳鼻科	c. 小児科	d. 整形外科	e. 眼科
ないか	じびか	しょうにか	せいけいげか	がんか

② 1. 母が病院に_____ので、車で送っていった。

2. この病気を_____ために、新しいワクチンが作られた。

3. 看護師が_____とき、「チクっとしますよ」と言った。
かんごし

4. 「しばらく家でゆっくり_____ように」と、医者に言われた。
いしゃ

5. その病気を_____薬はまだない。
くすり

a. 予防する	b. 入院する	c. 休養する	d. 注射する	e. 治療する
よぼう	にゅういん	きゅうよう	ちゅうしゃ	ちりょう

③ 1. 病院はとても混んでいて、_____を受けるのに1時間も待った。
こ　　　　　　　　　　　　　　　　　う

2. _____、おめでとうございます。早くよくなってよかったですね。
はや

3. 始めに血液の_____をしますので、あちらでお待ちください。
けつえき

4. 寒くなるとインフルエンザの_____が増える。
ふ

5. _____に気を付けて、元気に暮らしましょう。
つ　　　　　　　　　く

a. 退院	b. 健康	c. 診察	d. 患者	e. 検査
たいいん	けんこう	しんさつ	かんじゃ	けんさ

④ 1. 足が_____のでかいたら、赤くなった。

2. 夕べ遅くまで起きていたので、_____。
ゆう　おそ

3. 風邪をひかないように、よく_____をしてください。
かぜ

4. 船に乗ると、いつも気持ちが悪くなって_____がする。
ふね

5. _____がすると、まわりがぐるぐる回って見える。

a. ねむい	b. かゆい	c. うがい	d. はき気	e. めまい
			け	

◆ **練習しましょう** の解答は別冊にあります
れんしゅう　　　　かいとう　べっさつ

日付 ひづけ	／	／	／
得点 とくてん	／8	／8	／8

日本語能力試験形式問題　言語知識（漢字読み）

_____の言葉の読み方として最もよいものを、1・2・3・4から一つ選びなさい。

1 けがをして<u>外科</u>へ行った。

1　がいか　　　　2　そとか　　　　3　げか　　　　4　げいか

2 あちらの<u>待合室</u>でお待ちください。

1　まちあいしつ　　　　　　　2　まつあうしつ

3　たいごうしつ　　　　　　　4　まちあうしつ

3 <u>身長</u>と体重を計ります。

1　せなか　　　　2　みなが　　　　3　しんちょ　　　　4　しんちょう

4 <u>鼻</u>がかゆくなって、くしゃみが出た。

1　みみ　　　　2　はな　　　　3　のど　　　　4　せなか

5 病気にならないように<u>予防</u>することが大切です。

1　ようぼう　　　　2　ようぼ　　　　3　よぼう　　　　4　よぼ

6 父が胃の<u>手術</u>をすることになった。

1　てじゅつ　　　　2　しゅじゅつ　　　3　てじつ　　　　4　しゅうじつ

7 <u>虫歯</u>があるので、歯医者に通っている。

1　ちゅうは　　　　2　ちゅうし　　　　3　むしは　　　　4　むしば

8 年をとると<u>骨</u>が弱くなる。

1　こし　　　　2　ほね　　　　3　い　　　　4　あし

第1回　第2回　第3回　第4回　第5回　第6回　第7回　第8回　第9回　第10回

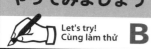

やってみましょう

Let's try!
Cùng làm thử **B**

日付 ひづけ	／	／	／
得点 とくてん	／8	／8	／8

文字・語彙

文法

読解

聴解

日本語能力試験形式問題　言語知識（表記）

_____の言葉を漢字で書くとき、最もよいものを1・2・3・4から一つ選びなさい。

1 病気がなおったら、旅行に行きたい。

1　直ったら　　　　2　治ったら　　　　3　修ったら　　　　4　良ったら

2 毎日けつあつを測っている。

1　結庄　　　　2　血庄　　　　3　結圧　　　　4　血圧

3 おみまいの時間は午後3時から午後8時までです。

1　お見舞い　　　　2　お身舞い　　　　3　お見無い　　　　4　お身無い

4 つかれたら無理をしないで、休んでください。

1　皮れたら　　　　2　破れたら　　　　3　疲れたら　　　　4　病れたら

5 この薬は、熱がさがったら、飲まなくてもいいです。

1　落がったら　　　　2　降がったら　　　　3　下がったら　　　　4　低がったら

6 お体のぐあいはいかがですか。

1　身会　　　　2　身合　　　　3　具合　　　　4　具会

7 せなかが痛い。

1　背中　　　　2　肩中　　　　3　骨仲　　　　4　胃仲

8 たいおんを計ったら、37度だった。

1　休温　　　　2　体温　　　　3　休音　　　　4　体音

やってみましょう

Let's try!
Cùng làm thử **C**

日本語能力試験形式問題　言語知識（語彙）

（　　　）に入れるのに最もよいものを、1・2・3・4から一つ選びなさい。

1 夜早く寝て十分な（　　　　）を取ると、朝気持ちよく起きられる。

1　健康　　　　　2　睡眠　　　　　3　食事　　　　　4　呼吸

2 おなかの調子がよくないときは（　　　　）のいいものを食べたほうがいい。

1　体操　　　　　2　体温　　　　　3　具合　　　　　4　消化

3 ジョギングをして（　　　　）をかいたので、シャワーを浴びた。

1　うがい　　　　2　なみだ　　　　3　あせ　　　　　4　せき

4 疲れたら、無理をしないで（　　　　）してください。

1　予防　　　　　2　休憩　　　　　3　流行　　　　　4　看病

5 大きい声で話したら、（　　　　）が痛くなった。

1　のど　　　　　2　うで　　　　　3　ほほ　　　　　4　ひざ

6 この薬を指で少しとって、かゆいところに（　　　　）ください。

1　のんで　　　　2　ぬって　　　　3　はって　　　　4　さして

7 初めての方は、診察券を作りますので、（　　　　）で手続きをしてください。

1　受付　　　　　2　検査室　　　　3　診察室　　　　4　薬局

8 甘い物を食べすぎて、5キロも（　　　　）。

1　つかれた　　　2　ふとった　　　3　やせた　　　　4　しびれた

◆ **やってみましょう** の正解は別冊にあります
せいかい　　べっさつ

文字・語彙

文法

読解

聴解

知っていますか？
Do you know? ◇ Bạn có biết?

どんな人？
（ひと）
What kind of person?
Kiểu người như nào ?

美人
（び じん）
beauty
người đẹp

ハンサム（な）
handsome, good-looking
đẹp trai

仲間
（なか ま）
buddy / colleague /
fellow member
hội

グループ
group
nhóm

高齢者 /（お）年寄り
（こうれいしゃ） （とし よ）
the elderly
người già

かっこいい
cool
đẹp trai

覚えましょう！
（おぼ）
Let's memorise! ◇ Cùng nhớ!

- □ 性格 せいかく
- □ 性質 せいしつ
- □ 人柄 ひとがら
- □ 印象 いんしょう
- □ 明るい（人 / 性格）あか ひと せいかく
- □ ほがらか（な）
- □ 利口（な）りこう
- □ 素直（な）すなお
- □ 正直（な）しょうじき
- □ 上品（な）じょうひん
- □ 下品（な）げ ひん
- □ 活動的（な）かつどうてき
- □ 社交的（な）しゃこうてき
- □ 勝手（な）かって
- □ 乱暴（な）らんぼう
- □ 失礼（な）しつれい
- □ のんき（な）
- □ 厳しい きび
- □ おとなしい
- □ 才能 さいのう
- □ 能力 のうりょく
- □（お）世話に なる /（お）世話を する せわ せわ
- □ 男性 だんせい
- □ 女性 じょせい
- □ 客 / お客さん / お客様 きゃく きゃく きゃくさま
- □ 新人 しんじん
- □ ベテラン
- □ 目上 めうえ
- □ 年配 ねんぱい
- □ 若者 わかもの
- □ 関係 かんけい
- □ 仲 なか
- □ 親しい した
- □ 友人 ゆうじん
- □ 親友 しんゆう
- □ 親戚 しんせき
- □ 他人 たにん
- □ 知人 ちじん
- □ 本人 ほんにん
- □ 相手 あい て
- □ サークル
- □ 交流（する）こうりゅう
- □ 交際（する）こうさい
- □ 付き合い つ あ
- □ 付き合う つ あ

どんな気持ち？ How do you feel? / Cảm xúc thế nào?

怒る（おこ） get angry / tức giận, mắng

 悲しい（かな） sad / đau khổ

 くやしい be frustrated / regrettable / tiếc

がっかり（する） disappointed / thất vọng

笑顔（えがお） smile, smiling face / khuôn mặt tươi cười

不安（な）（ふあん） nervous, worried / bất an

さびしい lonely / buồn

知っていることばの □ に ✔ を付けましょう

- □ 愛する（あい）
- □ 態度（たいど）
- □ 表情（ひょうじょう）
- □ トラブル
- □ つらい
- □ 不満（な）（ふまん）
- □ 幸せ（な）（しあわ）
- □ 満足（する）（まんぞく）
- □ 落ち着く（おつ）
- □ 結婚（する）（けっこん）
- □ 行動（する）（こうどう）
- □ 言葉づかい（ことば）
- □ けんか
- □ 苦しい（くる）
- □ 不運（な）（ふうん）
- □ 感動（する）（かんどう）
- □ うらやましい
- □ のんびりする
- □ 離婚（する）（りこん）
- □ 気分（きぶん）
- □ 礼儀（れいぎ）
- □ ストレス
- □ つまらない
- □ 困る（こま）
- □ 感謝（する）（かんしゃ）
- □ 平気（な）（へいき）
- □ 安心（する）（あんしん）
- □ 感情（かんじょう）
- □ マナー
- □ 悩み（なや）
- □ いや（な）
- □ 緊張（する）（きんちょう）
- □ 尊敬（する）（そんけい）
- □ 理解（する）（りかい）
- □ 楽しみ（に する）（たの）

第1回 第2回 第3回 第4回 第5回 第6回 第7回 第8回 第9回 第10回

◆覚えましょう！（おぼ）の翻訳（ほんやく）は別冊（べっさつ）にあります

練習しましょう
れんしゅう

Let's practice!
Cùng luyện tập!

日付 ひづけ	／	／	／
得点 とくてん	／20	／20	／20

問題 ＿＿＿＿に最も合うものを ＿＿＿ から一つ選んでください。
もっと　　　　　　　　　　　　　えら

1 1. あの二人はとても＿＿＿＿がいい。結婚するらしい。
けっこん

2. どうしたの？　元気がないね。何か＿＿＿＿があるの？

3. 田中さんは、先週この会に入った＿＿＿＿です。
たなか　　　　　　　はい

4. ＿＿＿＿のある人がうらやましいです。

5. ＿＿＿＿が悪いので、ちょっと休ませてください。

a. 気分	b. 新人	c. 悩み	d. 才能	e. 仲
き ぶん	しんじん	なや	さいのう	なか

2 1. 昨日は仕事の＿＿＿＿でお酒を飲みに行った。
きのう　　　　　　　　　　さけ

2. 木村さんは＿＿＿＿がいいので、みんなから愛されている。
きむら　　　　　　　　　　　　　　　　　あい

3. この町について、あなたの＿＿＿＿を聞かせてください。

4. 私たちは＿＿＿＿を始めてからもう５年になります。

5. 大変＿＿＿＿になり、ありがとうございました。
たいへん

a. 交際	b. 人柄	c. 付き合い	d. 印象	e. お世話
こうさい	ひとがら	つ あ	いんしょう	せ わ

3 1. 弟は父に怒られても＿＿＿＿顔をしている。
おこ

2. だれでも＿＿＿＿仕事はしたくありません。

3. 試合に負けた。とても＿＿＿＿。
し あい　ま

4. 健康に過ごせるのは、＿＿＿＿ことです。
けんこう　す

5. 兄は活動的だが、弟は静かで＿＿＿＿。
かつどう　　　　　　　しず

a. 幸せな	b. おとなしい	c. 平気な	d. つらい	e. くやしい
しあわ		へい き		

4 1. また会う日を＿＿＿＿にしています。

2. その映画を見た人は、みんな＿＿＿＿。

3. 部長は＿＿＿＿人だから、ミスをしないように。
ぶちょう

4. 上田さんはこの仕事を長く続けている＿＿＿＿です。
うえだ　　　　　　　　　　　　つづ

5. ＿＿＿＿先生にお会いできてうれしかった。

a. 尊敬する	b. ベテラン	c. 楽しみ	d. 感動する	e. 厳しい
そんけい		たの	かんどう	きび

◆ **練習しましょう** の解答は別冊にあります
れんしゅう　　　　　かいとう　べっさつ

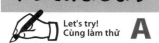

日付 ひづけ	／	／	／
得点 とくてん	／8	／8	／8

日本語能力試験形式問題　言語知識（漢字読み）

_____の言葉の読み方として最もよいものを、1・2・3・4から一つ選びなさい。
（ことば）　　　　　　　　（もっと）　　　　　　　　　　　　　　　（えら）

1 私は<u>下品</u>な人が嫌いです。
　　　（きら）
　　1　かひん　　　　　2　かしな　　　　　3　げひん　　　　　4　げしな

2 彼女は<u>笑顔</u>が美しい人だ。
　（かのじょ）　　（うつく）
　　1　えがお　　　　　2　わらがお　　　　3　えかお　　　　　4　わらかお

3 <u>親</u>しい友人に対しても礼儀を忘れないようにしよう。
　　　（ゆうじん）（たい）（れいぎ）（わす）
　　1　おやしい　　　　2　したしい　　　　3　しんしい　　　　4　うれしい

4 <u>勝手</u>な行動はしないでください。
　　　　　　（こうどう）
　　1　かつて　　　　　2　かちしゅ　　　　3　かつしゅ　　　　4　かって

5 弟は先月<u>結婚</u>しました。
　　1　けこう　　　　　2　けつこん　　　　3　けっこん　　　　4　けっこう

6 明日の試合の<u>相手</u>はとても強いから勝てないだろう。
　　　　（しあい）　　　　　　　　　　　　　　（か）
　　1　あいて　　　　　2　そうて　　　　　3　あいで　　　　　4　そうで

7 本当のことを<u>正直</u>に話しなさい。
　（ほんとう）
　　1　しょうちょく　　　　　　　　2　しょうじき
　　3　せいちょく　　　　　　　　　4　せいじき

8 地域の人たちの<u>交流</u>のために、祭りが行われる。
　（ちいき）　　　　　　　　　　　（まつ）
　　1　こうりゅ　　　　2　こうりゅう　　　3　こりゅう　　　　4　こりゅ

◆ **やってみましょう** の正解は別冊にあります
　　　　　　　　　　　（せいかい）（べっさつ）

日付 ひづけ	/	/	/
得点 とくてん	／8	／8	／8

日本語能力試験形式問題　言語知識（表記）

＿＿＿の言葉を漢字で書くとき、最もよいものを1・2・3・4から一つ選びなさい。
（ことば）　　　　　　　　　　　（もっと）　　　　　　　　　　　　　　　（えら）

1　この街には<u>わかもの</u>が集まってくる。
（まち）　　　　　　（あつ）

　　1　苦者　　　　　　2　苦昔　　　　　　3　若者　　　　　　4　若昔

2　そんな乱暴な態度は<u>しつれい</u>です。
　　　（らんぼう）（たいど）

　　1　失礼　　　　　　2　矢礼　　　　　　3　失令　　　　　　4　矢令

3　「財布をなくしたの？　それは<u>こまった</u>ね。」
　　（さいふ）

　　1　困った　　　　　2　回った　　　　　3　団った　　　　　4　固った

4　<u>くるしい</u>ときでも、前を向いてがんばろう。
　　　　　　　　　　　　　（む）

　　1　若しい　　　　　2　苫しい　　　　　3　苦しい　　　　　4　荷しい

5　顔の<u>ひょうじょう</u>で気持ちがわかる。

　　1　表性　　　　　　2　表情　　　　　　3　表清　　　　　　4　表晴

6　この店に来る<u>きゃく</u>は女性が多い。
　　　　　　　　　　　　　（じょせい）

　　1　宅　　　　　　　2　完　　　　　　　3　容　　　　　　　4　客

7　私は今の生活に<u>まんぞく</u>している。
　　　　　（せいかつ）

　　1　満足　　　　　　2　万足　　　　　　3　満促　　　　　　4　万促

8　あの子は<u>せいかく</u>が素直で優しい。
　　　　　　　　　　　　（すなお）（やさ）

　　1　性格　　　　　　2　生格　　　　　　3　性各　　　　　　4　正各

日付 ひづけ	／	／	／
得点 とくてん	／8	／8	／8

日本語能力試験形式問題　言語知識（語彙）

（　　　　）に入れるのに最もよいものを、1・2・3・4から一つ選びなさい。

1 サークルの（　　　　）と一緒に旅行をした。

　　1　集合　　　　　2　仲間　　　　　3　他人　　　　　4　集会
　　　しゅうごう　　　　なかま　　　　　たにん　　　　　しゅうかい

2 初めて車を運転したときは、ずいぶん（　　　　）。
　　はじ

　　1　賛成した　　　2　成功した　　　3　反対した　　　4　緊張した
　　　さんせい　　　　せいこう　　　　はんたい　　　　きんちょう

3 髪の白い（　　　　）の男性が倒れていたので、救急車を呼んだ。
　　かみ　　　　　　　　だんせい　たお　　　　　きゅうきゅうしゃ　よ

　　1　年配　　　　　2　職業　　　　　3　年齢　　　　　4　同年
　　　ねんぱい　　　　しょくぎょう　　　ねんれい　　　　どうねん

4 台風で旅行に行けなくなって、（　　　　）した。

　　1　がっかり　　　2　さっぱり　　　3　すっきり　　　4　のんびり

5 母は（　　　　）な性格なので、知人が多い。
　　　　　　　　　　　　　せいかく　　　　ちじん

　　1　社会的　　　　2　社交的　　　　3　一般的　　　　4　専門的
　　　しゃかいてき　　しゃこうてき　　いっぱんてき　　せんもんてき

6 人と人の（　　　　）がよければ、トラブルは起きません。

　　1　経験　　　　　2　場合　　　　　3　原因　　　　　4　関係
　　　けいけん　　　　ばあい　　　　　げんいん　　　　かんけい

7 病院の検査の結果が出るまでとても（　　　　）。
　　　　　けんさ　けっか

　　1　不安だった　　　　　　　　　2　不満だった
　　　ふあん　　　　　　　　　　　ふまん

　　3　不運だった　　　　　　　　　4　不思議だった
　　　ふうん　　　　　　　　　　　ふしぎ

8 彼は子どものときからの（　　　　）です。
　　かれ

　　1　親友　　　　　2　他人　　　　　3　親戚　　　　　4　本人
　　　しんゆう　　　　たにん　　　　　しんせき　　　　ほんにん

◆ **やってみましょう** の正解は別冊にあります
　　　　　　　　　　せいかい　べっさつ

文　法
ぶんぽう

Grammar
Văn phạm

わかりますか？

Are you clear? ◇ Có hiểu không?

問題 （　　）に入る最もよいものを１・２・３・４から一つ選んでください。
はい　もっと　　　　　　　　　　　　　　　　　　えら

1

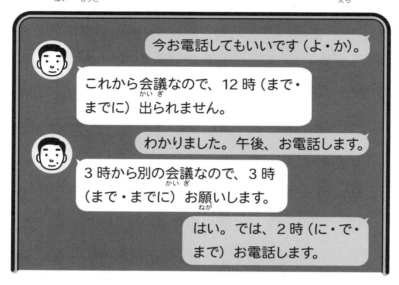

今お電話してもいいです（よ・か）。

これから会議なので、12 時（まで・
かいぎ
までに）出られません。

わかりました。午後、お電話します。

3 時から別の会議なので、3 時
かいぎ
（まで・までに）お願いします。
ねが

はい。では、2 時（に・で・
まで）お電話します。

2

① 午後は会議があるので、12 時（まで・までに）電話をしてください。
かいぎ

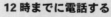

② 明日（まで・までに）できればいいので、急がなくてもいいです。

③ そんなに遅く（まで・までに）仕事をしたら、疲れるでしょう？
おそ　　　　　　　　　　　　　　つか

3

① Ａ「ああ、疲れました（ね・よ・か・の）。休みましょう。」
　　　　　　つか
　Ｂ「ええ。それがいいです（ね・よ・か・の）。」

② Ａ「どうしたの？」　　Ｂ「頭が痛いんだ（ね・よ・の）。」
　　　　　　　　　　　　　　いた

③ Ａ「ミーティング、何時からだ（か・っけ・の）。連絡あった？」
　　　　　　　　　　　　　　　　　　　　　　れんらく
　Ｂ「うん。2 時からだ（って・っけ）。」

助詞

Particle
Trợ từ

第1回
第2回
第3回
第4回
第5回
第6回
第7回
第8回
第9回
第10回

4

① 女子校に入れるのは女子（だけ・ばかり）です。

② 最近 残業（だけ・ばかり）で、いやになります。

③ この仕事、3人（だけ・ばかり）で するんですか。それは無理です。

④ 遊んで（だけ・ばかり）いないで、 勉強しなさい。

5

① ドア（が・を）開いてる。 だれかいるの（かな・な）。

② 変なにおい（は・が・を）する。くさい*（かな・な）。

③ あ、だれ（か・が・も）いる。 だれか（な・よ・わ）。

6

① ここから駅へ行く（とか・でも・には）バスが便利ですよ。

② 山田さんに会える（のは・とは・には）思いませんでした。うれしいです。

③ 私は友達と旅行するのが好きです。一人で旅行する（のも・のに・のを） 好きです。

◆**わかりますか？**の正解・少し難しい言葉（*）の翻訳は別冊にあります

文字・語彙

文法

読解

聴解

日本語能力試験形式問題　言語知識（文法）

問題1　次の文の（　　　）に入れるのに最もよいものを、1・2・3・4から一つ選びなさい。

1 犬や猫（　　　）のペットを飼う人が増えている。
1　や　　　　　2　と　　　　　3　ほど　　　　　4　など

2 今日の練習はこれ（　　　）終わります。
1　は　　　　　2　も　　　　　3　で　　　　　4　に

3 外国へ行く（　　　）パスポートが必要だ。
1　には　　　　　2　では　　　　　3　とは　　　　　4　のは

4 「神業」（　　　）神様にしかできないことという意味です。
1　には　　　　　2　とは　　　　　3　では　　　　　4　のは

5 今日は日曜日（　　　）なくて、休日です。
1　にも　　　　　2　のに　　　　　3　では　　　　　4　とか

6 家で仕事をするの（　　　）新しいパソコンを買った。
1　が　　　　　2　を　　　　　3　に　　　　　4　は

7 まさか私が優勝できる（　　　）思いませんでした。
1　には　　　　　2　とは　　　　　3　のは　　　　　4　かは

8 A「あ、何か落ちてる。何か（　　　）。」　B「財布だ。」
1　か　　　　　2　の　　　　　3　よ　　　　　4　な

9 こんなに寒くては、店に客が来ない（　　　）仕方がない＊ね。
1　にも　　　　　2　かも　　　　　3　のも　　　　　4　とも

10 A「どうやって料理を注文する（　　　）わかる？」
　　 B「このタブレット＊を使うんだよ。」
1　のか　　　　　2　のが　　　　　3　とか　　　　　4　かを

11 これはだれに（　　　）できる仕事じゃない。だれに頼もうか。
1　しか　　　　　2　まで　　　　　3　では　　　　　4　でも

第2回 第3回 第4回 第5回 第6回 第7回 第8回 第9回 第10回

12 私が困（こま）っている（　　　　）日本人の考え方がわからないことだ。

1　のは　　　　　　　2　ので　　　　　　　3　とか　　　　　　　4　とは

13 兄は海外での仕事が忙（いそが）しくて、いつ帰国（きこく）する＊（　　　　）わからない。

1　かどうか　　　　　2　か　　　　　　　　3　が　　　　　　　　4　は

14 肉（　　　　）食べて野菜を食べないと、病気になりますよ。

1　まで　　　　　　　2　しか　　　　　　　3　ばかり　　　　　　4　など

問題2 次（つぎ）の文の＿＿★＿＿に入（はい）る最（もっと）もよいものを、1・2・3・4から一つ選（えら）びなさい。

1 久（ひさ）しぶりに田中（たなか）さんに会ったのに ＿＿＿ ＿＿＿ ＿★＿ ＿＿＿ 忘（わす）れてしまった。

1　とか　　　　　　　2　のを　　　　　　　3　連絡先（れんらくさき）を聞く　4　電話番号（ばんごう）

2 A「ああ、忙（いそが）しい。1時間 ＿＿＿ ＿＿＿ ＿★＿ ＿＿＿ くれない？」
　 B「いいよ。」

1　いい　　　　　　　2　で　　　　　　　　3　手伝（てつだ）って　　4　から

3 和食（わしょく）＊は日本人 ＿＿＿ ＿＿＿ ＿★＿ ＿＿＿ 人気（にんき）がある。

1　ばかり　　　　　　2　にも　　　　　　　3　ではなく　　　　　4　外国人

問題3 次（つぎ）の文章（ぶんしょう）を読んで、文章全体（ぶんしょう）の内容（ないよう）を考えて、1 から 3 の中に入（はい）る最（もっと）もよい
　　　　ものを、1・2・3・4から一つ選（えら）びなさい。

　　　最近（さいきん）、子どもたちもスマホを使うようになりました。確（たし）かにスマホを使うこと 1
子どもたちはいろいろなことを知ったり、表現（ひょうげん）したりすることができます。しかし、スマホ
の情報（じょうほう） 2 子どもに良くないものも多くて、問題になっています。子どもにどのように
スマホを使（よ）わせる 3 社会全体（ぜんたい）で考えなければならないと思います。

1　1　に　　　　　　　2　が　　　　　　　　3　も　　　　　　　　4　で

2　1　には　　　　　　2　では　　　　　　　3　とは　　　　　　　4　のは

3　1　ために　　　　　2　でも　　　　　　　3　かは　　　　　　　4　には

◆ **やってみましょう** の正解（せいかい）・少し難（むずか）しい言葉（ことば）（＊）の翻訳（ほんやく）は別冊（べっさつ）にあります

文字・語彙

文法

読解

聴解

わかりますか？

Are you clear?　◇　Có hiểu không?

問題　（　　）から最もよいものを一つ選んでください。
　　　　　　　　　　　もっと　　　　　　　　えら

1

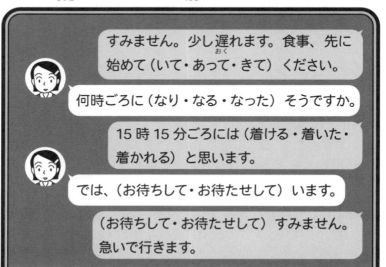

すみません。少し遅れます。食事、先に
　　　　　　　おく
始めて（いて・あって・きて）ください。

何時ごろに（なり・なる・なった）そうですか。

15 時 15 分ごろには（着ける・着いた・
着かれる）と思います。

では、（お待ちして・お待たせして）います。

（お待ちして・お待たせして）すみません。
急いで行きます。

2

① A 「夏休み、どうしますか。」
　 B 「北海道へ（行く・行こう）と思っています。Aさんは？」
　　　ほっかいどう
　 A 「私は、アルバイトを（する・しよう）つもりです。」

② A 「私も（泳ぐ・泳げる・泳ごう）ようになりたいな。
　　　Bさんは（泳ぐ・泳げる・泳ごう）？」
　 B 「ううん、（泳がれない・泳げない・泳がせない）。」

3

① A 「うれしそうですね。」
　 B 「ええ。課長に（ほめた・ほめられた）んです。」
　　　　　　かちょう

② A 「どうしたの。」
　 B 「コーチに 10 キロも（走って・走らせて・走られて・走らされて）
　　　足が痛いんだ。」
　　　いた

③ A 「その仕事、私に（させられて・させて・されて）ください。
　 B 「ありがとうございます。お願いします。」
　　　　　　　　　　　　　　ねが

活用形・こそあど

Conjugations / Demonstrative pronoun
Dạng hoạt dụng / Từ chỉ thị

第1回
第2回
第3回
第4回
第5回
第6回
第7回
第8回
第9回
第10回

4

① A 「しょうゆ、(とって・とる・とった)。」
　 B 「はい。」

② A 「北海道へ (行く・行った・行かない) んだってね。
　　 (どこ・どちら・どう・どれ) だった?」
　 B 「(楽しかった・楽しいかった)。また (行って・行った・行きたい)。」

③ A 「(ここ・そこ・どこ) に自転車を (とめても・とめる・とめたら)
　　 いいですか。」
　 B 「あ、(ここ・そこ・あそこ) は困ります。ここにとめてください」

④ A 「(この・その・あの) マークは
　　 (入る・入るな・入って)、
　　 (この・その・あの) マークは注意
　　 (する・しろ・した) という意味です。」

⑤ A 「これ、軽い。(便利・便利だ・便利だった)
　　 かもしれない。買ってみよう。」
　 B 「え、(こんなの・そんなの・あんなの)
　　 いらないよ。」

⑥ A 「ここ (有名な・有名だ・有名で) 美術館よ。
　　 入ってみない?」
　 B 「いいね。でも、今日は (休みで・休みだ
　　 ・休みだった) と書いてあるよ。」
　 A 「(こう・そう・ああ) なんだ。」

本日休館

⑦ A 「おかげさまで就職が決まりました。」
　 B 「(これは・それは・あれは) よかったですね。」

◆**わかりますか?** の正解・少し難しい言葉(*)の翻訳は別冊にあります

やってみましょう

Let's try!
Cùng làm thử

日本語能力試験形式問題　言語知識（文法）

問題1　次の文の（　　）に入れるのに最もよいものを、1・2・3・4から一つ選びなさい。

1　A「ああ、びっくりした。」
　　B「びっくり（　　　　）、ごめんなさい。ドアが開いていたから。」
　　1　して　　　　2　されて　　　　3　なさって　　　4　させて

2　（病院で）「もう30分たつのに、まだ名前が（　　　　）んですが。」
　　1　呼ばれない　　2　呼ばない　　3　呼んでいない　4　呼ばせない

3　ちょうど（　　　　）と思ったときに雨が降り出したので、やむのを待つことにした。
　　1　帰る　　　　2　帰った　　　　3　帰れ　　　　　4　帰ろう

4　友達と夜、ゲームをしていたら、父に早く（　　　　）としかられた。
　　1　寝るな　　　2　寝ろ　　　　　3　寝よう　　　　4　寝る

5　レッスンは週に3回です。（　　　）ようにしてください。
　　1　休む　　　　2　休まない　　　3　休ませる　　　4　休める

6　これから（　　　　）ところです。戻りましたら、ご連絡します。
　　1　出かける　　2　出かけた　　　3　出かけている　4　出かけよう

7　船の旅では、客を（　　　　）ためにいろいろなイベントが行われる。
　　1　楽しまれる　2　楽しむ　　　　3　楽しめる　　　4　楽しませる

8　友達の結婚式で急に歌を（　　　　）困った。
　　1　歌って　　　2　歌われて　　　3　歌わされて　　4　歌わせて

9　今度の旅行は移動が（　　　　）ように、荷物を減らす＊ことにした。
　　1　楽　　　　　2　楽な　　　　　3　楽だ　　　　　4　楽に

10　課長に相談をしたいが、（　　　　）声をかけにくい。
　　1　忙しそうで　2　忙しくて　　　3　忙しかったので　4　忙しくても

11　ミーティングの前に資料を（　　　　）ようにみんなに伝えてください。
　　1　読んでいく　2　読んでおく　　3　読んである　　4　読んでいる

第1回

第2回

第3回

第4回

第5回

第6回

第7回

第8回

第9回

第10回

12 昨日のイベントは参加者＊が80人しか（　　　　）。
　　きのう　　　　　　　　　　　　　　さんかしゃ

　　１　いる　　　　　　　２　いた　　　　　　　３　いない　　　　　　４　いなかった

13 このケーキは卵を（　　　　）作ってありますから、卵アレルギーの人も食べられます。
　　　　　　　　たまご　　　　　　　　　　　　　　　　　たまご

　　１　使わなくて　　　　２　使わない　　　　　３　使わずに　　　　４　使わなしに

14 母がまだ怒っている。あんなこと、（　　　　）よかった。
　　　　　　おこ

　　１　言えば　　　　　　２　言わなければ　　３　言ったら　　　　４　言わなかった

問題2　次の文の__★__に入る最もよいものを、１・２・３・４から一つ選びなさい。
　　　　　　つぎ　ぶん　　　　はい　もっと　　　　　　　　　　　　　　　　えら

1 医者に ＿＿＿＿ ＿＿＿＿ ＿★＿ ＿＿＿＿ 、毎朝駅まで歩くことにした。

　　１　言われた　　　　　２　運動する　　　　３　ので　　　　　　４　ようにと

2 電車が遅れて試験が ＿＿＿＿ ＿＿＿＿ ＿★＿ ＿＿＿＿ 、なんとか間に合った。
　　　　　　おく　　　　　　　　　　　　　　　　　　　　　　　　　　　　　　　ま

　　１　どう　　　　　　　　　　　　　　　２　受けられなかったら

　　３　しようと　　　　　　　　　　　　　４　思ったが
　　　　　　　　　　　　　　　　　　　　　　　　う

3 高い ＿＿＿＿ ＿＿＿＿ ＿★＿ ＿＿＿＿ しまった。

　　１　すすめられて　　２　シャツを　　　　３　買って　　　　　４　店員に

問題3　次の文章を読んで、文章全体の内容を考えて、1 から 3 の中に入る最もよい
　　　　　つぎ　ぶんしょう　　　　ぶんしょう　　ないよう　　　　　　　　　　　　　　　　　　はい　もっと
　　　　ものを、１・２・３・４から一つ選びなさい。
　　　　　　　　　　　　　　　えら

　今日はもう少しで事故を起こすところだった。信号が青になったので、車を発進させた＊。
　　　　　　　　　　じこ　お　　　　　　　　　しんごう　あお　　　　　　　　　　　はっしん

1 とき、横からバイクが走ってきた。びっくりしてブレーキを踏んだ＊が、バイクは
　　　　よこ　　　　　　　　　　　　　　　　　　　　　　　　ふ

そのまま走って行ってしまった。信号が赤なのに全く 2 。車の多い交差点だったら、
　　　　　　　　　　　　　　　しんごう　あか　　　まった　　　　　　　くるま　おお　こうさてん

きっと他の車とぶつかっていただろう。事故に 3 よかったと思ったが、バイクには
　　　ほか　くるま　　　　　　　　　　　　　　　じこ

腹が立った。
はら

1 　１　それ　　　　　　２　その　　　　　　３　あの　　　　　　４　あれ

2 　１　止まろうとしなかった　　　　　　２　止まろうとしていた

　　３　止まろうとした　　　　　　　　　４　止まれた

3 　１　なって　　　　　２　ならなくて　　　３　なれば　　　　　４　なっても

◆ **やってみましょう** の正解・少し難しい言葉（＊）の翻訳は別冊にあります
　　　　　　　　　　　　せいかい　むずか　ことば　　　　　ほんやく　べっさつ

第3回 接続・敬語

せつぞく・けいご

Conjunctions / Honorific
Từ nối / kính ngữ

文字・語彙

文法

読解

聴解

わかりますか？
Are you clear? ◇ Có hiểu không?

問題 （　　）から最もよいものを一つ選んでください。
もっと　　　　　　えら

1

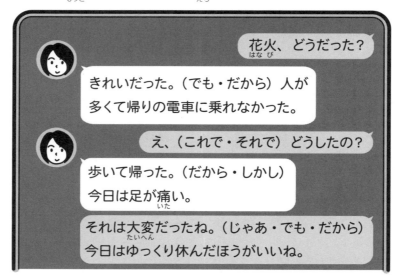

花火、どうだった？
はなび

きれいだった。（でも・だから）人が
多くて帰りの電車に乗れなかった。

え、（これで・それで）どうしたの？

歩いて帰った。（だから・しかし）
今日は足が痛い。
いた

それは大変だったね。（じゃあ・でも・だから）
たいへん
今日はゆっくり休んだほうがいいね。

2

① 女の人 「みどり公園に行きたいんです（が・ので・から）、
こうえん
何番のバスですか。」
なんばん
バスの運転手「5番です。」
ばん

② A 「日曜日、何した？」
B 「さくら町へ（行く・行った・行って）、友達に会った。」
ともだち

③ A 「テニス、行ってきます。」
B 「え、雨が降っている（ので・のに・から）練習があるの？」
ふ　　　　　　　　　　　　れんしゅう
A 「うん、今日の練習は体育館なんだ。」
れんしゅう　たいいくかん

3

今日の予定です。最初に美術館へ行きます。
よてい　　さいしょ　びじゅつかん
（それから・だから）お昼を食べます。
（それでも・そのため・そのあと）船に乗ります。
ふね
（そして・それに・しかし）湖を一周します*。
みずうみ　いっしゅう

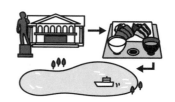

接続・敬語

Conjunctions / Honorific
Từ nối / Kính ngữ

第1回
第2回
第3回
第4回
第5回
第6回
第7回
第8回
第9回
第10回

4

A 「すみません。（この・その・あの）近くに
　郵便局はありませんか。」

B 「この道をまっすぐ行ってください。
　（すると・ところで・また）コンビニがあります。
　郵便局は（この・その・あの）となりです。」

5

① A 「ごちそうさまでした。おいしかったです。（ところで・しかし）
　　（お・ご）両親は（お・ご）元気でいらっしゃいますか。」

　B 「はい、元気にして（いらっしゃいます・おります）。」

② A 「いらっしゃいませ。どうぞ（お入りしてください・お入りください
　　・入りください）。」

　B 「失礼します。」

③ A 「（お・ご）荷物、（お持ちします・
　　お持ちください・お持ちになります）。」

　B 「ありがとうございます。」

④ A 「こちら（お・ご）家族の（お・ご）写真ですね。
　　（お見せになっても・拝見しても・ご覧になっても）
　　よろしいですか。」

　B 「ええ、どうぞ。いすに（座っている・
　　お座りになっている・お座りしている）
　　のが父と母です。」

◆**わかりますか？**の正解・少し難しい言葉（*）の翻訳は別冊にあります

日付 ひづけ	／	／	／
得点 とくてん	／20	／20	／20

日本語能力試験形式問題　言語知識（文法）

問題1　次の文の（　　　）に入れるのに最もよいものを、1・2・3・4から一つ選びなさい。

1　どんなに（　　　　）、明日レポートを出すのは無理だ。

　　1　がんばっても　　　2　がんばったら　　　3　がんばれば　　　4　がんばると

2　これから食事に行くんです（　　　　）、いっしょに行きませんか。

　　1　か　　　　　　2　ね　　　　　　3　が　　　　　　4　な

3　この仕事はちょっと難しくて（　　　　）けれど、おもしろい。

　　1　大変　　　　　　2　大変だ　　　　　　3　大変で　　　　　　4　大変な

4　試験の申し込みは7月10日まで（　　　　）、遅れないように。

　　1　から　　　　　　2　なのに　　　　　　3　ですから　　　　　　4　でも

5　大型*の台風が近づいている。（　　　　）今朝から電車が止まっている。

　　1　しかし　　　　　　2　そのため　　　　　　3　それから　　　　　　4　それと

6　この店は安くておいしい。（　　　　）、店員も感じがいい*。

　　1　それに　　　　　　2　だから　　　　　　3　すると　　　　　　4　でも

7　皆様、（　　　　）。これより式を始めます。

　　1　お待ちされました　　　　　　　　2　お待ちになりました
　　3　お待ちしました　　　　　　　　　4　お待たせしました

8　詳しくご説明（　　　　）、ありがとうございました。よくわかりました。

　　1　されまして　　　2　いただきまして　3　もらいまして　　4　なさいまして

9　店員「お荷物はこちらで（　　　　）。」

　　1　お預かりいたします　　　　　　　2　お預かりになります
　　3　預かりします　　　　　　　　　　4　預かっていただきます

10　これは先生が（　　　　）曲ですね。

　　1　お好きの　　　　2　ご好きの　　　　3　お好きな　　　　4　ご好きな

11　あちらにお飲み物がございます。ご自由にお（　　　　）ください。

　　1　取る　　　　　　2　取って　　　　　　3　取り　　　　　　4　取られて

12 学生「先生、ちょっと（　　　　　）ことがあるんですが。」
　　先生「はい。何ですか。」

　　1　伺いたい　　　　　2　お伺いたい　　　　3　お伺う　　　　　4　伺って
　　　　うかが　　　　　　　　うかが　　　　　　　うかが　　　　　　うかが

13 あの白い着物を（　　　　　）方が社長の奥様です。
　　　　　　きもの　　　　　　　かた　　　おくさま

　　1　申し上げている　　　　　　　　　　2　召し上がっている
　　　もう　　あ　　　　　　　　　　　　　　め　あ
　　3　お着になっている　　　　　　　　　4　お召しになっている
　　　　き　　　　　　　　　　　　　　　　　め

14 A「お母様はいらっしゃっていますか。」　B「はい。あそこに（　　　　　）。」
　　　　かあさま

　　1　いらっしゃいます　2　おります　　　3　おられます　　4　ございます

問題2　次の文の＿★＿に入る最もよいものを、1・2・3・4から一つ選びなさい。
　　　　　つぎ　ぶん　　　　　はい　もっと　　　　　　　　　　　　　　えら

1 お帰りに ＿＿＿＿ ＿＿＿＿ ＿★＿ ＿＿＿＿、ゆっくりなさってください。
　　かえ

　　1　車で　　　　　　　2　なるときは　　3　お送りします　4　ので
　　　くるま　　　　　　　　　　　　　　　　　　おく

2 客 「あのう、コーヒー、もう ＿＿＿＿ ＿＿＿＿ ＿★＿ ＿＿＿＿ か。」
　　きゃく
　　店員「申し訳ありません。すぐにお持ちします。」
　　てんいん　もう　わけ　　　　　　　　　　も

　　1　まだです　　　　2　20分も　　　　3　けど　　　　　4　待っているんです
　　　　　　　　　　　　　　　ぷん　　　　　　　　　　　　　　ま

3 道路も禁煙になった。＿＿＿＿ ＿＿＿＿ ＿★＿ ＿＿＿＿ まだいる。
　　どうろ　きんえん

　　1　人が　　　　　　　　　　　　　　　2　たばこを吸っている
　　　ひと　　　　　　　　　　　　　　　　　　　　　　　す
　　3　歩きながら　　　　　　　　　　　　4　それなのに
　　　ある

問題3　次の文章を読んで、文章全体の内容を考えて、1から3の中に入る最もよい
　　　　　つぎ　ぶんしょう　よ　　　ぶんしょうぜんたい　ないよう　かんが　　　　　　　　なか　はい　もっと
**　　　　ものを、1・2・3・4から一つ選びなさい。**
　　　　　　　　　　　　　　　　　　　　えら

> 山本先生
> やまもと
> 　ご無沙汰をしております＊。お元気でいらっしゃいますか。先日、同じクラスだった川村さ
> 　　ぶさた　　　　　　　　　　げんき　　　　　　　　　　せんじつ　おな　　　　　　　かわむら
> んから、来月先生が60歳のお誕生日を　1　ことを聞きました。　2　、ぜひ3年B組の
> 　　らいげつ　　　さい　　たんじょうび　　　　　　　　き　　　　　　　　　　　　　　ねん　　ぐみ
> みんなで集まってお祝いの会をしようということになりました。　3　、お時間をつくって
> 　　　　あつ　　　いわ　　かい　　　　　　　　　　　　　　　　　　　　　　　じかん
> いただけますよう、お願いいたします。
> 　　　　　　　　　　ねが

1　1　迎える　　　　　2　迎えられる　　　3　お迎えする　　4　迎えさせられる
　　　むか　　　　　　　　　むか　　　　　　　　　むか　　　　　　　　むか
2　1　そして　　　　　2　それに　　　　　3　そこで　　　　4　それから
3　1　お忙しいとは存じませんが　　　　　2　お忙しいとは思いますが
　　　いそが　　　ぞん　　　　　　　　　　　　いそが　　おも
　　3　お忙しくしておりますが　　　　　　4　お忙しいでございますが
　　　いそが　　　　　　　　　　　　　　　　いそが

◆ **やってみましょう** の正解・少し難しい言葉（＊）の翻訳は別冊にあります
　　せいかい　すこ　むずか　ことば　　ほんやく　べっさつ

第4回 お願いする

希望・勧誘・提案・意向・依頼・断り
きぼう・かんゆう・ていあん・いこう・いらい・ことわ

Asking
Nhờ và

want / invite / propose / intention / request / refuse
hi vọng / động viên / đề xuất / chủ đích / nhờ và / từ chối

わかりますか？

Are you clear? ◇ Có hiểu không?

問題1　（　　）に入る最もよいものを1・2・3・4から一つ選んでください。
　　　　　　　　　　はい　もっと　　　　　　　　　　　　　　　　えら

1 すみません。雨が降ってきたんですが、傘を（　　　）。
　　　　　　　　　　　　ふ　　　　　　　　　　　　かさ

1　貸しますか

2　貸してあげますか

3　貸してもらいますか

4　貸してもらえませんか

ヒント ① 次の4つの文の中で「**お願いをする**」文は、どれですか。
　　　　つぎ　　　　　　　　　　　　　　　　　　ねが

　　a　すみません。ちょっと手伝ってもらえませんか。
　　　　　　　　　　　　　　てつだ

　　b　よかったら、いっしょに練習しませんか。
　　　　　　　　　　　　　　れんしゅう

　　c　重そうですね。持ちましょうか。

　　d　友達においしいインド料理の店を教えてあげました。　　　　答え：a
　　　　ともだち

② Aさんが Bさんに言っています。「**読む人**」は**だれ**ですか。

　　(1) A「この本、読みますか。」　B「はい。」

　　(2) A「今日は私が本を読んであげましょうか。」　B「はい。」

　　(3) A「この作文、だれかに読んでもらいますか。」　B「はい。」

　　(4) A「作文を書いたんですが、読んでもらえませんか。」　B「はい。」

　　　　　　　　　　　　　　答え：(1)B　(2)A　(3)だれか　(4)B

2 A「大学を卒業したら、どうしますか。」
　　　　　　　　そつぎょう

　　B「日本の会社で（　　　　）。」

1　働くつもりです

2　働いてもらいたいです

3　働きませんか

4　働いてほしいです

ヒント 「**これから自分がすることを言う**」文は、次のどれですか。
　　　　　　　　　　　　　　　　　　　　　　つぎ

　　a　電気を消さないでそのままにしてください。
　　　　　　　け

　　b　寝坊をして学校に遅刻したことがある。
　　　　ねぼう　　　　　　ちこく

　　c　今週末は友達と映画を見に行くつもりです。
　　　　　　　ともだち

　　d　地図でよく調べたから、道を間違えるはずがない。　　　　答え：c
　　　　ちず　　しら　　　　　まちが

お願いする 希望・勧誘・提案・意向・依頼・断り

Asking want / invite / propose / intention / request / refuse
Nhờ vả hi vọng / động viên / đề xuất / chủ đích / nhờ vả / từ chối

第1回

第2回

第3回

第4回

第5回

第6回

第7回

第8回

第9回

第10回

問題2 _____★_____ に入る最もよいものを、1・2・3・4から一つ選んでください。

1 両親 _____ _____ __★__ _____ 思っている。

　　1　と　　　　　　2　元気でいて　　3　もらいたい　　4　には

💡 **ヒント** ①「両親」の後は助詞が来る⇒「両親と」か「両親には」
　　　②「思っている」の前に「と」が来る⇒「と思っている」
　　　③「と思っている」の前は気持ちを表す言葉「~たい」が合う
　　　　⇒「もらいたいと思っている」
　　　④「もらいたい」の前はて形が来る⇒「元気でいてもらいたい」

2 大学を _____ _____ __★__ _____ と思う。

　　1　日本の　　　　　2　働こう　　　　3　会社で　　　　4　卒業したら

💡 **ヒント** ①「と思う」の前に普通形が来る⇒「働こうと思う」
　　　②「大学を」の後は動詞が来る⇒「大学を卒業したら」
　　　③「日本の」の後に名詞が来る⇒「日本の会社で」

3 息子には早く _____ _____ __★__ _____ ほしい。

　　1　ように　　　　2　この仕事が　　3　なって　　　　4　できる

💡 **ヒント** ①「ほしい」の前は助詞「が」か動詞て形が来る⇒「なってほしい」
　　　②「この仕事が」の後は動詞が来る⇒「この仕事ができる」
　　　③「ように」の前は助詞「の」か動詞 辞書形 / た形 / ない形が来る
　　　　⇒「この仕事ができるように」

◆**わかりますか?** の正解・少し難しい言葉 (*) の翻訳は別冊にあります

問題3 次の文章を読んで、（　）に入る最もよいものを一つ選んでください。

1-1

　　最近私は家で仕事をする日が多くなった。これまでは、「会社が（　①　）」と思いながら往復3時間かけて会社へ通っていた。同僚には「会社の近くに（　②　）」と言われたが、会社に近くなると家賃が高くなる。（1-2に続く）

①　1　近くてよかったなあ　　　　　　2　近いといいのになあ
　　3　近いかもしれないなあ　　　　　4　近くてもいいなあ

②　1　引っ越そうか　　　　　　　　　2　引っ越しただろう
　　3　引っ越せばいい　　　　　　　　4　引っ越すよ

💡**ヒント**　① この人の**希望**は何か。　What does this person want?
　　　　　　　　　　　　　　　　　　Mong muốn của người này là gì.
　　　　　② 同僚はこの人に何を**提案している**か。　What is the coworker suggesting to this person?
　　　　　　　　　　　　　　　　　　　　　　　Đồng nghiệp đề xuất điều gì với người này.

1-2

　　（続き）それに、子どもたちを自然のあるところで（　③　）とも思うので、満員電車*の通勤をがまん*していた。先月会社から「自宅*で（　④　）」と言われたときはびっくりしたが、今はパソコンがあればどこでも仕事ができるからいいと思うようになった。

③　1　育てたい　　　　　　　　　　　2　育たい
　　3　育てさせたい　　　　　　　　　4　育ってみたい

④　1　仕事をしたか　　　　　　　　　2　仕事をしているか
　　3　仕事をしなかったか　　　　　　4　仕事をしないか

💡**ヒント**　③ この人は「子どもたちを**どうしたい**」と思っているか。
　　　　　④ 会社がこの人に「自宅で仕事をする」ように**提案した**。

86

◆**わかりますか？**の正解・少し難しい言葉（*）の翻訳は別冊にあります

日付 ひづけ	／	／	／
得点 とくてん	／8	／8	／8

日本語能力試験形式問題　言語知識（文法）

次の文の（　　　　）に入れるのに最もよいものを、1・2・3・4から一つ選びなさい。

1 A「忙しそうですね。（　　　　）。」
　　B「ありがとうございます。」

1　手伝いませんか　　　　　　　2　手伝ってくれますか
3　手伝ってあげますか　　　　　4　手伝いましょうか

2 がんばっていますね。少し（　　　　）どうですか。

1　休んだら　　2　休んでも　　3　休めば　　4　休ませて

3 A「ここに座っても（　　　　）か。」
　　B「はい。どうぞ。」

1　くれません　　2　かまいません　　3　もらえません　　4　ほしいです

4 日本語の小説が読める（　　　　）なりたいです。

1　ために　　2　ことに　　3　ように　　4　ものに

5 早く夏休みに（　　　　）かなあ。

1　ならなかった　　2　なった　　3　なる　　4　ならない

6 A「よかったら、これから食事に行きませんか。」
　　B「いいですね。（　　　　）。」

1　行きません　　2　行きました　　3　行きましょう　　4　行ってください

7 A「ちょっと窓を（　　　　）いいですか。」　B「はい。」

1　開けても　　2　開けたら　　3　開いても　　4　開いたら

8 疲れたから、今夜は早く（　　　　）。

1　寝ない　　2　寝よう　　3　寝た　　4　寝て

◆ **やってみましょう** の正解・少し難しい言葉(*)の翻訳は別冊にあります

文字・語彙

文法

読解

聴解

日本語能力試験形式問題　言語知識（文法）

次の文の（　　　）に入れるのに最もよいものを、1・2・3・4から一つ選びなさい。

1 A「ごめん。ちょっと（　　　）。」　B「うん、いいよ。」

1　待つ　　　　　　2　待った　　　　　3　待って　　　　4　待たない

2 A「そのかばん、重そうだね。（　　　）か。」　B「ありがとう。」

1　持つ　　　　　　2　持たない　　　　3　持った　　　　4　持とう

3 A「来週試験でしょう？　少し（　　　）?」　B「うん。するよ。」

1　勉強させて　　　2　勉強するなら　　3　勉強すると　　4　勉強すれば

4 患者「先生、よく寝られないんですが、どうしたらいいですか。」
　　かんじゃ
　　医者「昼間できるだけ体を動かす（　　　）ですね。」

1　こと　　　　　　2　よう　　　　　　3　もの　　　　　4　ところ

5 学校の勉強が忙しくなるので、アルバイトを（　　　）と思う。
　　　　　　　　いそが

1　やめる　　　　　2　やめよう　　　　3　やめて　　　　4　やめない

6 A「すみません。この申込書＊の書き方を教えて（　　　）。」
　　　　　　　　　　もうしこみしょ
　　B「はい、いいですよ。」

1　いただいてくださいませんか　　　　2　いただけてくれませんか
3　いただけませんでしょうか　　　　　4　いただきませんでしょうか

7 週末は友達を誘ってイタリア料理を食べに行く（　　　）。
　　しゅうまつ　ともだち　さそ

1　ようです　　　　2　ことです　　　　3　ためです　　　4　つもりです

8 母に（　　　）と思って、このセーターを編みました＊。
　　　　　　　　　　　　　　　　　　　　　　　　あ

1　着たい　　　　　2　着るほしい　　　3　着てほしい　　4　着よう

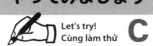

日付 （ひづけ）	／	／	／
得点 （とくてん）	／7	／7	／7

日本語能力試験形式問題　言語知識（文法）

問題1　次の文の＿＿★＿＿に入る最もよいものを、1・2・3・4から一つ選びなさい。

1 　先生、レポートの ＿＿＿ ＿＿＿ ＿★＿ ＿＿＿ か。

　　1 　いただけません　　　　　　　　2 　少し
　　3 　締め切り＊を　　　　　　　　　4 　延ばして

2 　妹は英語を勉強して、＿＿＿ ＿＿＿ ＿★＿ ＿＿＿ そうだ。

　　1 　ように　　　　2 　なりたい　　　3 　できる　　　4 　通訳の仕事が

3 　だれもが幸せに ＿＿＿ ＿＿＿ ＿★＿ ＿＿＿ と思う。

　　1 　暮らせる　　　2 　いい　　　　　3 　なれば　　　4 　平和な＊世界に

問題2　次の文章を読んで、文章全体の内容を考えて、1 から 4 の中に入る最もよい
　　　　ものを、1・2・3・4から一つ選びなさい。

> 　14歳と12歳の姉妹が、自分たちが住む町の海岸をきれいに 1 と思ってごみ
> 拾いを始めた。二人は友達や町の大人にも「いっしょに自然を 2 」と声をかけ
> て、ごみ拾いを続けた。そして、プラスチックのごみを減らすために、レジ袋＊を
> 3 と市長に手紙を書いた。今二人は市民全体を 4 。

1 　1 　する　　　　　　　　　　　　　2 　したい
　　3 　なりたい　　　　　　　　　　　4 　なってほしい

2 　1 　守ってもらう　　　　　　　　　2 　守るつもりだ
　　3 　守るようになりたい　　　　　　4 　守ろう

3 　1 　使わないようにしてはどうか　　2 　使ったらどうか
　　3 　使ってくれないか　　　　　　　4 　使わなくてもいいか

4 　1 　動かしていただきたい　　　　　2 　動かしてもらいたい
　　3 　動かそうとしている　　　　　　4 　動かしてほしい

◆ **やってみましょう** の正解・少し難しい言葉（＊）の翻訳は別冊にあります

第5回

様子を言う

性質・状態・程度・比較　　characteristics / condition / degree / comparison
せいしつ　じょうたい　ていど　ひかく　　tính chất / trạng thái / mức độ / so sánh

わかりますか？

Are you clear? ◇ Có hiểu không?

問題1　（　　）に入る最もよいものを1・2・3・4から一つ選んでください。
　　　　　　　　　はい　もっと　　　　　　　　　　　　　　　えら

1　ああ、眠く（　　　　）。コーヒーでも飲もう。
　　　　　ねむ

　　1　なっていった　　2　なっていた　　　3　なってきた　　　4　なってみた

ヒント「**今**暖かい」と言っている文は、どれですか。
　　　　あたた

　　a　A「もうすぐ春ですね。」　B「これから暖かくなっていきますね。」
　　　　　　　　　　　　　　　　　　　　　　　あたた

　　b　A「暖かくなってきましたね。」　B「もう春ですからね。」
　　　　　あたた

　　c　A「お部屋、暖かくしておいてください。」　B「はい。」
　　　　　　へや　あたた

　　d　A「お部屋、暖かくしてありますか。」　B「まだです。」　　　　答え：b
　　　　　　へや　あたた

2　A「このケーキは先週買ったケーキ（　　　　）おいしくないですね。」
　　　B「ええ。あのケーキは本当においしかったですね。」
　　　　　　　　　　　　　　　ほんとう

　　1　ほど　　　　　　2　ぐらい　　　　　3　にしては　　　4　しか

ヒント① 正しいのはどれですか。（富士山 3,776m　エベレスト 8,849m）
　　　　　　　　　　　　　　　　ふじさん

　　a　エベレストより富士山のほうが高い。
　　　　　　　　　　　ふじさん

　　b　富士山はエベレストほど高くない。
　　　　ふじさん

　　c　富士山はエベレストに比べて高くない。
　　　　ふじさん　　　　　　　　くら

　　d　富士山ぐらい高い山はない。　　　　　　　　　　　　　答え：b、c
　　　　ふじさん

② 正しいのはどちらですか。

　(1)「富士山はエベレストほど高くない。」：富士山は（高い・高くない）が、エベ
　　　　ふじさん　　　　　　　　　　　　　　　ふじさん
　　　レストはもっと（高い・高くない）。

　(2)「電話をするぐらいの時間はあっただろう。」：電話をかける時間は（あった・
　　　なかった）と思う。

　(3)「5月にしては暑い。」：いつもの5月より（暑い・暑くない）

　(4)「このホールは2,000人しか入らない。」：2,000人は（多い・少ない）。
　　　　　　　　　　　　　　はい

　　　　　　　　　答え：(1)高い、高い　(2)あった　(3)暑い　(4)少ない

様子を言う　性質・状態・程度・比較

Explain a situation characteristics / condition / degree / comparison
Nói tình trạng tính chất / trạng thái / mức độ / so sánh

問題2　＿＿★＿＿に入る最もよいものを、1・2・3・4から一つ選んでください。

1 このグラスは ＿＿＿ ＿＿＿ ＿★＿ ＿＿＿ ください。

1　気を付けて　　2　やすい　　　3　割れ　　　4　から

ヒント ①「から」の前は普通形が来る⇒「やすいから」
　　　②「割れ」の後は「やすい」が合う⇒「割れやすい」⇒「割れやすいから」
　　　③「気を付けて」の後は「ください」が合う⇒「気を付けてください」

2 今年の8月の ＿＿＿ ＿＿＿ ＿★＿ ＿＿＿ 20％ 多かった。

1　比べて　　　2　雨の量は　　　3　に　　　4　去年の8月

ヒント ①「8月の」の後は名詞が来る⇒「8月の雨の量は」か「8月の去年の8月」
　　　②「比べて」の前は助詞が来る⇒「に比べて」
　　　③「に」の前は名詞が来る⇒「去年の8月に比べて」

3 祖父は ＿＿＿ ＿＿＿ ＿★＿ ＿＿＿ 若く見える。

1　80歳　　　2　年齢　　　3　という　　　4　にしては

ヒント ①「にしては」の前は名詞が来る⇒「80歳にしては」か「年齢にしては」
　　　②「という」の後は名詞が来る⇒「という80歳」か「という年齢」
　　　③「という」の前は名詞が合う⇒「年齢という80歳」か「80歳という年齢」

◆**わかりますか？**の正解・少し難しい言葉（*）の翻訳は別冊にあります

問題3 次の文章を読んで、（　　　）に入る最もよいものを一つ選んでください。

1-1

　世界の人口は増え続け、2030年には85億人になると予測されている*。しかし、地球の温暖化*が（　①　）、ますます土地が乾燥して*農地*が減り、牛や豚が食べる草もなくなる。海も汚れて、魚がとれなくなる。今後*食料が足りなくなることは（　②　）ことだ。（1-2に続く）

① 1　どんなに進んでも　　　　2　いくら進むと
　 3　このまま進めば　　　　　4　そのまま進めて

② 1　だれも考えられない　　　2　だれも知らない
　 3　だれにもわからない　　　4　だれが考えてもわかる

 ヒント ① 土地が乾燥したら農地はどうなるか。
　　　② 人口が増えるのに、農地、牛や豚、魚が減ったら、食料はどうなるか。

1-2

（続き）それなのに日本では、（　③　）食品がたくさん捨てられている。私たちが（　④　）、10年後に地球は生活をすることができない場所になるだろう。今、私たち一人一人が自分は何ができるか、何をするべきかを考えて行動をしなければならない。

③ 1　まだ食べられない　　　　2　まだ食べられる
　 3　もう食べられる　　　　　4　もう食べられない

④ 1　何をしても　　　　　　　2　何かをすると
　 3　何もしないでいると　　　4　何もしなくても

 ヒント ③ 日本は捨てなくてもいい食品を捨てている。
　　　④ 私たちが行動しなかったら、10年後に地球で生活できなくなる。

◆**わかりますか？**の正解・少し難しい言葉（*）の翻訳は別冊にあります

日付 ひづけ	／	／	／
得点 とくてん	／8	／8	／8

日本語能力試験形式問題　言語知識（文法）

次の文の（　　　　）に入れるのに最もよいものを、1・2・3・4から一つ選びなさい。

1 こんなに雨が降っているのに、傘を（　　　　）歩いている人がいる。

　1　さしても　　　　2　さしたまま　　　　3　ささずに　　　　4　ささなくて

2 まだ朝ご飯を（　　　　）ので、元気が出ない。

　1　食べる　　　　2　食べている　　　　3　食べた　　　　4　食べていない

3 A「引っ越しの手伝い、何人頼みましょうか。」
　　B「そうですね。10人（　　　　）来てもらえれば助かります。」

　1　より　　　　2　だけ　　　　3　まで　　　　4　ほど

4 家に帰ったら、ドアが（　　　　）びっくりした。

　1　開けていて　　　2　開いていて　　　3　開けておいて　　　4　開けてきて

5 地下鉄ができれば、この辺りもにぎやかになって（　　　　）だろう。

　1　おく　　　　2　ある　　　　3　いく　　　　4　みる

6 いくら（　　　　）、店員が来てくれない。

　1　呼んだら　　　　2　呼んで　　　　3　呼んでも　　　　4　呼べば

7 社員A「会議室のエアコン、消そうか？」
　　社員B「ううん。このあと別の会議があるから（　　　　）。」

　1　つけていて　　　　　　　　　　2　つけておいて
　3　つけてあって　　　　　　　　　4　つけてきて

8 兄は、たった一日働いた（　　　　）アルバイトを辞めてしまった。

　1　ぐらいで　　　2　だけで　　　3　ほどで　　　4　ままで

◆ **やってみましょう** の正解・少し難しい言葉（*）の翻訳は別冊にあります
　　　　　　　　　せいかい　　むずか　　ことば　　　　ほんやく　べっさつ

日本語能力試験形式問題　言語知識（文法）

次の文の（　　　）に入れるのに最もよいものを、1・2・3・4から一つ選びなさい。

1 ドアに指をはさんで*、涙が出る（　　　）痛かった。

1　ほど　　　　2　まで　　　　3　より　　　　4　さえ

2 ドイツ語ができる（　　　）、あいさつ程度です。

1　といっても　　2　といえば　　3　にしては　　4　に比べて

3 こんな間違い（　　　）の作文は読めないと先生にしかられた。

1　だけ　　　　2　だらけ　　　　3　すぎ　　　　4　らしい

4 A「この料理、電子レンジ*で作ったんですか。」
　　B「ええ。材料を入れて、このボタンを（　　　）すればいいんです。」

1　押しさえ　　2　押さないと　　3　押しだけ　　4　押すさえ

5 姉に「そんなに寝て（　　　）いると、太るよ。」と言われた。

1　ほど　　　　2　ぐらい　　　　3　ばかり　　　　4　だけ

6 A「この（　　　）コーヒーはだれのかな。」
　　B「あ、私のです。」

1　飲みかけの　　2　飲んでいる　　3　飲んでいた　　4　飲んだ

7 この問題は考えれば（　　　）、わからなくなる。

1　考えても　　　　　　　　2　考えないぐらい
3　考えるほど　　　　　　　4　考えないほど

8 A「トムさん、歌がうまいね。」
　　B「うん。彼（　　　）歌えたら、気持ちいいだろうね。」

1　さえ　　　　2　より　　　　3　らしく　　　　4　ぐらい

94

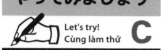

日付 ひづけ	／	／	／
得点 とくてん	／6	／6	／6

日本語能力試験形式問題　言語知識（文法）

問題1　次の文の＿＿★＿＿に入る最もよいものを、1・2・3・4から一つ選びなさい。

1　昨日のテストは ＿＿＿＿ ＿＿＿＿ ★ ＿＿＿＿ と思う。
きのう

　1　よく　　　　　　2　わりには　　　　3　勉強しなかった　　4　できた

2　この部屋のエアコンは ＿＿＿＿ ＿＿＿＿ ★ ＿＿＿＿ ください。
へや

　1　おいて　　　　　2　つけた　　　　　3　して　　　　　　4　ままに

3　このかばんは ＿＿＿＿ ＿＿＿＿ ★ ＿＿＿＿ に便利だ。
べんり

　1　旅行　　　　　　2　じょうぶな　　　3　ので　　　　　　4　軽くて

問題2　次の文章を読んで、文章全体の内容を考えて、1から3の中に入る最もよい
つぎ　ぶんしょう　　　　　ぶんしょうぜんたい　　ないよう　　　　　　　　　　　はい　　もっと
ものを、1・2・3・4から一つ選びなさい。
えら

> 　私が住んでいる町は小さいけれど、にぎやかだった。しかし、近年*若者の人口が
> きんねん　わかもの
> 減って、数年後には年をとった人ばかりになると 1 。そんな私の町に、2年前
> へ　　すうねんご
> 一人のドイツ人が来て、町の古い家を買った。そして、自分で直して住み始めた。
> なお
> ある日、この人の生活がテレビで紹介された。外は日本の古い家のままだが中はドイツ
> せいかつ　　　　　しょうかい
> 風*で、自分で作った家具が 2 。すると、それを見た日本の若者が、自分もこの町
> ふう　　　　　　　かぐ　　　　　　　　　　　　　　　　わかもの
> に住んでみたいと言って来るようになった。今、町は少しずつにぎやかに 3 。

1　1　心配していく　　　　　　　　　　2　心配だろう
　　　しんぱい　　　　　　　　　　　　　しんぱい
　　3　心配させた　　　　　　　　　　　4　心配されていた
　　　しんぱい　　　　　　　　　　　　　しんぱい

2　1　置いていた　　　　　　　　　　　2　置いてきた
　　　お　　　　　　　　　　　　　　　　お
　　3　置いてあった　　　　　　　　　　4　置いておいた
　　　お　　　　　　　　　　　　　　　　お

3　1　なってきている　　　　　　　　　2　なってきていた
　　3　なってくるだろう　　　　　　　　4　なっていっただろう

◆ **やってみましょう** の正解・少し難しい言葉（*）の翻訳は別冊にあります
せいかい　　むずか　　ことば　　　　　　ほんやく　べっさつ

第1回
第2回
第3回
第4回
第5回
第6回
第7回
第8回
第9回
第10回

第6回 推測する

Make a prediction
Suy diễn

予想・様子・伝聞　guess / situation / hearsay
dự đoán / tình trạng / tin đồn

わかりますか？

Are you clear? ◇ **Có hiểu không ?**

問題1　（　　）に入る最もよいものを、1・2・3・4から一つ選んでください。

1　西の空に黒い雲が出てきた。雨が降り（　　　）。

　　1　そうだ　　　　2　かけだ　　　　3　がちだ　　　　4　くらいだ

ヒント「これから起こることを**推測する** guess / suy diễn」文は次のどれですか。

　　a　あの生徒は最近学校を休みがちだ。
　　b　このケーキは、だれかの食べかけだ。
　　c　今日はとても暖かい。上着がいらないくらいだ。
　　d　わあ、寒いね。風邪を引きそうだ。　　　　　　　　　　　答え：d

2　南の海で生まれた台風は日本に近づく（　　　）。

　　1　にすぎない　　　2　しかない　　　3　おそれがある　　4　べきだ

ヒント「これから起こることを**推測する**」文は次のどれですか。

　　a　この国では、大学に進む学生は1割にすぎない。
　　b　お金がなくて生活が苦しい。節約する*しかない。
　　c　この車はブレーキ*の調子が悪いので、事故を起こすおそれがある。
　　d　親切にしてもらったら、お礼を言うべきだ。　　　　　　　答え：c

3　うわさ*では、木村君と中村さんが結婚する（　　　）。

　　1　ところだ　　　2　せいだ　　　3　ことだ　　　　4　ということだ

ヒント「聞いたこと、読んだことを**伝える** tell /truyền đạt」文は次のどれですか。

　　a　試合に勝ちたいなら、十分に練習することです。
　　b　上田さんは今度の選挙に出るということだ。
　　c　これから仕事に出かけるところです。
　　d　足が痛いのは、一日中歩いたせいだ。　　　　　　　　　　答え：b

問題2　＿＿＿★＿＿ に入る最もよいものを、1・2・3・4から一つ選んでください。
（はい　　　もっと　　　　　　　　　　　　　　　　　　　　　　えら）

1　あの二人は ＿＿＿ ＿＿＿ ＿★＿ ＿＿＿ らしい。

　　1　話して　　　　　2　中国人　　　3　中国語を　　　4　いるから

💡**ヒント**
　①「話して」の後は「いる」が来る⇒「話して<u>いるから</u>」
　②「中国語を」の後は動詞が来る⇒「中国語を<u>話している</u>から」（どうし）
　③「らしい」の前に名詞か文（普通形）が来る。⇒「<u>中国人</u>らしい」（めいし）　（ふつうけい）

2　今度の選挙で ＿＿＿ ＿＿＿ ＿★＿ ＿＿＿ と思います。
　　　　　（せんきょ）

　　1　じゃないか　　　　　　　　　2　川村さん
　　　　　　　　　　　　　　　　　　　（かわむら）
　　3　選ばれるのは　　　　　　　　4　会長に
　　　（えら）　　　　　　　　　　　　（かいちょう）

💡**ヒント**①「選ばれる」の前は「会長に」が合う⇒「<u>会長に</u>選ばれるのは」（えら）　　　　　　　　　　　　　　　（えら）
　　②「じゃないか」の前に名詞が来る⇒「<u>川村さん</u>じゃないか」（めいし）

3　天気予報 ＿＿＿ ＿＿＿ ＿★＿ ＿＿＿ そうだ。
　　　（よ ほう）

　　1　なる　　　　　2　この夏は　　　3　によると　　4　暑く

💡**ヒント**①「によると」の前は「天気予報」が合う⇒「<u>天気予報</u>によると」（よ ほう）　　　　　　　　　　　（よ ほう）
　　②「暑く」の後に動詞が来る⇒「暑く<u>なる</u>」（どう し）
　　③「暑くなる」の前は「この夏は」が合う⇒「<u>この夏は</u>暑くなる」

第1回
第2回
第3回
第4回
第5回
第6回
第7回
第8回
第9回
第10回

◆**わかりますか？**の正解・少し難しい言葉(*)の翻訳は別冊にあります
（せいかい）　（むずか）　（こと ば）　　　（ほんやく）（べっさつ）

問題3 次の文章を読んで、（　）に入る最もよいものを一つ選んでください。
<ruby>次<rt>つぎ</rt></ruby> <ruby>文章<rt>ぶんしょう</rt></ruby> <ruby>入<rt>はい</rt></ruby> <ruby>最<rt>もっと</rt></ruby> <ruby>選<rt>えら</rt></ruby>

1

　　私はいつも雑誌やインターネットに紹介されている作り方を見て料理を作っています。ちょっと見ると簡単（　①　）でも、実際はけっこう手間がかかる料理もあります。反対に、これは難しい（　②　）と思っても、（　③　）楽に作れることもあります。

①	1 そうな	2 そう	3 そうに	4 そうだ
②	1 かな	2 よう	3 らしくない	4 ことはない
③	1 おそらく	2 案外*	3 きっと	4 意外

ヒント ① 「〜でも」＝「〜だけど」　　「だ」の前に来る「そう」の<ruby>形<rt>かたち</rt></ruby>は？

② <ruby>推測<rt>すいそく</rt></ruby>の<ruby>表現<rt>ひょうげん</rt></ruby> expressions when things are as you expect(ed) / thể hiện suy đoán

③ <ruby>推測<rt>すいそく</rt></ruby>と<ruby>違<rt>ちが</rt></ruby>うときの<ruby>表現<rt>ひょうげん</rt></ruby> expressions when things aren't as you expect(ed) / thể hiện khi trái với suy đoán

　　「難しい」と「楽に作れる」とは<ruby>反対<rt>はんたい</rt></ruby>の<ruby>関係<rt>かんけい</rt></ruby>

⚠ 「✗意外楽に…」⇒「○意外に / と楽に…」

2

　　ぼくの家では毎年12月になると必ずクリスマスツリーをかざる。それは楽しい習慣だけど、ぼくにはちょっと心配なことがある。世界中で木がたくさん切られてしまったら、森が消えてしまう（　①　）という心配だ。森がなくなれば、鳥も動物もいなくなる（　②　）。そうなると、人間の生活にも悪い影響*が（　③　）。こんなことを友達に言ったら、「そんな心配を君がしなくてもいいよ」と笑われてしまった。

①	1 ことにする	2 とは思えない	3 のではないか	4 にすぎない
②	1 にちがいない	2 ものではない	3 わけではない	4 つもりはない
③	1 出たらしい	2 出ている	3 出るだろう	4 出るそうだ

ヒント ①②③「これから<ruby>起<rt>お</rt></ruby>こることを<ruby>推測<rt>すいそく</rt></ruby>、<ruby>予想<rt>よそう</rt></ruby>する predict what is about to happen / suy đoán, dự đoán điều sẽ xảy ra」<ruby>表現<rt>ひょうげん</rt></ruby>

◆**わかりますか？**の<ruby>正解<rt>せいかい</rt></ruby>・<ruby>少<rt>すこ</rt></ruby>し<ruby>難<rt>むずか</rt></ruby>しい<ruby>言葉<rt>ことば</rt></ruby>（*）の<ruby>翻訳<rt>ほんやく</rt></ruby>は<ruby>別冊<rt>べっさつ</rt></ruby>にあります

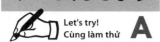

やってみましょう

Let's try!
Cùng làm thử **A**

日本語能力試験形式問題　言語知識（文法）

次の文の（　　　）に入れるのに最もよいものを、1・2・3・4から一つ選びなさい。

1 あなたの夢は、（　　　）実現する*から、がんばってください。

　1　きっと　　　　2　なかなか　　　　3　たまに　　　　4　かならずしも

2 飛行機は、遅れがなければ1時間後に到着する（　　　）です。

　1　ばかり　　　　2　とおり　　　　3　こと　　　　4　はず

3 父はこわい顔で私を見ている。怒っている（　　　）。

　1　ばかりか　　　　2　のだろうか　　　　3　ところか　　　　4　じゃないか

4 昨日からのどが痛い。どうも風邪を（　　　）。

　1　引くものだ　　　　　　　　　　2　引いたということだ
　3　引きそうだ　　　　　　　　　　4　引いたようだ

5 あの二人は顔が似ている。（　　　）姉妹かもしれない。

　1　かならず　　　　2　どうしても　　　　3　もしかすると　　　4　ぜったいに

6 うわさではリーさんのお姉さんはすごい美人（　　　）。

　1　かもしれない　　2　ではないか　　　　3　らしい　　　　4　だろう

7 男「今年は季節の進み方が早いから、冬が早く（　　　）ね。」
　　女「でも、わからないわよ。」

　1　来そうだ　　　　2　来るそうだ　　　　3　来るべきだ　　　　4　来たみたい

8 会社の景気がいい*から、給料が（　　　）と期待している。

　1　上がるんじゃないか　　　　　　2　上がるわけじゃない
　3　上がるはずないよ　　　　　　　4　上がればよかった

第1回
第2回
第3回
第4回
第5回
第6回
第7回
第8回
第9回
第10回

◆ **やってみましょう** の正解・少し難しい言葉（*）の翻訳は別冊にあります

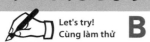

やってみましょう

Let's try!
Cùng làm thử **B**

日付 ひづけ	／	／	／
得点 とくてん	／8	／8	／8

文字・語彙

文法

読解

聴解

日本語能力試験形式問題　言語知識（文法）

次の文の（　　　）に入れるのに最もよいものを、1・2・3・4から一つ選びなさい。

1 　私はあの人に嫌われているように（　　　　）。

　　1　気がする　　　　2　気になる　　　　3　感じる　　　　4　感じがある

2 　女「スイスって、とてもきれいな国（　　　　）ね。」
　　男「うん、行ってみたいね。」

　　1　だった　　　　2　だって　　　　3　そうだ　　　　4　だといって

3 　その曲は難しすぎて、私には（　　　　）。

　　1　弾けないそうだ　　　　　　　　2　弾けなくないそうだ
　　3　弾けそうではない　　　　　　　4　弾けそうもない

4 　彼はまじめな人の（　　　　）見えるけれど、本当はどうだろう。

　　1　そうに　　　　2　ように　　　　3　とおりに　　　　4　みたいに

5 　昔、このあたりには大きな池があったという（　　　　）。

　　1　ことだ　　　　2　みたいだ　　　　3　ものだ　　　　4　らしい

6 　「晴れるだろう」という予報が（　　　　）、雨になった。

　　1　はずれて　　　　2　はずれても　　　　3　はずれたら　　　　4　はずれないで

7 　事故の原因は（　　　　）居眠り運転＊だろうと考えられる。

　　1　さっそく　　　　2　おそらく　　　　3　おおいに　　　　4　かならず

8 　このコートの生地は何だろう。ウール（　　　　）だけど……。

　　1　みたいな　　　　2　みたいに　　　　3　みたいで　　　　4　みたい

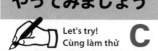

やってみましょう

Let's try!
Cùng làm thử **C**

日付 ひづけ	／	／	／
得点 とくてん	／6	／6	／6

日本語能力試験形式問題　言語知識（文法）

問題1 次の文の＿＿★＿＿に入る最もよいものを、1・2・3・4から一つ選びなさい。

1 私の ＿＿＿＿ ＿＿＿＿ ＿★＿ ＿＿＿＿ 優勝した。
　　　　　　　　　　　　　　　　　　　　　　　　　　　ゆうしょう

　　1　選手が　　　　　　2　予想　　　　　　3　日本の　　　　　　4　どおりに
　　　せんしゅ　　　　　　　よそう

2 試験に ＿＿＿＿ ＿＿＿＿ ＿★＿ ＿＿＿＿ 様子だった。
　　　　　　　　　　　　　　　　　　　　　　　　　　　ようす

　　1　とても　　　　　　2　うれしそうな　　3　学生たちは　　　4　合格した
　　　　　　　　　　　　　　　　　　　　　　　　　　　　　　　　　ごうかく

3 A社の株＊は ＿＿＿＿ ＿＿＿＿ ＿★＿ ＿＿＿＿ しまった。
　　　　　　かぶ

　　1　下がって　　　　　2　思っていたら　　3　上がると　　　　4　必ず
　　　　　　　　　　　　　　　　　　　　　　　　　　　　　　　　　かなら

問題2 次の文章を読んで、文章全体の内容を考えて、**1**から**3**の中に入る最もよい
　　　　つぎ　ぶんしょう　　　　　ぶんしょうぜんたい　ないよう　　　　　　　　　　　　　　はい　もっと
　　　　ものを、1・2・3・4から一つ選びなさい。
　　　　　　　　　　　　　　　　えら

> 　　来年、この町にもはじめての大型スーパーができる **1** ことです。町の人たち
> 　　　　　　　　　　　　　　おおがた
> は、これからは買い物が便利になると喜んでいます。しかし、いいことばかりでは
> 　　　　　　　　　べんり　　　　　よろこ
> ないという声もあります。今まで私たちは、野菜は八百屋で、魚は魚屋で、肉は肉
> 　　　　　　　　　　　　　　　　　　　　やおや
> 屋で買っていました。でも、これからは何でもスーパーで買う人が増えるでしょう。
> 　　　か　　　　　　　　　　　　　　　　　　　　　　　　　　　　ふ
> そうすると、**2** 八百屋や魚屋などは客が減って、商売をやめる店も多くなるで
> 　　　　　　　　やおや　　　　　　　　きゃく　へ　　　しょうばい
> しょう。その結果、昔からあるにぎやかな商店街が **3** 、それはとても残念な
> 　　　　　けっか　むかし　　　　　　　しょうてんがい　　　　　　　　　　　ざんねん
> ことです。

1 　1　らしい　　　　　　2　みたい　　　　　3　とする　　　　　4　という

2 　1　おもわず　　　　　2　このごろ　　　　3　たぶん　　　　　4　もしも

3 　1　消えてしまったら　　　　　　　　　　　2　続いていけば
　　　　き　　　　　　　　　　　　　　　　　　　つづ
　　　3　消えてしまわないと　　　　　　　　　　4　続くなら
　　　　き　　　　　　　　　　　　　　　　　　　つづ

◆ **やってみましょう** の正解・少し難しい言葉（＊）の翻訳は別冊にあります
　　　　　　　　　　　　せいかい　すこ　むずか　ことば　　　ほんやく　べっさつ

第1回
第2回
第3回
第4回
第5回
第6回
第7回
第8回
第9回
第10回

第7回 理由を言う

根拠・原因・結果・目的　basis /cause /effect / objective
こんきょ　げんいん　けっか　もくてき　căn cứ / nguyên nhân / kết quả / mục đích

わかりますか？

Are you clear?　◇　Có hiểu không ?

問題1　（　　）に入る最もよいものを、1・2・3・4から一つ選んでください。
はい　もっと　　　　　　　　　　　　　　　　　　　　えら

1　電車が遅れた（　　　）、仕事に遅刻してしまった。
おく　　　　　　　　　　ちこく

　　1　ところ　　　　2　とたん　　　　3　とおりで　　　4　せいで

ヒント「**原因** cause / nguyên nhân」を言う文は次のどれですか。
げんいん

　　a　夕べ飲みすぎたせいで、頭が痛い。　b　家を出たとたん、雨が降ってきた。
　　c　電話で申し込み方法を聞いたところ、申し込みはもう終わっていた。
　　　　　　もう　こ　ほうほう
　　d　心配いらないと医者が言ったとおりで、すぐに治った。　　　　答え：a
　　　　しんぱい　　　　　　　　　　　　　　　　なお

2　日本人だ（　　　）、正しい日本語が書けるわけではない。

　　1　からでないと　2　からといって　3　といえば　　　4　としたら

ヒント「**理由と結果の関係が合わない** the cause and effect don't match
りゆう　けっか　かんけい　　mối quan hệ giữa lý do và kết quả không phù hợp」文は次のどれですか。
　　　　　　　　　　　　　　　　　　　　　　　　　　　　　つぎ
　　a　材料をそろえてからでないと、料理はできません。
　　　　ざいりょう
　　b　1か月の休みがあるとしたら、どこへ行きたいですか。
　　c　社内*で歌が上手な人といえば、それは本田さんです。
　　　　しゃない　　　じょうず　　　　　　　　ほんだ
　　d　地位*が高いからといって、立派な人だとは言えません。　　答え：d
　　　　ちい　　　　　　　　　　りっぱ

3　バスの中で息子が大きな声で泣く（　　　）、困ってしまった。
　　　　　　むすこ　　　　　　な　　　　　　　こま

　　1　ことか　　　　2　ものだから　　3　ことに　　　　4　ものか

ヒント「**理由** reason / lý do」を言う文は次のどれですか。
りゆう
　　a　残念なことに、今日の試合は中止になった。
　　　　ざんねん　　　　　　しあい　ちゅうし
　　b　財布をなくしたものだから、仕方なく交番でお金を借りた。
　　　　さいふ　　　　　　　　しかた　　こうばん　　　　か
　　c　来てくれてありがとう。どんなにうれしかったことか。
　　d　あんなにサービスが悪い店には二度と行くものか。　　　答え：b
　　　　　　　　　　　　わる

第1回
第2回
第3回
第4回
第5回
第6回
第7回
第8回
第9回
第10回

問題2　＿＿＿★＿＿ に入る最もよいものを、1・2・3・4から一つ選んでください。

1　大学生の ＿＿＿ ＿＿＿ ★ ＿＿＿ なった。

　　1　アメリカに　　　2　ことに　　　　3　息子は　　　　4　留学する

 ヒント ①「大学生の」の後は名詞が来る⇒「大学生の息子は」

　　②「留学する」の前は「～（場所）に」が合う⇒「アメリカに 留学する」

　　⇒「大学生の息子はアメリカに留学する」

　　③「なった（なる）」の前は「～く」「～に」が来る⇒「ことになった」

2　先生の ＿＿＿ ＿＿＿ ★ ＿＿＿ できました。

　　1　ことが　　　　2　おかげで　　　3　合格する　　　4　試験に

ヒント ①「おかげで」の前は「～の」が来る⇒「先生のおかげで」

　　②「試験に」の後は「合格する」が合う⇒「試験に合格する」

　　③「できました（できる）」の前に「ことが」が来る⇒「ことができました」

3　あの山は、冬には ＿＿＿ ＿＿＿ ★ ＿＿＿ 「白馬山」という。

　　1　見える　　　　2　ことから　　　3　ように　　　　4　白い馬の

ヒント ①「白い馬の」の後に「ように」が来る⇒「白い馬のように」

　　②「ように」の後に動詞が来る⇒「白い馬のように見える」

　　③「ことから」は、1番目か4番目の＿＿に入る。

◆わかりますか？の正解・少し難しい言葉(*)の翻訳は別冊にあります

問題3 次の文章を読んで、（　　）に入る最もよいものを一つ選んでください。

1

　このマンションでは一人暮らしのお年寄りが増えています。ここで安心して暮らす（　①　）には、人々の間に親しい付き合いが必要です。ところが、ここにはそのような交流がほとんど（　②　）、もしお年寄りが急に倒れても、だれも助けに行かないでしょう。これからは、みんなで助け合ったり、一緒に楽しんだり（　③　）、良い交流ができるといいと思います。

① 1　はず　　　2　ため　　　3　こと　　　4　ばかり
② 1　ないので　　　　　　　2　ないばかりで
　 3　たまにあるし　　　　　4　あるといいので
③ 1　するから　　2　できるだけに　3　するかわりに　4　できるように

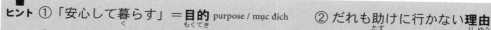

ヒント ①「安心して暮らす」＝**目的** purpose / mục đích　　②だれも助けに行かない**理由**
　　 ③「助け合ったり、一緒に楽しんだり」＝**目的**

2

（電気店の店員）「小型*のヒーターをお探しなら、新発売*のこれはどうでしょう。こんなに（　①　）、場所を取りません*。狭いところに置く（　②　）ぴったりですよ。一番の長所*は「人感センサー」が入っていることです。これは、人を感じてスイッチがON、OFFになるという機能*です。無駄な*電気を（　③　）ように作られているので、電気が節約*できます。」

① 1　広い部屋でも　　　　　2　サイズが小さいから
　 3　新しい商品だから　　　4　形が合うから
② 1　から　　2　のに　　3　ので　　4　せいで
③ 1　使われない　2　使わず　3　使わない　4　使わないで

ヒント ① 場所を取らない**理由** the reason it doesn't take up any space / lý do không lấy chỗ　② 「狭いところに置く」＝**目的**
　　 ③ この機能の**目的** the purpose of this function / mục đích của chức năng này

◆**わかりますか？**の正解・少し難しい言葉（*）の翻訳は別冊にあります

日付 ひづけ	／	／	／
得点 とくてん	／8	／8	／8

日本語能力試験形式問題　言語知識（文法）

次の文の（　　　）に入れるのに最もよいものを、1・2・3・4から一つ選びなさい。

1 社員の結婚の知らせを（　　　　）、社長はとても喜んだ。

1　受ければ　　　　2　受けるために　　3　受けながら　　　4　受けて

2 まだ朝早い時間（　　　　）電車が混んでいる。どうしてだろう。

1　のに　　　　　　2　だから　　　　　3　なのに　　　　　4　なのだから

3 毎日1時間ほど歩くことにしました。（　　　　）、最近、運動不足だからです。

1　というのは　　　2　といったら　　　3　としたら　　　　4　とすると

4 部屋が寒い（　　　　）。窓が開いていた。

1　ことだ　　　　　2　せいだ　　　　　3　わけだ　　　　　4　ものだ

5 本日エレベーターの安全確認をします。（　　　　）、午後1時までエレベーター
は使用できません。

1　このため　　　　2　このまま　　　　3　このあいだ　　4　このように

6 先生が作文をほめてくださった。苦労して書いた（　　　　）、とてもうれしい。

1　ばかりに　　　　2　だけに　　　　　3　さらに　　　　　4　しきりに

7 その日はずっと家にいました。仕事が休み（　　　　）。

1　なのでしょう　　　　　　　　　　2　なのです
3　からでした　　　　　　　　　　　4　だったからです

8 母「どうして魚を食べないの？」
　子「（　　　　）おいしくないんだもん。」

1　きっと　　　　　2　だって　　　　　3　ざっと　　　　　4　そっと

◆ **やってみましょう** の正解・少し難しい言葉（*）の翻訳は別冊にあります

日本語能力試験形式問題　言語知識（文法）

次の文の（　　　）に入れるのに最もよいものを、1・2・3・4から一つ選びなさい。

1 強い選手になってほしい（　　　）、君に厳しい練習をさせるのですよ。

1　からで　　　　2　からこそ　　　　3　からみて　　　　4　からして

2 咳が（　　　）、熱もあるので病院へ行った。

1　出たから　　　2　出るから　　　3　出たので　　　4　出るし

3 スピードの出しすぎ（　　　）事故が増えている。

1　とする　　　　2　による　　　　3　という　　　　4　になる

4 約束をした（　　　）、必ず守ってほしい。

1　からには　　　2　ことから　　　3　わけなら　　　4　ものなら

5 大学を出ていない（　　　）、希望の会社に入れなかった。

1　そうで　　　　2　ことだから　　　3　にしては　　　4　ばかりに

6 マリさんは日本で育った（　　　）、日本語が自由に話せる。

1　だけのことで　2　ところから　　3　ところで　　　4　だけあって

7 女「ごめんね、日曜日、仕事があって行けないの。」
　　男「え？　君、日曜日も休まない（　　　）？」

1　わけ　　　　　2　とき　　　　　3　ため　　　　　4　よう

8 男「あのう、それ、僕の傘なんですけど。」
　　女「あ、すみません。私のとよく似ていた（　　　）、間違えました。」

1　からなので　　2　ことだから　　3　もので　　　　4　なのだから

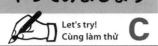

日本語能力試験形式問題　言語知識（文法）

問題1　次の文の＿＿★＿＿に入る最もよいものを、1・2・3・4から一つ選びなさい。

1 　強い風と ＿＿＿＿ ＿＿＿＿ ＿★＿ ＿＿＿＿ 遅れた。
おく

　　1　ために　　　　　2　雨の　　　　　3　到着が　　　　4　飛行機の
　　　　　　　　　　　　　　　　　　　　　　とうちゃく　　　　　ひこうき

2 　私が ＿＿＿＿ ＿＿＿＿ ＿★＿ ＿＿＿＿ だからです。

　　1　彼と　　　　　　2　優しい人　　　　3　彼が　　　　　4　結婚したのは
　　　　かれ　　　　　　　やさ　　　　　　　　かれ　　　　　　　けっこん

3 　中国へ ＿＿＿＿ ＿＿＿＿ ＿★＿ ＿＿＿＿ でしょうか。

　　1　お金が要る　　　2　どれくらい　　　3　のに　　　　　4　旅行する
　　　　　　い

問題2　次の文章を読んで、文章全体の内容を考えて、 1 から 3 の中に入る最もよい
つぎ　ぶんしょう　　　　　　　ぶんしょうぜんたい　ないよう　　　　　　　　　　　　　　　　はい　もっと
　　　　　ものを、1・2・3・4から一つ選びなさい。
　　　　　　　　　　　　　　　　　　えら

今日は、先週国から来た友達のルイさんに会った。ルイさんは日本へ医学の研究
を 1 。彼は頭が 2 、まじめな人だから、私の大学で良い研究ができるだろ
かれ　　　　　　　　　　　　　　　　　　　よ
う。明日は入学の準備をする 3 大学へ行くそうだ。
じゅんび

1 　1　して来た　　　　2　するはずだ　　　3　しに来た　　　4　することだ

2 　1　いいからには　　2　いいと　　　　　3　いいことから　4　いいうえ

3 　1　ために　　　　　2　つもりに　　　　3　ように　　　　4　もので

◆ **やってみましょう** の正解・少し難しい言葉（*）の翻訳は別冊にあります
せいかい　むずか　ことば　　　　ほんやく　べっさつ

第8回

意見を言う

Express an opinion
Nói ý kiến

当然・義務・立場・指示　naturally /obligation /stance /instruction
とうぜん　ぎむ　たちば　しじ　đương nhiên / nghĩa vụ / lập trường / chỉ thị

わかりますか？

Are you clear?　◇　Có hiểu không ?

問題1　（　　　）に入る最もよいものを、1・2・3・4から一つ選んでください。
はい　もっと　えら

1　彼はまじめな学生だから、規則を守らない（　　　）。
かれ　　　　　　　　　　きそく　まも

　　1　ことにする　　　2　ようにする　　　3　はずがない　　　4　ことがある

ヒント　「**当然～ない** of course ... not ~ /đương nhiên là không ~」文は次のどれですか。
とうぜん　　　　　　　　　　　　　　　　　　　　　　　　つぎ

　　a　休みの日は掃除をしないことにしている。
　　　　　　　そうじ
　　b　ときどき寝坊をして遅刻することがある。
　　　　　　ねぼう　　　ちこく
　　c　毎日運動をするようにしています。
　　　　まいにちうんどう
　　d　何度も通っているところだから、道を間違えるはずがない。　　　答え：d
　　　　なんど　とお　　　　　　　　　　みち　まちが

2　お世話になった上司の頼みを断る＊（　　　）。
せわ　　　じょうし　たの　ことわ

　　1　わけにはいかない　　　2　ことはない　　　3　しかない　　　4　ほかない

ヒント　「**（理由があって）できない**」文は次のどれですか。
りゆう　　　　　　　　　　つぎ

　　a　合格したいなら、一生懸命に勉強するしかない。
　　　　ごうかく　　　　いっしょうけんめい
　　b　だれにも頼めないなら、自分でやるほかないでしょう。
　　　　　　たの
　　c　今日は大事な会議があるから、体調が悪くても休むわけにはいかない。
　　　　　　　　かいぎ　　　　　たいちょう
　　d　自分が悪くないのなら、謝ることはない。　　　答え：c
　　　　　　　　　　あやま

3　私は素人＊なので、プロの選手には（　　　）。
しろうと　　　　　　　せんしゅ

　　1　勝つわけだ　　　2　勝ちそうだ　　　3　勝てっこない　　　4　勝つだけだ
　　　　か　　　　　　　　か　　　　　　　　か　　　　　　　　か

ヒント　「**当然～ない** of course ... not ~/ đương nhiên là không ~」という考えを言う文は次のどれですか。
とうぜん　　　　　　　　　　　　　　　　　　　　　　　　　　　　　つぎ

　　a　3歳の子が漢字を読むなんて、できっこない。
　　　　さい
　　b　この部屋、暑いわけだ。35度もある。
　　　　　　へや
　　c　調味料を加えたら、あとは肉が煮えるまで待つだけです。
　　　　ちょうみりょう　くわ　　　　　　　　　に
　　d　昨日降った大雨で川があふれそう＊だ。　　　答え：a
　　　　きのう　ふ　　おおあめ

第1回
第2回
第3回
第4回
第5回
第6回
第7回
第8回
第9回
第10回

問題2 ___★___ に入る最もよいものを、1・2・3・4から一つ選んでください。

1 頭のいい _____ _____ __★__ _____ 限りません。

1 活躍する*　　2 人が　　　　3 とは　　　　4 社会で

💡ヒント ①「頭のいい（＝頭がいい）」の後は「人」が合う⇒「頭のいい人が」

②「頭のいい人が」の後に動詞が来る⇒「頭のいい人が活躍する」

③「活躍する」の前に「社会で」が合う⇒「社会で活躍する」

⇒「頭のいい人が社会で活躍する」

2 親に _____ _____ __★__ _____ ではありませんよ。

1 そんな　　　2 するべき　　3 言い方を　　4 対して

💡ヒント ①「親に」の後に「対して」が合う⇒「親に対して」

②「そんな」の後に名詞が来る⇒「そんな言い方を」

③「言い方を」の後に動詞が来る⇒「そんな言い方をするべき」

3 私の _____ _____ __★__ _____ と思います。

1 問題の解決*は　2 見ると　　　3 難しいだろう　4 立場*から

💡ヒント ①「私の」の後に名詞が来る⇒「私の立場から」、「私の問題の解決は」

②「問題の解決は」の後は「難しい」が合う⇒「問題の解決は難しいだろう」

③「と思います」の前は「だろう」が合う⇒「難しいだろうと思います」

⇒「問題の解決は難しいだろうと思います」

◆**わかりますか？** の正解・少し難しい言葉（*）の翻訳は別冊にあります

問題3 次の文章を読んで、（　　）に入る最もよいものを一つ選んでください。

1

　地方から都会に出ていく人が増えて、地方の人口が減っています。若者が仕事の多い都会を選ぶのは（　①　）ことです。しかし、だれにも「帰りたいところ」がある（　②　）でしょうか。生まれて育った場所が住みやすいところになれば、人が帰ってくるでしょう。人が帰ってくれば、町に活気*が生まれ、店も増えてさらに暮らしやすくなる（　③　）です。

①　1　意外な　　　　　2　当然の　　　　　3　信じられない　　4　めずらしい
②　1　ことではない　　2　とは思わない　　3　のではない　　　4　わけがない
③　1　はず　　　　　　2　とき　　　　　　3　こと　　　　　　4　だけ

ヒント　①、③「**普通だ、当たり前だ**of course／bình thường／hiển nhiên」という考えを言う
　　　　②「〜のではないでしょうか」＝〜だろうと思います

2

　「外国語は、まず文法の本で文法から勉強（　①　）」と考える人が少なくありません。でも、私は英語の教科書としてマンガを使っています。なぜなら、私は世界中の人と親しく交流しながら英語を勉強したいからです。（　②　）、コミュニケーションには話すことだけでなくてメールや手紙を読んだり書いたりする必要もあります。文法の知識がないと読み書きも難しいでしょう。文法も会話もどちらも大切ですが、どちらを先にするかと（　③　）、私はまずマンガで会話の勉強をすることに決めたのです。

①　1　しなくてもいい　　　　　　　　2　するばかりだ
　　3　しないといけない　　　　　　　4　するせいだ
②　1　たとえ　　　　2　もし　　　　3　もちろん　　　4　それなら
③　1　考えるほど　　2　考えた結果　　3　考えるばかりで　4　考えたことは

ヒント　① 文法を先に勉強**しなければならない**
　　　　② ＝**だれでも知っているように**　　③ 勉強の順番を**考えた後で**

◆**わかりますか？**の正解・少し難しい言葉（*）の翻訳は別冊にあります

やってみましょう

Let's try!
Cùng làm thử **A**

日本語能力試験形式問題　言語知識（文法）

次の文の（　　　）に入れるのに最もよいものを、1・2・3・4から一つ選びなさい。

1 予約をキャンセルする場合は、必ず（　　　　）。

1　連絡すること　　　　　　　　　　2　連絡するわけだ

3　連絡しようがない　　　　　　　　4　連絡したらいい

2 皆さんにお願いします。図書室は、マナーを守って（　　　　）。

1　利用しておいてください　　　　　2　ご利用いただけます

3　利用してみましょう　　　　　　　4　ご利用ください

3 彼が言ったことは冗談*に（　　　）から、あまり気にするな。

1　ならない　　　2　すぎない　　　3　限らない　　　4　たまらない

4 今の状況*（　　　　）、その計画の成功はとても難しい。

1　ことから　　　2　さえあれば　　　3　だけあって　　　4　からすると

5 女「ご親切にありがとうございました。おかげさまで助かりました。」
　　男「いいえ、当たり前のことをした（　　　　）。」

1　ばかりです　　　2　べきです　　　3　ものです　　　4　だけです

6 これ以上がんばるのは無理だ。もう、あきらめる（　　　　）。

1　わけない　　　2　はずない　　　3　しかない　　　4　すぎない

7 看護師（　　　　）働いている妹は、患者さんの「ありがとう」の一言が何より
もうれしいと言う。

1　といって　　　2　として　　　3　にして　　　4　について

8 成功するか（　　　　）、あなたの努力次第です。

1　どうかは　　　2　どうかで　　　3　なにかは　　　4　なにかで

111

◆ **やってみましょう** の正解・少し難しい言葉(*)の翻訳は別冊にあります
　　　　　　　　　せいかい　　むずか　　ことば　　　　ほんやく　べっさつ

日付 ひづけ	／	／	／
得点 とくてん	／8	／8	／8

日本語能力試験形式問題　言語知識（文法）

次の文の（　　　）に入れるのに最もよいものを、1・2・3・4から一つ選びなさい。

1 そんなひどいことを言われたのだから、君が怒る（　　　　）当たり前だ。

　　1　のは　　　　　　2　ものも　　　　　3　ことで　　　　　4　わけも

2 運動をしていれば病気にならないという（　　　　）ない。

　　1　ものでも　　　　2　ものが　　　　　3　ものなら　　　　4　ものだから

3 「すみませんが、少し静かにして（　　　　）。」

　　1　もらいませんか　　　　　　　　　2　いただいてください

　　3　いただけませんか　　　　　　　　4　もらってください

4 薬を飲めばすぐに治ります。心配する（　　　　）ありません。

　　1　ものは　　　　　　2　ものが　　　　3　ことは　　　　4　ことが

5 男「ここに座ってもいいですか。」

　　女「あ、そのいすにはおかけに（　　　　）。」

　　1　ならないでください　　　　　　　2　なりません

　　3　なっていません　　　　　　　　　4　なってください

6 健康のために、規則正しい生活をする（　　　　）。

　　1　ことはないでしょう　　　　　　　2　ようにしましょう

　　3　ならいいでしょう　　　　　　　　4　しかないでしょう

7 女「今月の家賃、まだいただいていませんね。」

　　男「すみません。今日振り込む（　　　　）だったんですが。」

　　1　ほど　　　　　　2　つもり　　　　3　かたち　　　　　4　おそれ

8 困っている人がいたら、助けて（　　　　）。

　　1　もらうはずだ　　2　あげるためだ　　3　もらうことだ　　4　あげるものだ

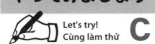

日付 ひづけ	／	／	／
得点 とくてん	／6	／6	／6

日本語能力試験形式問題　言語知識（文法）

問題1　次の文の＿＿★＿＿に入る最もよいものを、1・2・3・4から一つ選びなさい。

1　行きたくない ＿＿＿＿ ＿＿＿＿ ★ ＿＿＿＿ いいですよ。

　　1　なら　　　　　　　2　断れば　　　　　　3　行かないと　　　4　言って

2　親に頼って* ＿＿＿＿ ＿＿＿＿ ★ ＿＿＿＿ 決めなさい。

　　1　いないで　　　　　2　自分で　　　　　　3　ばかり　　　　　4　考えて

3　慣れているから ＿＿＿＿ ＿＿＿＿ ★ ＿＿＿＿ いけません。

　　1　といって　　　　　2　油断*を　　　　　3　大丈夫だ　　　　4　しては

問題2　次の文章を読んで、文章全体の内容を考えて、1から3の中に入る最もよいものを、1・2・3・4から一つ選びなさい。

まだ食べられる食品が捨てられてしまうことを「食品ロス」といいます。日本では多くの食料を外国から輸入していますが、一方でたくさんの食料が 1 捨てられています。これはもったいないことです。食品ロスを減らすには、私たち一人一人が食べ物を無駄にせずに* 大切にする 2 でしょう。では、実際にどうすればいいかというと、食料を買いすぎない、料理を作りすぎない 3 。食品ロスを減らせば、ごみも減ります。ごみが減れば、ごみを燃やすときに出るCO₂も減らすことができます。

1　1　食べられないので　　　　　　　　2　食べられれば
　　3　食べられてから　　　　　　　　　4　食べられずに

2　1　わけ　　　　　2　べき　　　　　3　はず　　　　　4　ところ

3　1　ものです　　　2　かぎりです　　3　ことです　　　4　ようです

◆ やってみましょう の正解・少し難しい言葉（*）の翻訳は別冊にあります

条件を言う
じょうけん　い

仮定　hypothesis
かてい　giả định

わかりますか？

問題1　（　　　）に入る最もよいものを、1・2・3・4から一つ選んでください。
はい　もっと　えら

1 上手に（　　　　）、しっかり練習しなさい。
じょうず　れんしゅう

　1　なりたくて　　　2　なりたければ　　　3　なりたいから　　　4　なりたがって

ヒント 「**もし〜 ／ 〜場合** if ... nếu ~ / trường hợp ~ **は**」と条件を言う文は次のどれですか。
ばあい　じょうけん　つぎ

　a　家を建てたいから、貯金をしています。
　　　いえ　た　ちょきん
　b　あの人に会いたくて、電話をした。
　　　ひと　あ　でんわ
　c　赤ちゃんはミルクを飲みたがって泣いている。
　　　あか　の　な
　d　おいしいケーキを買いたければ、あの店がいいですよ。
　　　か　みせ　　　　　　　　　　　　　　　　　答え：d

2 今度の論文は、十分に準備をして（　　　　）書けないだろう。
こんど　ろんぶん　じゅうぶん　じゅんび　か

　1　からなら　　　2　からいうと　　　3　からこそ　　　4　からでないと

ヒント 「**〜する前は〜できない** if you don't ... (in advance), you can't ... trước khi ~ thì không được ~」と条件を言う文は次のどれですか。
まえ　じょうけん　つぎ

　a　彼女の性格からいうと、頼まれたら断れないでしょう。
　　　かのじょ　せいかく　たの　ことわ
　b　あの店は予約してからでないと、入れません。
　　　みせ　よやく　はい
　c　こちらの店は予約をしてからなら、お入りになれます。
　　　みせ　よやく　はい
　d　研究を続けたからこそ、博士になれたのです。
　　　けんきゅう　つづ　はかせ/はくし　　　　　答え：b

3 この作文は小学生が書いた（　　　　）上手だ。
さくぶん　しょうがくせい　か　じょうず

　1　にとって　　　2　にしては　　　3　によると　　　4　にしたがって

ヒント 「**〜という条件を考えると意外に** when you consider..., unexpectedly khi nghĩ đến điều kiện rằng ~ thì ngoài dự kiến」と言う文は次のどれですか。
じょうけん　かんが　いがい　つぎ

　a　季節が進むにしたがって、木の葉 * の色が変わっていく。
　　　きせつ　すす　こ　は　いろ　か
　b　その問題は、私にとってあまり重要ではありません。
　　　もんだい　わたし　じゅうよう
　c　通勤時間 * にしては、電車がすいています。
　　　つうきん　じかん　でんしゃ
　d　予報によると、今週は雨の日が続くらしい。
　　　よほう　つづ　　　　　　　　　　　　　　　答え：c

問題2　＿＿＿★＿＿に入る最もよいものを、1・2・3・4から一つ選んでください。

1 たとえ ＿＿＿ ＿＿＿ ＿★＿ ＿＿＿ いけない。

　1　ことを　　　2　言っては　　　3　そんな　　　4　冗談でも

ヒント ①「たとえ」の後に「〜ても／でも」が来る⇒「たとえ冗談でも」
　　②「そんな」の後に名詞が来る⇒「そんなことを」
　　③「ことを」の後に動詞が来る⇒「そんなことを言っては」
　　④「いけない」の前に「〜ては」が来る。⇒「言ってはいけない」

2 外国へ ＿＿＿ ＿＿＿ ＿★＿ ＿＿＿ わかる。

　1　良さが　　　2　行って　　　3　自分の国の　　　4　はじめて

ヒント ①「外国へ」の後は「行く」が合う⇒「外国へ行って」
　　②「自分の国の」の後に名詞が来る⇒「自分の国の良さが」
　　③「わかる」の前に「〜が」が来る⇒「良さがわかる」

3 君が ＿＿＿ ＿＿＿ ＿★＿ ＿＿＿ 行く。

　1　なら　　　2　行くの　　　3　も　　　4　ぼく

ヒント ①「君が」の後に動詞が来る⇒「君が行くの」
　　②「行く」の前は「名詞＋助詞」が来る⇒「ぼくも行く」

◆わかりますか？の正解・少し難しい言葉(*)の翻訳は別冊にあります

問題3 次の文章を読んで、（　　）に入る最もよいものを一つ選んでください。

1

　病気やけがで入院したときのことを考えて保険に入ったらいいとすすめられた。入院すると、たった*一日（　①　）お金が出る。手術をすれば、入院だけの（　②　）数倍*のお金が出る。この保険に入れば、安心にちがいない。しかし、安心の大きさと毎年支払う保険料の大きさとをよく比べて（　③　）、入るかどうかは決められないと思う。

① 1 なら　　　2 でも　　　3 であれば　　　4 であると
② 1 間の　　　2 ための　　　3 場合の　　　4 ほどの
③ 1 みないと　　2 よければ　　3 よくなかったら　4 みたら

ヒント ①＝入院が短くても　　　②＝入院するが手術をしないときの
　　　③🔑 決める前に比べなければならない

2

　歌が上手なA君は、外国の有名なコーラスのグループに入ることが夢です。ここに入るには、いくつかのテストを受けなければなりません。まず自分が歌っているのを録音して*聞いてもらいます。でも、このテストにパス*（　①　）喜ぶことはできません。次に、外国で集団生活*が（　②　）を試すテストを受けます。そして、最後の面接試験*で合格点を（　③　）、入ることができるのです。

① 1 できたら　　2 すれば　　3 したなら　　4 したとしても
② 1 できたらいいか　　　　　2 できるかどうか
　 3 できればいいか　　　　　4 できるとすれば
③ 1 取るために　2 取ってはじめて　3 取れるように　4 取らなければ

ヒント ① 文末「〜できません」：否定形に注意 Beware of the negative form / Chú ý thể phủ định
② 「外国で集団生活ができること」もグループに入る条件
③ 面接試験をパスしてやっと入ることができる

◆**わかりますか？**の正解・少し難しい言葉（*）の翻訳は別冊にあります

日付 ひづけ	／	／	／
得点 とくてん	／8	／8	／8

日本語能力試験形式問題　言語知識（文法）

次の文の（　　　）に入れるのに最もよいものを、1・2・3・4から一つ選びなさい。

1 日本語では難しいけれど、英語で（　　　）なんとか説明できます。

　　1　こそ　　　　　2　なら　　　　　3　だと　　　　　4　さえ

2 この写真を（　　　）、いつも子どもの時を思い出す。

　　1　見ようと　　　2　見ても　　　　3　見たから　　　4　見ると

3 何が（　　　）、あきらめないでがんばるつもりです。

　　1　あったら　　　2　あれば　　　　3　あるとして　　4　あっても

4 私の病気は、手術を（　　　）治らないと医者に言われた。

　　1　するとしたら　　2　してみないと　　3　しないかぎり　　4　しさえすれば

5 会社に（　　　）仕事ができるのは、ありがたい＊ことだ。

　　1　行かないだけで　　　　　　　　2　行かないから
　　3　行かなくても　　　　　　　　　4　行かないことには

6 例えば、A＝B、B＝C（　　　）、A＝Cとなる。

　　1　といえば　　　2　とすると　　　3　というと　　　4　とはいえ

7 （　　　）君が来てくれたら、うれしいなあ。

　　1　もし　　　　　2　どうか　　　　3　たとえ　　　　4　かならず

8 女「新しい仕事は、どう。うまくいきそう？」
　　男「（　　　）わからないよ。」

　　1　やらないとしても　　　　　　　2　やらなくても
　　3　やってみなければ　　　　　　　4　やってみると

◆ **やってみましょう** の正解・少し難しい言葉（＊）の翻訳は別冊にあります

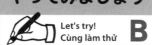

文字・語彙
文法
読解
聴解

日本語能力試験形式問題　言語知識（文法）

次の文の（　　　）に入れるのに最もよいものを、1・2・3・4から一つ選びなさい。

1 ああ、もっとお金があったら、楽に暮らせる（　　　）。
1 のに　　　2 ことだ　　　3 かぎりだ　　　4 から

2 もっと野菜を（　　　）、だめですよ。
1 食べなくて　　2 食べるほうが　　3 食べないと　　4 食べようと

3 父が許して（　　　）、結婚できないのです。
1 くれるなら　　2 くれると　　3 くれないと　　4 くれたら

4 それについては、よく調べた（　　　）お返事できません。
1 かぎりでないと　　　　　　2 あとならば
3 のであれば　　　　　　　　4 うえでないと

5 あなたの助けがなかったら、私は死んでいた（　　　）。
1 かのようです　　2 でしょう　　3 ものでしょう　　4 ことです

6 運転者がよく注意（　　　）、事故は起こらないのだが。
1 してさえ　　　2 だけすれば　　3 さえすれば　　4 しないことには

7 給料などの条件に（　　　）仕事を変えてもいいと思う。
1 よっては　　　2 しては　　　3 かけては　　　4 したら

8 （電話で）
女「申し訳ありません。このコンサートのチケットはもう完売しました*。」
男「え？　もう売り切れたんですか。ああ、もっと早く電話（　　　）。」
1 すればよかった　　　　　　2 すればいいのに
3 したらどうですか　　　　　4 してほしかった

日付 ひづけ	／	／	／
得点 とくてん	／6	／6	／6

日本語能力試験形式問題　言語知識（文法）

問題1　次の文の＿★＿に入る最もよいものを、1・2・3・4から一つ選びなさい。

1　君が ＿＿＿＿ ＿＿＿＿ ＿★＿ ＿＿＿＿ うれしいよ。

　　1　なら　　　　　　2　来てくれる　　　　3　ぼくは　　　　　4　いっしょに

2　雨が ＿＿＿＿ ＿＿＿＿ ＿★＿ ＿＿＿＿ 出発しよう。

　　1　かぎり　　　　　2　とおりに　　　　　3　計画の　　　　　4　降らない

3　私の ＿＿＿＿ ＿＿＿＿ ＿★＿ ＿＿＿＿ いいのですが。

　　1　あなたに　　　　2　もらえたら　　　　3　立場を　　　　　4　わかって

問題2　次の文章を読んで、文章全体の内容を考えて、**1** から **3** の中に入る最もよいものを、1・2・3・4から一つ選びなさい。

（薬局で）

　では、お薬の説明をします。このピンクの薬は熱を下げる薬です。でも、熱が下がったからといって飲むのを **1** 、また熱が上がるおそれがあります。ですから、途中でやめないで全部飲んでしまってください。それから、こちらの白い薬は痛みがひどいときのための薬です。痛くて **2** 飲んでもいいですよ。でも、がまんできる痛み **3** 、飲まないほうがいいです。とても強い薬ですからね。

1　1　続けて　　　　　　　　　　2　続けると
　　3　やめると　　　　　　　　　4　やめなければ

2　1　がまんできなかったら　　2　がまんしなかったら
　　3　がまんしないかぎり　　　4　がまんしなければ

3　1　とき　　　　2　なら　　　　3　でも　　　　4　にも

◆ **やってみましょう** の正解・少し難しい言葉（*）の翻訳は別冊にあります

関係を言う
かんけい　い

Explain a relationship
Nói quan hệ

時間の流れ、前後関係、変化
じかん　なが　　　ぜんごかんけい　　へんか

flow of time / context / change
trình tự thời gian / quan hệ trước sau / thay đổi

わかりますか？

Are you clear? ◇ Có hiểu không?

問題1　（　　　）に入る最もよいものを、1・2・3・4から一つ選んでください。
はい　　もっと　　　　　　　　　　　　　　　　　　えら

1 忘れない（　　　）ノートに書いておこう。
わす

　　1 わりに　　　　　2 うちに　　　　　3 そうに　　　　　4 みたいに

ヒント「**時間の前後関係を表す** Expressing the context of time」文は次のどれですか。
　　　　ぜんごかんけい　あらわ　　Thể hiện quan hệ trước sau của thời gian　　　　つぎ

　　a それは夢みたいに素晴らしい話です。
　　　　　ゆめ　　　すば
　　b この肉は安いわりにおいしい。
　　c 暗くならないうちに帰ろう。
　　d 子どもたちは楽しそうに遊んでいる。　　　　　　　　　　答え：c
　　　　　　　　　　　たの　　　あそ

2 そちらに（　　　）連絡しますから、待っていてください。
　　　　　　　　　　れんらく

　　1 着き次第　　　2 着くまで　　　3 着くなら　　　4 着くところ
　　　つ　しだい　　　　つ　　　　　　　　つ　　　　　　　　つ

ヒント「**〜したら、すぐに**」という意味の文は次のどれですか。
　　　　　　　　　　　　　　　　　　　　　つぎ

　　a これから出かけるところです。
　　b 雨がやみ次第、出発しよう。
　　　　　　　　しだい　しゅっぱつ
　　c 私が行くまで家にいてください。
　　d こちらへ来るなら、私の家に寄ってください。　　　　答え：b
　　　　　　　　　　　　　　　　　よ

3 年を（　　　）、体力*が落ちていく。
　　　　　　　　　　たいりょく　お

　　1 取りながら　　2 取る場合は　　3 取ったのに　　4 取るにつれて
　　　と　　　　　　　と　　　　　　　と　　　　　　　　と

ヒント「**だんだん変わる**」という意味の文は次のどれですか。
　　　　　　　　　か　　　　　　　　　　　　　つぎ

　　a 悲しみは時がたつにつれて消えていきます。
　　　かな　　　とき　　　　　　き
　　b 洗濯したのに、汚れが落ちない。
　　　せんたく　　　　よご　お
　　c キャンセルする場合は、必ず連絡してください。
　　　　　　　　　　　かなら　れんらく
　　d 音楽を聞きながら自転車に乗るのは危険です。　　　答え：a
　　　おんがく　き　　　　じてんしゃ　の　　　きけん

文字・語彙

文法

読解

聴解

問題2　＿＿＿★＿＿に入る最もよいものを、1・2・3・4から一つ選んでください。

1 よく ＿＿＿＿ ＿＿＿＿ ＿★＿ ＿＿＿＿ と思います。

　1　返事を　　　　2　うえで　　　　3　したい　　　　4　考えた

ヒント ①「うえで」の前に「〜た」が来る⇒「考えたうえで」

②「返事を」の後に動詞が来る⇒「返事をしたい」

③「よく」の後は動詞が来る⇒「よく考えたうえで」

④「と思います」の前は「〜たい」が合う⇒「返事をしたいと思います」

2 この地方では、12月 ＿＿＿＿ ＿＿＿＿ ＿★＿ ＿＿＿＿ 降る。

　1　3月　　　　2　にかけて　　　　3　雪が　　　　4　から

ヒント ①「雪が」の後は「降る」が合う⇒「雪が降る」

②「〜から〜にかけて」の「〜」に「時」を表す言葉か「場所」を表す言葉が来る。
　⇒「12月から3月にかけて」

3 今月末 ＿＿＿＿ ＿＿＿＿ ＿★＿ ＿＿＿＿ 受けられない。

　1　試験が　　　　2　この書類を　　　　3　までに　　　　4　出さないと

ヒント ①「受けられない（可能形）」の前は「名詞＋が」が合う⇒「試験が受けられない」

②「までに」の前に「時」を表す言葉が来る⇒「今月末までに」

③「この書類を」の後に動詞が来る⇒「この書類を出さないと」

◆**わかりますか？**の正解・少し難しい言葉（*）の翻訳は別冊にあります

問題3 次の文章を読んで、（　　　）に入る最もよいものを一つ選んでください。

1

　昨日は大好きな歌手のコンサートに行った。就職（　①　）、ずっと忙しかったので、コンサートに行くのは（　②　）だった。チケットはホールに行ってから買うつもりだったので、早めに家を出た。ところが、事故で電車が30分も遅れて、ホールに着いたときコンサートはもう（　③　）。チケットは買えたけれど、一番後ろの席だったので、ステージが見にくかった。この次に行くときは、前売り*のチケットを買って（　④　）と思った。

① 1　してはじめて　　　2　した場合　　　3　したうえは　　　4　して以来
② 1　久しぶり　　　　　2　たまたま　　　3　とっくに　　　　4　最近
③ 1　始まった　　　　　　　　　　　　　2　始まってしまった
　 3　始まったばかりだった　　　　　　　4　始まっていた
④ 1　もらう　　　　　2　おこう　　　　3　ほしい　　　　4　こよう

 ヒント ①＝就職**したあとずっと**　②🔍 前回コンサートへ行ったのは、かなり前だった
　　③ 🔍「もう」（始まったのは着いたときよりも前のこと）
　　④ 🔍 前売りなら良い席を取ることができる

2

　私の家では家族で正月の準備をする。だから12月31日（　①　）とても忙しい。正月の特別な料理「おせち」を（　②　）正月が迎えられないからだ。でも、年が（　③　）、もうあまり働かない。年末におせちを作っておくのは、正月にゆっくり過ごすためなのだ。

① 1　までに　　　　　2　から　　　　　3　までは　　　　4　からは
② 1　作ってからでないと　　　　　　　2　作ってからなら
　 3　作っておけば　　　　　　　　　　4　作ろうと思って
③ 1　明けて　　　　　2　明けても　　　3　明けるうちに　　4　明けたら

ヒント ①🔍 忙しい状態が続く　　②🔍 料理ができたら正月が迎えられる
　　③＝年が**明けた後は**、正月に**なった後は**

◆**わかりますか？**の正解・少し難しい言葉（*）の翻訳は別冊にあります

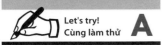

やってみましょう

Let's try!
Cùng làm thử **A**

日付 ひづけ	／	／	／
得点 とくてん	／8	／8	／8

日本語能力試験形式問題　言語知識（文法）

次の文の（　　　）に入れるのに最もよいものを、1・2・3・4から一つ選びなさい。

1　山道を上るにしたがって、（　　　）気温が下がってきた。

　　1　いつまでも　　　2　いきなり　　　3　そろそろ　　　4　だんだん

2　新しい仕事を始める（　　　）、準備することがたくさんある。

　　1　にあたって　　　2　につれて　　　3　となって　　　4　とともに

3　年を取る（　　　）、髪が白くなる。

　　1　ばかりに　　　2　とともに　　　3　としたら　　　4　ように

4　ちょうどごちそうができた（　　　）、お客さんが来た。

　　1　際に　　　2　うちに　　　3　までに　　　4　ところに

5　その戦争は、百年に（　　　）続いたので「百年戦争」といいます。

　　1　わたって　　　2　かけて　　　3　かぎって　　　4　よって

6　立ち上がった（　　　）、ひざに強い痛みを感じた。

　　1　ばかり　　　2　うえで　　　3　とたん　　　4　次第

7　中学校の3年の（　　　）、友達がたくさんできた。

　　1　間に　　　2　たびに　　　3　最中に　　　4　とちゅうに

8　子「あ、外はもう暗くなっているよ。」
　　父「この季節は昼の時間がだんだん短く（　　　）からね。」

　　1　なった　　　2　なっていく　　　3　変わった　　　4　変わってきた

◆ **やってみましょう** の正解・少し難しい言葉(*)の翻訳は別冊にあります

第1回
第2回
第3回
第4回
第5回
第6回
第7回
第8回
第9回
第10回

123

文字・語彙

文法

読解

聴解

日本語能力試験形式問題　言語知識（文法）

次の文の（　　　）に入れるのに最もよいものを、1・2・3・4から一つ選びなさい。

1　村田さんには卒業して以来、ずっと（　　　　）

　　1　会いました　　　　　　　　　2　会いません
　　3　会っていません　　　　　　　4　会います

2　手を洗ってからでないと、（　　　　）。

　　1　食べましょう　　　　　　　　2　食べてはいけません
　　3　食べられます　　　　　　　　4　食べてもいいです

3　昨日は、上司から「（　　　　）この仕事を終わらせるように」と言われて
　　夜11時まで会社にいました。

　　1　今日の間　　　2　今日までは　　　3　今日中に　　　4　今日から

4　収入が（　　　　）にしたがって、生活も次第に楽になった。

　　1　増える　　　2　増えて　　　3　増えた　　　4　増え

5　女「それについては両親と相談の上で、決めたいと思います。」
　　男「そうですか。では、（　　　　）。」

　　1　相談したらどうですか　　　　2　よく相談してください
　　3　決めてよかったですね　　　　4　すぐに決めてください

6　男「久しぶりだね。」
　　女「ほんと、こうやって会うのは、何年（　　　　）かな？」

　　1　ぶり　　　2　次第　　　3　から　　　4　まで

7　明日から（　　　　）にかけて、留守になります。

　　1　週末　　　2　今週中　　　3　来週中　　　4　一週間

8　あの人に（　　　　）とたんに、私は恋に落ちてしまいました。

　　1　会えば　　　2　会って　　　3　会う　　　4　会った

やってみましょう

Let's try!
Cùng làm thử **C**

日付 ひづけ	／	／	／
得点 とくてん	／7	／7	／7

日本語能力試験形式問題　言語知識（文法）

問題1　次の文の＿＿＿★＿＿＿に入る最もよいものを、1・2・3・4から一つ選びなさい。
　　　　つぎ　ぶん　　　　　　　はい　もっと　　　　　　　　　　　　　　　　　　えら

1　あの人は ＿＿＿＿ ＿＿＿＿ ★ ＿＿＿＿ します。

　　1　自慢話＊を　　　2　息子の　　　　　3　たびに　　　　4　来る
　　　　じまんばなし　　　　　むすこ

2　もう ＿＿＿＿ ＿＿＿＿ ★ ＿＿＿＿ だった。

　　1　ところ　　　　2　車に　　　　　　3　少しで　　　　4　ひかれる＊

3　この ＿＿＿＿ ＿＿＿＿ ★ ＿＿＿＿ しましょう。

　　1　休憩に　　　　2　仕事が　　　　　3　ところで　　　4　終わった
　　　　きゅうけい

問題2　次の文章を読んで、文章全体の内容を考えて、**1**から**4**の中に入る最もよい
　　　　つぎ　ぶんしょう　　　　　ぶんしょうぜんたい　ないよう　　　　　　　　　　はい　もっと
　　　　ものを、1・2・3・4から一つ選びなさい。
　　　　　　　　　　　　　　　　えら

> 　馬と人間との関係の歴史は古い。昔から **1** 馬は人と一緒にいた。馬はいつも人
> うま　にんげん　かんけい　れきし　　むかし　　　　うま　　　いっしょ　　　　うま
> を助け、人の役に立って **2**。馬は人の生活の一部だったし、家族とも言える存在
> たす　　　やく　　　　　　　うま　　せいかつ　いちぶ　　　　　　　かぞく　　　　そんざい
> だった。しかし、産業が **3**、機械が馬の代わりとなった。その結果、今では馬は
> 　　　　　　　　　　　　きかい　うま　か　　　　　　　けっか
> 私たちの暮らしの近くにいる動物では **4**。
> わたし　　く

1　1　きっと　　　2　ずっと　　　3　もっと　　　4　やっと

2　1　いった　　　2　あった　　　3　おいた　　　4　きた

3　1　発達する＊までは　　　　　　2　発達していないと
　　　　はったつ　　　　　　　　　　　　はったつ
　　3　発達してからは　　　　　　　4　発達したとしても
　　　　はったつ　　　　　　　　　　　　はったつ

4　1　なくなっている　　　　　　2　なくなるだろう
　　3　ないことはない　　　　　　4　ないことになった

第1回
第2回
第3回
第4回
第5回
第6回
第7回
第8回
第9回
第10回

125

◆ やってみましょう の正解・少し難しい言葉（＊）の翻訳は別冊にあります
　　　　　　　　せいかい　むずか　ことば　　　ほんやく　べっさつ

読解
どっかい

Reading
Đọc hiểu

第**1**回　読解のポイント

文字・語彙

文法

読解

聴解

知っていますか？

Do you know?　◇　Bạn có biết?

◎A。＊＊＊B

表現 ひょうげん	意味	例文 れいぶん
それで	A：理由 りゆう　　B：結果 けっか	● 昨日は体調がよくなかった。**それで**仕事を きのう　たいちょう 休んだ。
それから	Aに加えてB くわ A＋B	● ケーキをお願いします。**それから**コーヒーも。 ねが
	Aのあと、B A→B	● 明日は彼女に会って、**それから**食事に行こう。 かのじょ
それが	B：Aに合わないこと	● 予報は晴れると言った。**それが**、大雨になった。 よほう　は　　　　　　　　　　おおあめ
それなら	A→B	● 具合が悪いの？　**それなら**病院へ行きなさい。 ぐあい
それなのに	B：Aと合わないこと	● 十分準備をした。**それなのに**結果は失敗だった。 じゅうぶん　び　　　　　　　　　けっか　しっぱい
それに	Aに加えてB くわ	● 歯が痛い。**それに**頭も痛くなってきた。 は　いた　　　　　　いた
それほどAない それほどでもない	比べるとAない くら あまりAない	● 先週は忙しかったが、今週は**それほど**忙しく いそが　　　　　　　　　　　いそが **ない**。 ● 「忙しそうですね。」 いそ 「いや、**それほどでもありません**。」
それとも	AかBか	● 何がいい？　コーヒー？　**それとも**紅茶？ こうちゃ
そのうえ	B：Aに加えること くわ	● あの人は頭がいい。**そのうえ**性格もいい。 せいかく
さらに	B：Aに加えること くわ	● ここから**さらに**1時間歩くと、その村に着き ます。 つ
そのため	A：目的 もくてき B：すること	● 来年留学をすることになった。**そのため**の りゅうがく 準備で忙しい。 じゅんび　いそが
	A：原因・理由 げんいん　りゆう	● 父が入院した。**そのため**旅行の予約を取り消 よやく　と　け した。
ところが	B：Aと反対のこと はんたい	● 10月に入った。**ところが**まだ涼しくならない。 すず
だが	B：Aと反対のこと はんたい	● 彼は金持ちになった。**だが**幸せにはならなかった。 かれ　かねも　　　　　　　　しあわ
なぜなら	B：Aの理由 りゆう	● 彼女は人気がある。**なぜなら**優しい人だからだ。 かのじょ　にんき　　　　　　やさ
というのは	B：Aの理由 りゆう	● 会社に行くとき途中で家に戻った。**というの** とちゅう　　もど **は**忘れ物をしたことに気づいたからだ。 わす　　　　　　　　き

第1回

第2回

第3回

第4回

第5回

第6回

第7回

第8回

したがって	B：Aの結論 (conclusion / kết luận)	● その計画には問題が多い。**したがって**やめるべきだ。
また	B：Aに加えること	● 私は旅行に行く金がない。**また**暇もない。
あるいは	AかBか	● この書類は黒の鉛筆、**あるいは**ボールペンで書くこと。
あと	B：Aに加えること	● 休みには旅行をしたいです。**あと**、アルバイトもしたいです。
実は	B：本当のこと	●「会社を辞めるんですか。」「はい。**実は**留学することになったんです。」
つまり	AをまとめるとB	● あなたが言いたいことは、**つまり**、悪いのは自分ではないということですね。
もしかしたら ～かもしれない	B：可能性 (possibility / khả năng) があること	● あの人、遅いね。**もしかしたら**来ない**かもしれない**。
ところで	B：Aと違う話	● それはいい計画だ。**ところで**、お金はだれが出すの？
一方	B：もう一つのこと	● 兄は真面目で勉強家だ。**一方**、弟は遊び好きだ。
やはり	B：予想と同じ	● **やはり**円が安くなった。私が予想したとおりだ。

A＊＊＊B。

表現	意味	例文
わりには	A：基準 (standards / tiêu chuẩn) B：基準と合わないこと	● 難しいと思った**わりには**良い点が取れた。
というより	A：基準 B：基準と合わないこと	● 彼女は美人**というより**かわいい人です。
といっても	A：基準 B：基準と合わないこと	● そんなに遠くない**といっても**、2時間はかかる。
をもとにして	A：Bの元になるもの	● これは、実際に＊あった事件**をもとにして**書かれた小説である。　📖 実際に actually / thực tế
と思ったら	B：意外なこと	● 晴れた**と思ったら**、雨が降ってきた。
ほど	AくらいとてもB	● 泣きたい**ほど**うれしかった。

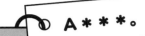

A＊＊＊。

表現 ひょうげん	意味	例文 れいぶん
ではないだろうか	Aかもしれない Aと思う	● 地球の温暖化はますます進むの**ではない** ちきゅう　おんだんか **だろうか**。
ことにする	A：決める き	● いろいろ考えたが、国に帰る**ことにした**。
ことになっている	A：決まっていること き	● 学生寮には3年しか住めない**ことになっ** りょう **ている**。
しかない	Aだ、Aする	● 給料が安いからアルバイトする**しかない**。
てからでないと～ない	先にAする	● パスワードを入れ**てからでないと**アプリ が開け**ない**。
ないことには～ない	Aしなければならない	● 会話力をつけ**ないことには**コミュニケー りょく ションができ**ません**。
わけだ	A：結果 けっか 理由がわかった りゆう	● 暑い**わけだ**。エアコンが止まっている。
わけにはいかない	Aすることができない	● これ以上両親にお金を出してもらう**わけ** りょうしん **にはいかない**から、アルバイトを始めた。
ないわけにはいかない	（理由があって） りゆう Aしなければならない	● 必ず行くと約束したから、行か**ないわけ** かなら　　　　　やくそく **にはいかない**。
ものではない	Aしてはいけない	● 親にそんなひどいことを言う**ものではない**。
ほかない	いやだがAする	● 高いけれど必要なものだから買う**ほかな** ひつよう **い**。（＝買わなければならない）
に違いない ちが	きっとAだろう	● 来ると言ったから、来る**に違いない**。 ちが
に決まっている き	きっとAだろう	● 彼はオリンピック選手だから勝つ**に決ま** かれ　　　　　　せんしゅ　　　　か　　き **っている**。
ということだ	A：伝えられている つた こと	● 兄は就職できた**ということだ**。安心した。 しゅうしょく
というものではない	Aではない	● 値段が安ければよい**というものではない**。 ねだん
どころではない	Aする状況ではない じょうきょう	● 仕事が忙しくて、旅行**どころではない**。 いそが

わかりますか？

Are you clear? ◇ Có hiểu không ?

こ・そ・あ・ど Demonstrative pronoun
Từ chỉ thị

第1回
第2回
第3回
第4回
第5回
第6回
第7回
第8回

問題1 次の❶から❹の文章を読んで、質問に答えましょう。

❶

日本で初めて電車に乗ったときにとても驚いたことがあります。①それは、電車の中でみんながだまってスマホを使っていたことです。日本語学校の友達に②この話をしたら、③その人も④そう感じたと言っていました。

問1　①それは何か。　　　　　　　　　　🔆ヒント 前の文を見よう。

問2　②この話は何か。　　　　　　　　　🔆ヒント 今話題にしていること

問3　③その人はだれか。　　　　　　　　🔆ヒント 前に出てきた人

問4　④そう感じたは何を感じたか。　　　🔆ヒント 前の文に書いてあること

❷

今、台風が近づいている。毎年秋になると日本には台風が来る。去年もたくさん台風が来て、大きな被害*が出た。この台風も、気象庁*は大雨に注意するようにと言っている。

問　　この台風はどれか。　　　　　　　🔆ヒント 今話題にしている台風

❸

今週、日本の野球選手がアメリカで記録を出した。アメリカで活躍している日本人野球選手はたくさんいるし、アメリカで記録を出した選手もいる。①その中でも、②この選手の記録は特別だと言われている。

問1　①そのは何か。　　　　　　　　　　🔆ヒント 前の文に書いてあること

問2　②このは何か。　　　　　　　　　　🔆ヒント 今話題にしていること

131

4

> 「今度の休みには旅行しよう」と言ったら、妻も子どももとても喜んだ。毎日「どこに行くの？」と妻に聞かれる。①それを聞いていたら、だんだんつらくなってきた。暑い中、小さい子どもを連れて電車に乗るだけでも大変だ。②あんなこと言わなければよかった。

問1　①それとは何か。　　　　　　　💡ヒント　前に書いてあることで「聞いた」こと

問2　②あんなこととは何か。　　　　💡ヒント　前に出ていて、読み手も知っていること

問題1　答えの例

❶　問1　日本に来て驚いたこと
　　問2　電車の中で乗客*がだまってスマホを使っていたので驚いたこと
　　問3　日本語学校の友達
　　問4　電車の中で乗客がだまってスマホを使っているのを見て驚いた
　　📱乗客　passenger / hành khách

❷　問　　今近づいている台風
　　📱被害　damage / bị hại　　　　気象庁　Japan Meteorological Agency / cơ quan khí tượng Nhật Bản

❸　問1　アメリカで記録を出した日本人選手たち　　　問2　今週記録を出した日本人選手

❹　問1　「どこに行くの？」　　　　　　　　　　　　問2　「今度の休みには旅行しよう」

🔖 だれが？　いつ？　どこ？

問題2　次の❶から❸の文章を読んで、質問に答えましょう。

1

> 日曜日の午後、公園のベンチで本を①読んでいた。「失礼ですが、田中さんじゃありませんか。」声のする方を②見ると、そばに若い女性が立っていた。「え？　私ですか。」と③言った。すると、「すみません。④間違えました。」と⑤言って、⑥急いで歩いて行った。

問1　①〜⑥は、だれがしたか。

問2　⑥は、なぜか。

2

今朝目が覚めたら、カーテンが①開いていた。昨日の夜寝る前に閉めるのを忘れたのかと②思ったが、夜中に目が覚めたときにカーテンを③開けたのを④思い出した。そのとき丸い月が明るく夜空を⑤照らしていた。まるで電気がついているように明るかった。⑥時計を見ると、まだ3時だった。どうやらそのまま⑦閉めるのを忘れて寝てしまったようだ。朝日を浴びたくて窓を⑧開けると、鳥たちが元気に⑨鳴いていた。

問1　①〜⑨は、いつか。　　　　問2　①は、なぜか。

3

子どものころ、毎年夏休みになると祖父の家に行った。祖父の家は、①ここから500kmほど離れていて、夏休みしか行けなかった。②そこにはいとこ*がいて、一緒に遊んだ。

ある夏、祖父がくれたおもちゃを来年まで隠して*おくことになった。私たちはいとこが「③ここがいい」と言った木の下に穴を掘って*、④そこに隠した。⑤あそこに隠したおもちゃは今どうなっているだろう。⑥急に祖父の家に行きたくなった。

問1　①〜⑤は、どこか。　　　　問2　⑥は、なぜか。

問題2 答えの例

❶ 問1　①私 ②私 ③私 ④女性 ⑤女性 ⑥女性
　問2　間違えたのが恥ずかしかったから。

❷ 問1　①今朝 ②今朝 ③夜中 ④今朝 ⑤夜中 ⑥夜中 ⑦夜中 ⑧今朝 ⑨今朝
　問2　夜中に開けて、その後閉めるのを忘れたから。

❸ 問1　①私の家　②祖父の家　③祖父の家の庭の木の下
　　　④いとこがいいと言ったところ／木の下　⑤おもちゃを隠したところ／木の下
　問2　子どものときに隠したおもちゃがどうなっているか確かめたくなったから。

　いとこ cousin / anh em họ　　　隠す hide, bury / giấu
　（穴を）掘る dig (a hole) / đào (hố)

文字・語彙

文法

読解

聴解

わかりますか？

Are you clear? ◇ Có hiểu không?

問 題 次の❶と❷の文章を読んで、質問に答えましょう。
つぎ ぶんしょう
答えは、1～4から最もよいものを一つ選んでください。
もっと えら

1

　電気製品を使わないときはスイッチを切る。これは、だれでもやっている
せいひん
ことだろう。しかし、電気を無駄にしないようにするには、<u>それ</u>だけでいい
むだ
とは言えない。電気は、私たちが知らない間にも使われている。知らない
間とは、使っていないときのことだ。例えばテレビやエアコンはいつでも
たと
リモコン＊からの信号が受けられるように待っている。そして、その間にも
しんごう う
電気が使われている。

問い <u>それ</u>とはどんなことか。

1　電気を無駄に使わないようにすること
むだ

2　電気を無駄にしないために電気製品を使わないこと
むだ せいひん

3　電気製品を使わないときにスイッチを切ること
せいひん

4　知らない間にも電気を使っていること

解答の
ポイント 「それ」は第一行の「これ」と同じことを指す→「それ」は「これ」の前にある文
だいいちぎょう さ
の内容。
ないよう

　📖 リモコン remote control / điều khiển từ xa

第1回
第2回
第3回
第4回
第5回
第6回
第7回
第8回

2

昔から米は日本人の主食*でした。しかし、食生活*が変化した*結果、
昔ほど*米が食べられなくなりました。その結果、作られる米の量も変わって
います。40年ほど*前は、作られる農作物*全体の 30 ％以上が米でした。
ところが最近では 20 ％以下まで落ちています。農作物の中で米に代わって*
生産量が増えているのは、畜産物*つまり肉や牛乳などと野菜です。食生活
の変化が農業に大きな影響を与えて*います。

問い　この文章の内容と合っているのはどれか。

１　日本では以前ほど米が作られなくなっている。

２　食生活が変化しても、米は日本人の主食である。

３　日本人が食べる米の量は 10 ％以上も減った。

４　日本人が肉や野菜を食べる量は増えている。

**解答の
ポイント**　**キーセンテンス**　・「作られる米の量も変わっています」

主食 staple diet / món chính　　　　　　食生活 eating habits / thói quen ăn uống
変化する＝変わる　　　　　　　　　　　昔ほど（～ない）＝昔より（～ない）
40 年ほど＝ 40 年くらい　　　　　　　　農作物 farm products / sản phẩm nông nghiệp
～に代わって＝～の代わりに　　　　　　畜産物 livestock products / sản phẩm chăn nuôi
影響を与える influence / gây ảnh hưởng　*与える give / cho

◆**わかりますか？** の正解は別冊にあります

やってみましょう

Let's try!
Cùng làm thử

日付 ひづけ	／	／	／
得点 とくてん	／3	／3	／3

日本語能力試験形式問題　読解（内容理解　短文）

　次の(1)から(3)の文章を読んで、後の問いに対する答えとして最もよいものを、1・2・3・4から一つ選びなさい。

(1)

　江戸時代＊には「暑いときには熱いもので暑さを乗り越える＊」というのが人々の考えでした。例えば、今は冷たく冷やして飲む麦茶＊もホットで飲まれていたようです。「冷たいもので体を冷やすと暑さに負けるから、体を冷やさないようにする」それが夏を元気に過ごすための昔の人の考えだったのです。現代の私たちも江戸時代の人を見習って＊、暑いときでも冷たいものを取りすぎないようにする、これが夏の健康法＊です。

　1 　暑さに負けるとは、どういうことか。

　　1　夏を元気に過ごすことができない。
　　2　昔の人のように生活することができない。
　　3　冷たいもので体を冷やす。
　　4　冷たいものを取りすぎる。

(2)

　ネズミ*にとってネコは恐ろしい*敵*です。ネコに捕まらないように、ネズミはネコを見たら逃げます。ですから私は、ネズミとネコは関係がとても悪いものだと思っていました。しかし、必ずそうだとは言えないようです。なぜなら、ネコは群れ*をつくらずにひとりで行動する動物なので、相手が人間でも犬でも鳥でも、相手との1対1の関係が重要なのだそうです。つまり、相手がネズミでも、自分と合うと思えば仲良くなれる、そんな可能性*もあるということです。

2 この文章の内容と合うものはどれか。
　1　ネズミがネコを敵だと思わないこともあるそうだ。
　2　ネコはネズミを1対1の関係で敵だと考えることもある。
　3　ネコは群れをつくる動物と仲良くなれる。
　4　ネコがネズミと仲良くなることがあるかもしれない。

(3)

　日本では水道の水がきれいでそのまま飲めますが、ミネラルウォーター*も売られています。それは川や湖などの水をきれいにするために使用された薬などのにおいや味がするために、おいしくなかったからです。しかし、近年新しい技術のおかげで水道水*の質がとてもよくなり、きれいでおいしい水道水になりました。店で売っているミネラルウォーターと変わらないと言われています。例えば、2021年の東京オリンピックでは選手村*に「Tokyo Tap Water（東京の水道水）」と書かれた水が置いてあり、それを飲んだ選手たちが「おいしい」と言って驚いていたそうです。

3 店で売っているミネラルウォーターと変わらないと言われるのは、なぜか。
　1　東京の水道水がきれいになったから。
　2　東京オリンピックの選手が「東京の水道水はおいしい」と言ったから。
　3　東京の水道水はきれいなだけでなく、おいしいから。
　4　東京の水道水はそのまま飲めるから。

◆ やってみましょう の正解・少し難しい言葉(*)の翻訳は別冊にあります

第3回 内容理解—短文②
Comprehension—Short-size passages ②
Hiểu nội dung—Đoạn văn ngắn ②

文字・語彙　文法　読解　聴解

わかりますか？

Are you clear? ◇ Có hiểu không?

問題　次の❶と❷の文章を読んで、質問に答えましょう。
答えは、１～４から最もよいものを一つ選んでください。

1

　疲れたときに甘いチョコレートを食べる。あめをなめる*。熱いコーヒーを飲む。それらが体の中に入って、エネルギー*になったり、体の働きを良くしたりするのだろうということはわかる。

　では、音楽はどうだろう。仕事の後、自分の部屋に戻って静かな音楽を聴くと、体が暖かく、やわらかくなっていくように感じる。子供たちと一緒のとき、ポップな音楽*を聴くと、より*楽しい気持ちになる。音楽は体にどのような効果を与えているのだろう。

問い　音楽について、筆者*が言いたいことは何か。

１　音楽は食べ物ではないから、体に影響を与えないはずだ。
２　音楽は体に食べ物と同じ効果を与える。
３　音楽は食べ物以上に体の働きをよくする効果がある。
４　音楽が体にどのような効果を与えているのかわからない。

解答のポイント
第１段落：食べ物が体にどんな効果を与えているのかはわかる。
第２段落：音楽を聞くと気持ちが変わる。しかし、音楽が体にどんな効果を与えるのかはわからない。

キーセンテンス
・「では、音楽はどうだろう」：音楽について考えたい。
・「音楽は体にどのような効果を与えているのだろう」：音楽は体にどのような影響を与えているのかわからない。

⚠️・言いたいことは、文章の終わりにあることが多い。
・「どのような〜だろう」と疑問の形でテーマ (topic / chủ đề, đề tài) を示している。

📖 なめる lick / liếm　エネルギー energy / năng lượng　ポップな音楽 pop music / nhạc pop
より＝もっと　筆者＝文章を書いた人

138

内容理解一短文②

Comprehension—Short-size passages ②
Hiểu nội dung—Đoạn văn ngắn ②

第1回

第2回

第3回

第4回

第5回

第6回

第7回

第8回

2

先日学校のそばの道路で学生が３人たばこを吸っていた。通りがかった*人が３人をにらみ*ながらよけて*歩いて行った。私が「ここは禁煙だから、喫煙所*で吸うように」と言うと、そのうちの一人が「あそこは煙が多いし、くさいからいやだ」と答えた。それを聞いて私は驚いた。たばこの煙とにおいが嫌いならたばこを吸うのをやめればいいのに。他人の煙はいやだが、自分のはいいと言うのだろうか。それなら、自分が吸うたばこの煙とにおいを他人がいやだと思っていることに気づくべきだと思う。

問い　学生について、筆者が驚いたのはどんなことか。

１　道路は禁煙だと知っているのに、道路でたばこを吸っていたこと

２　決められた場所で吸わなくてはいけないことを知らないこと

３　自分が吸うたばこのにおいを他人がいやだと思うことに気づかないこと

４　他人に迷惑をかけて*いるとわかっているのにたばこをやめないこと

**解答の
ポイント**　「それを聞いて私は驚いた」：「それ」は前に書いてあること。

　　　　　⇒「私」は学生が言ったことに驚いた。

　　　　　⇒「驚いた」理由はこの文の後に書かれている。

　キーセンテンス　・「自分が吸うたばこの煙とにおいを他人がいやだと思っていることに気づく
　　　　　　　　べきだと思う」

　　　　　　・「～べきだ」＝～しなくてはいけない：「～」は筆者が強く言いたいこと。

　■　通りがかる＝ちょうどそこを通る

　　　にらむ＝怒っているような目で見る

　　　よける　avoid / tránh

　　　喫煙所　smoking area / khu vực hút thuốc ＝たばこを吸っていいと決められている場所

　　　迷惑をかける＝困らせたり、いやな気持ちにさせたりする

◆**わかりますか？**の正解は別冊にあります

文字・語彙 文法 読解 聴解

日本語能力試験形式問題　読解（内容理解　短文）

次の(1)から(3)の文章を読んで、後の問いに対する答えとして最もよいものを、1・2・3・4から一つ選びなさい。

(1)

　私は人と話をするのが苦手です。自分から進んで人に話しかけたりすることがなかなかできません。好きな人と話すときも会話がうまく進められません。今までは、これも自分の性格だから変えられないと思っていました。でも、このままではだめじゃないかと思うようになりました。最近、人と人のコミュニケーションが今まで以上に＊重要に＊なっていると感じます。コミュニケーション力を持つにはどうしたらいいでしょうか。

1 このままではだめじゃないかと思うようになりましたとあるが、なぜそう思うようになったか。

1　自分の性格を変えたいから
2　好きな人と会話ができないから
3　性格は変えられないと思ったから
4　コミュニケーションが大切だと感じるから

第1回

第2回

第3回

第4回

第5回

第6回

第7回

第8回

(2)

　私の家には犬と猫がいる。犬のコロと猫のモモを比べると、私との関係にずいぶん違うところがある。コロは人にかわいがってもらうのが好きだ。私が「コロ」と呼ぶとすぐに走ってくる。でも、モモは名前を呼んでも来ないことが多い。名前がちゃんと聞こえているのに無視する*。人にかわいがられることよりも、自分の気持ちのほうが大事なのだろう。コロはもちろんかわいいけれど、私はモモのわがままな*ところも好きだ。

2　自分は何を指しているか。

　　１　モモ　　　　　　２　コロ　　　　　　３　人　　　　　　４　私

(3)

　温暖化を止めるために、何をしなければならないか。その対策*として何を行うかは地球全体の問題、私たちみんなの問題です。温暖化の影響を受けない国はありません。しかし、どこも同じような影響を受けるわけではありません。影響の大きい国もあれば、それほど影響を受けない国もあります。受ける影響は大きいけれど、温暖化の原因と言われる CO_2 を減らすことは難しいという国もあります。経済的な*ことも関係しているからです。温暖化は科学的な*問題ですが、同時に*社会的な*問題でもあるのです。

3　筆者がいちばん言いたいことはどんなことか。

　　１　温暖化の原因には経済も関係している。
　　２　地球の温暖化は科学的な問題だ。
　　３　温暖化の影響は国によって違う。
　　４　温暖化の対策には経済も関係する。

◆ **やってみましょう** の正解・少し難しい言葉(*)の翻訳は別冊にあります

文字・語彙 | 文法 | **読解** | 聴解

わかりますか？

Are you clear？ ◇ Có hiểu không？

問題 次の❶と❷の文章を読んで、質問に答えましょう。
つぎ ぶんしょう
答えは、１～４から最もよいものを一つ選んでください。
もっと えら

❶

> シンさん
>
> 先週は仕事を休まれましたね。その後、体の具合
> ぐあい
> はどうですか。ところで、来週の土曜日は店長の
> 誕生日です。私たちアルバイト店員が相談してプ
> たん そうだん
> レゼントをあげることになりました。先週、一人
> 500 円ずつ集めましたが、シンさんの分は私が立
> ぶん た
> て替えて＊おきました。お金は急がなくていいで
> か
> すよ。この次に店で会ったときにお願いします。
> つぎ ねが
> 私が店に出る日は月と金です。シンさんは火と金
> ですね。プレゼントは来週土曜日までに山下さん
> やました
> が用意してくれるそうです。では、お大事に。
> 北村かおり
> きたむら

問い シンさんは何をしなければならないか。

１ 火曜日か金曜日に北村さんにお金を払う。
きたむら はら

２ 土曜日までに山下さんに 500円払う
やました はら

３ 金曜日に北村さんにお金を払う。
きたむら はら

４ 金曜日に山下さんに 500円を払う。
やました はら

解答の
ポイント

キーセンテンス ・「（お金は）この次に店で会ったときにお願いします」
つぎ ねが

■ 立て替える＝代わりにお金を払う
た か か はら

2

お知らせ

いつも当店*をご利用いただき、ありがとうございます。

たいへん勝手ですが*、店内*の工事のため、営業時間を下記の通り*変更させて*いただきます。お客様にはご迷惑をおかけいたしますが、よろしくお願い申し上げます。

なお*、工事の関係で期間と時間が変わることもありますので、今後の詳しい情報については、当店のホームページでご確認くださいますようお願いいたします。

居酒屋***のものも**　URL：http://xxxxxxxxxx

変更予定期間：3月10日（月）～3月16日（日）
変更営業時間：PM7：00～PM12：00

* 3月17日からの営業時間はこれまで通り（PM6：00～PM11：00）になります。

問い　このお知らせからわかることはどんなことか。

1　3月9日まで7時に開店する。

2　3月10日から開店時間が遅くなる。

3　3月17日から12時まで営業する。

4　3月10日から営業時間が長くなる。

**解答の
ポイント**

当～＝この～
～内＝～の中
変更する＝変える
居酒屋 Japanese-style bar / quán nhậu kiểu Nhật

たいへん勝手ですが We regret to inform you… / rất tự ý nhưng mà,
下記の通り＝下に書いてあるように
なお Furthermore / hơn nữa

◆**わかりますか？**の正解は別冊にあります

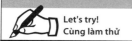

日付 ひづけ	／	／	／
得点 とくてん	／3	／3	／3

日本語能力試験形式問題　読解（内容理解　短文）

次の(1)から(3)の文章を読んで、後の問いに対する答えとして最もよいものを、1・2・3・4から一つ選びなさい。

(1) これは中村さんのスマートフォンに届いたメールである。

> 中村君
> 東京本社への転勤*、おめでとう。
> 私は、入社した時から一生懸命に仕事をする君をずっと見てきたから、こんどの転勤はとてもうれしく思います。君は仕事に関してはいつもとても真面目だが、おもしろい冗談でみんなを笑わせたりして、部の中で愛されるキャラクター*でしたね。部長の私としては、そんな君がいなくなるのはさびしいけれど、またいつか一緒に仕事ができることもあるかと*、楽しみにしています。元気でますます活躍してください。頑張れ！

1 このメールは、だれがだれに送ったものか。

1 本社の部長が転勤する部下に送った。
2 本社に転勤する部下に部長が送った。
3 部長が転勤してくる部下に送った。
4 入社してきた社員に部長が送った。

(2) これは学校から学生に届いたメールである。

> あ て 先：ML_gakusei @ yunikomu.ac.jp
> 件　　名：台風による休校*のお知らせ
> 送信日時：20XX 年 8 月×日 10:00
>
> 学生のみなさん
> 大型台風 7 号が日本に接近して*います。月曜日の朝、午前 7 時に大阪市に警報が出ていたら、学校は休校になります。午前 7 時に警報*が出ているかどうか、電話やインターネットで台風情報を調べて確認をしてください。よくわからない場合は、学校に電話をしてください。電話受付は 8 時からです。
> また、警報が出ていなくても、危険な場合や、交通機関*が止まっている場合があります。自分で安全を確認してください。危険な場合は、無理をしないで休んでください。休む場合は、忘れずに学校に連絡をしてください。

2 このメールからわかることは何か。

1 警報が出ていなくても、学校が休みになる場合がある。
2 警報が出た場合、学校から休校のお知らせが来る。
3 朝7時に警報が出ていたら、学校は休みになる。
4 朝7時に警報が出ていたら、学校を休んでもいい。

(3)

昼食を食べて席に戻ると、机の上にメモが置いてあった。

王さん
　　王さんが見たいと言っていた本2冊、持ってきました。
机の上に置いておきます。ただ*、この本は来週の
セミナー*でみんなにも紹介しようと思っています。
セミナーの発表が終わったらまた貸しますので、
すみませんが、セミナーの前の日に一度返してください。
セミナーの日に持ってきてもらってもいいのですが、
忘れるといけないので、前の日に研究室に持ってきて
ください。よろしくお願いします。

　　　　　　　　　　　　　6月6日　16：30
　　　　　　　　　　　　　大川

---

3 このメモを読んで、王さんがしなければならないことは何か。

1 大川さんに貸す本をセミナーの前の日に研究室に持っていく。
2 大川さんがセミナーで紹介する本をセミナーの日に持っていく。
3 机の上に置いてある本をセミナーの前の日に大川さんに返す。
4 大川さんに借りた本を、1冊はセミナーの日に、1冊はセミナーの前の日に返す。

◆ やってみましょう の正解・少し難しい言葉（*）の翻訳は別冊にあります

第1回 第2回 第3回 第4回 第5回 第6回 第7回 第8回

わかりますか?

Are you clear? ◇ Có hiểu không?

問題 次の文章を読んで、質問に答えましょう。
答えは、1～4から最もよいものを一つ選んでください。

雨はいつも空から陸*や海に向かって降りますが、風が吹く方向は決まっていません。北風もあるし南風もあります。世界には、一年中風の吹く方向が変わらない地方もありますが、季節によって風の方向が変わる地方もあります。日本では、夏と冬では風の向きが変わって、夏は南東の風が太平洋から、冬は大陸*から北西の風が吹きます。①このような風を季節風と言います。

季節風は陸と海の温度の差*によって起こります。冬は陸よりも海の方が温度が高いことから海の気圧*が低くなります。空気には気圧の高い方から低い方へ流れるという性質があるので、風が陸から海に向かって吹きます。そして夏は②この反対のことが起こります。だから、日本では、冬は冷えた大陸から風が吹き、夏は温度が高くなった大陸に向けて海から風が吹くのです。

問1 ①このような風とはどのような風か。

1 気圧が低い方から高い方に吹く風
2 温度が高い方から低い方に吹く風
3 吹く方向が変わらない風
4 季節によって決まった方向に吹く風

問2 ②この反対のこととはどんなことか。

1 北風が南風に変わる。
2 風が海から陸に向かって吹く。
3 冬は陸よりも海の方が温度が低くなる。
4 空気は気圧が低い方から高い方へ流れる。

問3 この文章の内容に合うものはどれか。

1 日本では冬の間だけ季節風が吹く。
2 温度が変わると季節風が吹く。
3 陸の温度が高い季節は海から風が吹く。
4 どの地方でも夏と冬に季節風が吹く。

**解答の
ポイント** 問1・問2 「この〜」：前にある文に注意。

問3：陸の温度が高いと（夏）、海の気圧は高くなる。

陸 land / đất　　　　大陸 continent / đại lục
差 difference / khác biệt　　気圧 atmospheric pressure / khí áp

◆わかりますか？の正解は別冊にあります

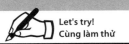
日本語能力試験形式問題　読解（内容理解　中文）

次の(1)と(2)の文章を読んで、後の問いに対する答えとして最もよいものを、1・2・3・4から一つ選びなさい。

(1)

最近「健康寿命*」という言葉をよく聞きます。しかし「寿命」と「健康寿命」とは同じではありません。「寿命」は、生まれてから死ぬまでの長さですが、「健康寿命」は、不自由なく日常生活ができる期間の長さです。

例えば百歳まで生きたけれど90歳のときから一人で生活できずに介護*を受けていた人の場合は、①寿命は百歳でも、健康寿命は90歳ということです。寿命が長くても健康寿命が短かった人は、健康ではない状態が長かったということがわかります。

また反対に、寿命と健康寿命の間に差がなければ、（　②　）ということになります。健康寿命が短ければ、人生を十分楽しむことはできなくなるかもしれません。③寿命が長いことよりも健康寿命が長いことのほうが価値があるのです。私たちは、長生きすることを目指すだけでなく、健康寿命が伸びるように運動や食事に気をつけることが大切です。

__1__　①寿命は百歳でも、健康寿命は90歳ということですとあるが、これは言い換えると、どうなるか。

1　介護を受けて百歳まで生きることができた。
2　最後の10年間は介護がないと生活できなかった。
3　最後の10年間は介護が受けられなかった。
4　90歳からもずっと介護なしに生活できた。

__2__　（　②　）に入る言葉はどれか。

1　健康ではない状態が長かった　　2　健康寿命が寿命より長かった
3　亡くなるまで健康に過ごしていた　　4　長生きすることができた

__3__　③寿命が長いことよりも健康寿命が長いことのほうが価値があるとあるが、なぜか。

1　介護を受けて健康維持ができるから　　2　健康な状態が続くと長生きができるから
3　長い間介護が受けられるから　　4　健康に生きることが大切だから

(2)

　Ａ市では、市民の生活を便利にするために新しい道路を建設することが決まり、市民に説明する会が開かれた。市の計画は海岸に沿って広い道路をつくるというものだった。新しい道路ができることを喜ぶ人もいたが、「①その案だと、私たちが大切にしてきた砂浜*や松林*がなくなって、美しい海岸の景色がなくなってしまう」と言って反対する人もいた。また、漁業*をしている人たちからは、海岸の砂浜がなくなると、魚が育つ場所がなくなって、漁業ができなくなる、という声も上がった*。

　そして、市民運動*が始まった。反対の人だけでなく、いろいろな立場の市民が集まって話し合った。しかし、立場が違うと意見も違うので、なかなかいい方法は見つからなかった。景色を守り、漁業を守りながら、生活に必要な道路を作るにはどうしたらいいかを考える②勉強会も開かれた。市民と市の担当者の間の話し合いも行われた。１年後、結局、道路は別の場所につくることになった。③この市民運動のいい点は、一つの意見を通す*ためではなく、市と市民全体が一緒に考えて結論を出したことだと言える。

[1]　①その案とは、何か。

　１　市の工事の計画
　２　地域の人たちの意見
　３　漁業をする人たちの意見
　４　反対だと言った人の意見

[2]　②勉強会を開いた目的は何か。

　１　海岸に道路を作るためにどうしたらいいか考えるため
　２　砂浜と漁業の関係を勉強するため
　３　砂浜と漁業を守りながら新しい道路をつくる方法を考えるため
　４　生活に必要な道路はどんな道路かを考えるため

[3]　筆者は、③この市民運動のいい点は何だと言っているか。

　１　新しい技術を使って道路をつくることにした点
　２　市民と市が話し合って道路を別の場所につくることにした点
　３　市民と市が一緒に考えて新しい技術をつくった点
　４　市民が一緒に働いて道路をつくることにした点

第1回
第2回
第3回
第4回
第5回
第6回
第7回
第8回

◆ **やってみましょう** の正解・少し難しい言葉（*）の翻訳は別冊にあります

第**6**回
だい　　かい

内容理解 ── 中文②
ないようりかい　　ちゅうぶん

Comprehension—Mid-size passages ②
Hiểu nội dung—Đoạn văn vừa ②

 わかりますか？

Are you clear?　◇　Có hiểu không?

問題　次の文章を読んで、質問に答えましょう。
　　　　　　つぎ　ぶんしょう
　　　　答えは、１〜４から最もよいものを一つ選んでください。
　　　　　　　　　　　　　もっと　　　　　　　　　えら

　私は去年から運動のために毎日散歩をしています。散歩を始めたころは、あ
　　　　　　　　　　　　　　さんぽ　　　　　　　　　　さんぽ
まり遠くに行かないで、よく知っている近所の道を歩いていました。健康のた
　　　　　　　　　　　　　　　　　　　　　　　　　　　　　　　けんこう
めには、速く歩くのがいいと言われたので、ただ一生懸命に歩いていました。
　　　　はや　　　　　　　　　　　　　　　　　いっしょうけんめい
でも、毎日同じコースを歩いていたら、あきてしまって散歩が楽しくなくなっ
　　　　　　　　　　　　　　　　　　　　　　　　　　さんぽ
てしまいました。そこで、私は①散歩のしかたを変えてみました。ときどきは
　　　　　　　　　　　　　　さんぽ　　　　　　か
歩き続けるのをやめて、立ち止まって＊まわりをゆっくり見るようにしたの
あるつづ
です。そうすると、いろいろなことに気づくことができました。

　それから、②散歩のコースを増やしてみました。違った道を歩いたあとで
　　　　　　　さんぽ　　　　　　ふ　　　　　　　　　ちが
いつもの道を歩くと、また新しい発見＊がありました。何度も歩いた道でも、
季節が変われば咲く花も変わるし、空気のにおい、風の音も変わります。そん
きせつ　か　　　さ　　　か　　　　　　　　　　　　　　か
な当たり前のことを③前は感じませんでした。
　あ　　まえ　　　　まえ　かん

問1　①散歩のしかたを変えてみましたとあるが、変える前はどうだったか。

１　近所の道を速く歩いていた。

２　元気に楽しく歩くようにしていた。

３　正しい散歩のしかたをしていなかった。

４　健康によくない歩きかたをしていた。

問2　②散歩のコースを増やしてみましたとあるが、その結果としてどんなことがあるか。

１　自然が変わった。

２　季節が変わった。

３　新しいことに気づいた。

４　新しい道ができた。

問3　③前は感じませんでしたとあるが、それはなぜだと考えられるか。

１　同じ道を歩いていたから

２　毎日散歩をしていたから

３　散歩が楽しかったから

４　散歩のしかたを変えたから

解答の
ポイント　キーワード　問1　「近所の道」「速く歩く」

問2　「新しい発見」

問3　「同じコース」

📖 立ち止まる＝歩くのをやめて止まる

発見＝今まで知らなかったもの／ことを見つけること

◆わかりますか？の正解は別冊にあります

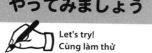

日付 ひづけ	／	／	／
得点 とくてん	／6	／6	／6

文字・語彙　文法　読解　聴解

日本語能力試験形式問題　読解（内容理解　中文）

次の(1)と(2)の文章を読んで、後の問いに対する答えとして最もよいものを、1・2・3・4から一つ選びなさい。

(1)

　しばらく外国で暮らすことになったので、留学経験のある先輩からいくつかアドバイスをもらいました。その中で私がちょっと驚いたのは、「何かトラブルがあったとき、簡単に謝ってはいけないよ。①気をつけなさい。」というアドバイスです。そういえば、子どものとき、私はよく友達とけんかをしました。そんなとき、母親はいつも私に「さあ、友達に『ごめんなさい』と言いなさい」と言いました。どうしてけんかになったのかという理由を聞かずにそう言うのです。私はとても不満でした。

　たしかに日本人は、何かあったときは、まず謝ります。相手に悪い印象を与えたくない、相手との関係を悪くしたくないと思うからです。でも、世界中の人みんなが②そうするとは限りません*。自分が悪いと思うなら、謝るのは当然です。でも自分が悪くないと思ったら、③すぐに謝ってはいけないのです。もし先に謝ったら、自分のほうが悪いということになる。それを私は先輩から教えてもらいました。

1 ①気をつけなさいとあるが、どんなことに気をつけるのか。

1　相手との関係を悪くしないように気をつける。
2　トラブルにならないように気をつける。
3　相手に悪い印象を与えないように気をつける。
4　簡単に謝らないように気をつける。

2 ②そうするとあるが、どうするのか。

1　相手に悪い印象を与える。　　　　　2　自分が悪いと思ったら、すぐ謝る。
3　何かあったときは、まず謝る。　　　4　自分が悪くないなら謝らない。

3 ③すぐに謝ってはいけないとあるが、それはなぜか。

1　トラブルが起きると困るから　　　　2　自分のほうが悪いことになるから
3　相手との関係が悪くなるから　　　　4　外国の人はすぐ謝らないから

(2)

　長男＊家族と一緒に食事をしているときのことだ。孫が小さい手にスプーンを握りしめて＊、真剣な顔をしてごはんを口に運んでいた。その様子を見ながら、私は「ゆりちゃんはもちろんかわいいと思うけど、実は最近ゆりちゃんだけでなく、他の小さい子どもたちもみんなかわいいと思うようになったのよ」と言った。すると、夫も長男夫婦も、全員、大きくうなずいて＊、「私も」「僕もそうなんだ」と言った。そして、互いに顔を見合わせて＊、①「え、そうなんだ！」と笑った。

　ところが、②これはうちの家族だけの話ではなく、人間のように社会性の高い＊動物に共通して＊見られることらしい。他人の子どもをかわいいと思うと、安心して子どもを預け合ったり、世話をし合ったりできるからだそうだ。子どもをかわいいと思うことが、動物が仲間と一緒に生活するのに必要なことだとは知らなかった。

1 ①「え、そうなんだ！」と笑ったとあるが、それはなぜか。

１　みんながゆりちゃんをかわいいと思っていたから
２　みんなが思っていることが違っていたから
３　みんなが同じことを感じていたのがわかったから
４　みんなが同時に同じことを言ったから

2 ②これとあるが、どのようなことか。

１　自分の子どもをかわいいと思っていること
２　他人の子どももかわいいと思うようになること
３　家族が同時に同じことを言うこと
４　他人の子どものほうがかわいいと思うこと

3 「子どもをかわいいと思うこと」について、この文章の内容に合うのはどれか。

１　人間は自分の子どもだけだが、動物は他の動物の子どももかわいいと思う。
２　動物は自分の子どもだけだが、人間は他の人の子どももかわいいと思う。
３　人間も動物も仲間と助け合うために必要なことだ。
４　自分の子どもを他の人や動物から守るために必要なことだ。

◆ **やってみましょう** の正解・少し難しい言葉（＊）の翻訳は別冊にあります

第7回
だい かい

内容理解—長文
ないようりかい ちょうぶん

Comprehension—Long passages
Hiểu nội dung—Đoạn văn dài

わかりますか？

問題 次の文章を読んで、質問に答えましょう。
つぎ ぶんしょう
答えは、1～4から最もよいものを一つ選んでください。
もっと えら

　私は高校を卒業した後、大学に行かずに就職した。会社に入って感じたこと
そつぎょう しゅうしょく かん
は、自分には仕事をするための専門的な知識が足りないということだった。
てき ちしき
しかし、今から大学や専門学校*に入学することは簡単ではない。経済的に*も
かんたん けいざいてき
難しいと思っていた。ところが、あるとき、働きながら勉強する方法もある
むずか ほうほう
ことを知った。その一つが郵便を利用する通信*教育だった。この方法なら、
ゆうびん つうしん きょういく ほうほう
家で自由に勉強できる。私にとってこれは非常にありがたいことだ。また、
じ ゆう ひじょう
比較的*安い費用で専門的な勉強ができることも私の希望に合っていた。入学
ひかくてき ひよう せんもんてき きぼう
試験もなかったし、書類だけで楽に入学できた。今、通信教育を受けて本当
しけん しょるい らく つうしんきょういく う ほんとう
によかったと思っている。

　しかし、通信教育に問題がまったくないわけではない。①当然のことなのだ
つうしんきょういく とうぜん
が、通信では教師とやりとりする*のが難しい。ほめられたり注意を受けた
つうしん きょうし むずか う
りするのも声ではなくて文字によるから、②心に響かない*。質問も文字で書
ひび
いて郵便で送るから、先生の説明が返ってくるまで時間がかかる。ときどき、
ゆうびん かえ
自分が何を聞いたか忘れてしまうこともある。このように通信教育での学習
わす つうしんきょういく
には、プラスとマイナス*の両面*があるが、私の場合は、プラス面からマイ
りょうめん めん
ナス面を引いてもまだ③余り*が十分にあると思う。
めん あま

文字・語彙

文法

読解

聴解

第1回

第2回

第3回

第4回

第5回

第6回

第7回

第8回

問1　①当然のこととあるが、何が当然のことなのか。

1　教師からの注意が受けられないこと

2　郵便でやりとりするのに時間がかかること

3　教師とやりとりをするのが難しいこと

4　質問ができないこと

問2　②心に響かないとあるが、ここではどういう意味か。

1　強く感じられない。　　　　　　2　耳に入ってこない。

3　先生の言葉が聞こえない。　　　4　先生の説明がわからない。

問3　③余りが十分にあるとあるが、ここではどういう意味か。

1　よいことのほうが多い。　　　　2　よくないこともある。

3　よくないことのほうが多い。　　4　よいとも悪いとも言えない。

問4　筆者が通信教育で特にいいと言っていることは、どんなことか。

1　費用が安いこと　　　　　　　　2　専門的な勉強ができること

3　簡単に入学できること　　　　　4　自由に勉強できること

解答の
ポイント

問1　答えはすぐ後に書いてある　　　問2　「心に響く」＝強く感じる

問3　プラス面のほうが大きい

問4　「これ（＝自由に勉強できること）」は非常にありがたいことだ。

■ 専門学校＝高校を卒業した人に専門的な知識や技術を教える学校

経済的に＝お金について　　　　　　　通信 correspondence / thông tin

比較的 relatively / tương đối ＝他のものや、普通と比べて

やりとりする exchange, discuss / trao đổi ＝物や言葉をあげたりもらったりすること

〜に響く resound to 〜 / vang vọng 〜　　プラス⇔マイナス plus ⇔ minus / cộng ⇔ trừ/âm

両面＝２つの面 （aspect, side / mặt）　　余り surplus / thừa/dư

155

◆わかりますか？の正解は別冊にあります

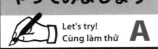
文字・語彙

文法

読解

聴解

日本語能力試験形式問題　読解（内容理解　長文）

　次の文章を読んで、後の問いに対する答えとして最もよいものを、1・2・3・4から一つ選びなさい。

　私の母は、新しいものを買ったり新しいことを始めるのが好きだ。洋服やバッグなどはもちろん、電気製品や料理の道具など、新しく発売された＊ものを見るとすぐにほしくなるらしい。新しい勉強や習い事＊も、あまり迷わずに始める。でも、やめてしまうのも早い。父はそんな母の性格を「あきっぽい＊」と言う。

　しかし、最近私はある医師からこんな話を聞いた。「人の脳は変化という刺激＊を受けることで活発に＊なります。だから、新しい物や新しいことに出会うと、脳は元気になって働きがよくなるんです。逆に、毎日同じことをくり返す生活、変化のない生活を続けていると、脳は働きをサボる＊ようになります。ときどきは旅行に出かけて、知らない町で珍しいものを見たり食べたりすると、脳の働きが活発になるんです」。①この医師によると、ずっと同じものを大切に使い続けたり、一つのことをあきずに続けるのは、必ずしも良いことではないらしい。この話を母にしたら、「あ、そうなのね。②よかった。それじゃ、さっそく来月のお花見ツアーに申し込むわ。留守番、よろしくね。」と言われてしまった。私も、これまで父から「規則正しい生活をしなさい」「一つのことを一生懸命にがんばりなさい」と教えられて、そうしなければならないと思っていたが、少し③考え直す必要もありそうだ。

1 「父」が「母」について思っていることと合うものはどれか。

1 新しく始めたことが続けられないのはよくない。
2 やりたいことを迷わずに始めるのはいいことだ。
3 習い事が多すぎるのはよくない。
4 新しいものに関心があることはいいことだ。

2 ①この医師の考えと合うものはどれか。

1 脳を元気にするために、変化のある生活をするのがいい。
2 脳がサボらないように、一つのことを続けるのがいい。
3 仕事をサボらないで、元気に働くのがいい。
4 同じことをくり返す生活は脳を元気にするのでいい。

3 ②よかったと言ったのは、なぜか。

1 予定通り旅行に行けるから
2 旅行は脳の働きをよくすると聞いたから
3 お花見ツアーをキャンセルしなくていいから
4 留守番をしなくていいから

4 ③考え直す必要もありそうだとあるが、なぜか。

1 一つのことをがんばったほうがいいと思ったから
2 一つのことを続けるのは大切なことだとわかったから
3 これまで規則正しい生活をしていなかったから
4 父の教えが正しいとは言えないことがわかったから

◆ **やってみましょう** の正解・少し難しい言葉(*)の翻訳は別冊にあります

やってみましょう

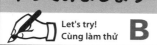

Let's try!
Cùng làm thử **B**

日付 ひづけ	／	／	／
得点 とくてん	／4	／4	／4

文字・語彙

文法

読解

聴解

日本語能力試験形式問題　読解（内容理解　長文）

次の文章を読んで、後の問いに対する答えとして最もよいものを、1・2・3・4から一つ選びなさい。

地球環境を守るという点から、ゴミの問題は世界的な大テーマ*になっている。①この大きなゴミ問題も実は小さなところから生まれている。

どこの国でも人が生活をしていれば必ずゴミが出る。だから、まずは生活のゴミを減らすことに取り組まなければならない*。生活のゴミ、つまり、家の中のゴミを減らすには、家の外で気をつけなければならないことがある。まず店で買い物をするときに注意が必要だ。持ち帰りの弁当を買うと、箸やスプーン、お手ふき*などがついてくる。こういうものは家にあるから、もらって帰っても結局使わないで捨ててしまうことが多い。これはもったいないことだし、②ゴミを増やしてしまうことになる。だから家に持ち帰る場合は、店員に「箸は要りません」と言えばいい。店員のほうも機械的に*箸やスプーンをつけることをせずに、客に「　　③　　」と聞けばいい。

ドラッグストアなどで薬や化粧品などのサンプル*が配られることもある。もらえる物ならもらっておこうという軽い気持ちで受け取ることが多い。しかし、受け取る前に本当に必要なものかどうか考えよう。小さなことだがゴミを減らすための習慣*として重要だ。

1 ①この大きなゴミ問題も実は小さなところから生まれているとあるが、言い換えるとどんな意味になるか。

1 世界の大国だけでなく小国にもゴミ問題がある。
2 大きなゴミは小さなゴミから生まれる。
3 大きなゴミより小さなゴミを減らすほうがいい。
4 生活から出る小さいゴミが大きな問題になる。

2 ②ゴミを増やしてしまうとあるが、その例としてどんなことがあげられているか。

1 まだ使えるものを店で捨ててしまうこと
2 家にあるものを店でもらって家で捨てること
3 弁当を家に持ち帰って家で捨てること
4 店でもらったものを使ったあとで捨てること

3 「 ③ 」に入る言葉として適当なものはどれか。

1 お箸は要りますか
2 お箸をどう使いますか
3 お箸は何本入れますか
4 お箸でもいいですか

4 筆者がこの文章でいちばん伝えたいことはどんなことか。

1 家の中のゴミを減らすように気をつけたい。
2 家の外でゴミを減らすように注意しなければならない。
3 ゴミを減らすには小さな努力が大切だ。
4 ゴミを減らすことは、日本だけでなく世界の問題だ。

◆ **やってみましょう** の正解・少し難しい言葉(*)の翻訳は別冊にあります

やってみましょう

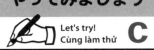

Let's try!
Cùng làm thử **C**

日付 ひづけ	／	／	／
得点 とくてん	／4	／4	／4

文字・語彙

文法

読解

聴解

日本語能力試験形式問題　読解（内容理解　長文）

次の文章を読んで、後の問いに対する答えとして最もよいものを、1・2・3・4から一つ
選びなさい。

インターネットが広く使われるようになって、私たちの生活は大きく変わった。情報を
探したり、買い物をしたりするだけでなく、オンラインで*ミーティングができるよう
になって、仕事も家でできるようになった。

そのおかげで、満員電車に乗って通勤しなくてもいい。時間も体力も節約できるし、
平日に自分の生活を楽しむこともできる。会社の中には、オフィスをなくしたところも
あるという。①数年前には考えられなかったことが、普通のことになっている。

しかし、このオンラインのミーティングは、始めたころはなかなかうまくいかなかっ
た。パソコンの画面を見て話すことがうまくできなかったからだ。パソコンの画面で
互いの顔は見えていても実際に会っている感じがしない。相手にちゃんと聞こえている
のかどうかがわからないとか、自分が話したことがどう受け取られたかがわからないと
いうことも多かった。また、言いたいことがあっても、話し出すタイミング*がわから
なかった。そんなことで②とても疲れるのでミーティングは短時間しかできなかった。

普通私たちが会って話すときは、相手の表情や身振り手振り*や声の調子など言葉以
外の様子から、相手の気持ちや考えを推測したり、自分が話すタイミングを見つけたり
する。しかし、パソコンでは言葉は聞こえても、声の調子はよく聞き取れないし、表情
や動作*も十分見えない。話しにくいのは当然だった。

だから最近、私たちはオンラインのときは③話し方を変えるようになった。オンライン
で話すときは会って話すときと同じ話し方ではいけないことがわかったからだ。

相手の話を聞いて理解したということをはっきり言葉に出して言う。次に話す人が
だれかを言葉で伝える、などだ。この方法で、最近はかなりうまく話し合いを進められ
るようになって、ミーティングの時間が長くても疲れなくなった。こういった新しい
スタイル*のコミュニケーションは今後ますます必要になるだろう。

1 ①数年前には考えられなかったこととあるが、それはどのようなことか。

 1　インターネットを使って仕事をすること
 2　平日に自分の生活を楽しむこと
 3　時間や体力を使わないで仕事をすること
 4　会社に行かないで仕事をすること

2 ②とても疲れるとあるが、それはなぜか。

 1　相手の顔が見えないから
 2　相手の言うことが聞こえないから
 3　会って話すときと同じやり方で話すことができないから
 4　パソコンをうまく使うことができないから

3 ③話し方を変えるようになったとあるが、例えばどのように変えたか。

 1　相手の表情や動作をよく見て話す。
 2　うなずく代わりに「そうですね」と言う。
 3　相手に声の調子が伝わるように話す。
 4　話したいときは相手の話が終わるのを待つ。

4 筆者が言っていることと合うのはどれか。

 1　家で仕事をするのは思ったほど楽ではない。
 2　仕事のし方が変わってもコミュニケーションの大切さは変わらない。
 3　インターネットのおかげで生活が便利になった。
 4　オンラインで話すための新しい話し方が生まれた。

第1回
第2回
第3回
第4回
第5回
第6回
第7回
第8回

◆ **やってみましょう** の正解・少し難しい言葉(*)の翻訳は別冊にあります

第**8**回
だい　かい

情報検索
じょうほうけんさく

Information Retrieval
Tìm kiếm thông tin

文字・語彙

文法

読解

聴解

わかりますか？

Are you clear? ◇ Có hiểu không?

問題 右のページは「手作り＊パン教室」の案内です。これを読んで、下の質問に
答えましょう。答えは、1～4から最もよいものを一つ選んでください。
あんない
もっと　　　　　　　　　えら

問1 アンさんはこの教室のBコースとDコースに参加したいと思ってこの2つの
さんか
コースを申し込んだ。Bコースの日はジャムを1個持ち帰りたい。2つの
もうこ
コースの料金をまとめて振り込む場合、いくらになるか。
ふこ

| 1 | 3,600円 | 2 | 3,700円 | 3 | 6,400円 | 4 | 6,700円 |

問2 2つのコースの料金をまとめて振り込む場合、いつまでに振り込まなければ
ふこ　　　　　　　　　　　　　　ふこ
ならないか。

1　3月1日まで

2　3月4日まで

3　3月8日まで

4　3月11日まで

**解答の
ポイント** 必要な情報が書いてあるところをすばやく見つけましょう。
ひつよう　じょうほう

問1　・料金がどこに書いてあるか。

　　　・BコースとDコースに関係がある料金はどれか。
かんけい

問2　・日付はどこに書いてあるか。
ひづけ

　　　・「○○まで」「しめきり」などの表現に注意。
ひょうげん

■ 手作り（する）handmake / tự làm ＝自分の手で作る
てづくり　　　　　　　　　　　　　つく

　香る＝いいにおいがする
かお

情報検索

Information Retrieval
Tìm kiếm thông tin

第1回

第2回

第3回

第4回

第5回

第6回

第7回

第8回

おいしいパンを手作りする

Aコース 3月8日（火）	手間のいらない **バターロール** 　　いちごジャム（持ち帰り1個500円）
Bコース 3月11日（金）	ふわふわ **ミルクパン** 　　りんごジャム（持ち帰り1個400円）
Cコース 3月15日（火）	シンプルでおいしい **食パン** 　　ミルクジャム（持ち帰り1個300円）
Dコース 3月18日（金）	バターが香る* **クロワッサン** 　　オレンジジャム（持ち帰り1個700円）

初めての方でも講師の指導でおいしいパンを作ることができます。

★教室で焼いたパンは試食してから持ち帰ることもできます。

★コーヒーとジャムが付きます。
　ジャムは当日持ち帰ることができます。

ご希望のコースをお選びください。2コース以上も申し込めます。
参加料金：1コース 3,000円　参加日の1週間前の日までにコース代金と
持ち帰り希望のジャムの料金をお振り込みください。申込方法と振り込み
方法については別紙をご覧ください。

◆わかりますか？の正解は別冊にあります

やってみましょう

Let's try!
Cùng làm thử **A**

日付 (ひづけ)	／	／	／
得点 (とくてん)	／2	／2	／2

日本語能力試験形式問題　読解（情報検索）

　右のページは、レンタサイクルのパンフレットである。下の問いに対する答えとして最もよいものを、1・2・3・4から一つ選びなさい。

---

1 タンさんは連休にサイクリング*をしたいと思って、パンフレットを見ている。自然の景色を楽しみながら、山道を走ってみたいと思っている。タンさんの希望に合うのはどのコースか。

1　AとB
2　BとC
3　CとD
4　BとD

---

2 建築*が専門のトムさんは日本の民家*を研究している。塩谷の街に残っている古い家を見て、それから永山へ行って、山の中の民家も見ようと思う。自転車は永山駅で返すつもりだ。電動*自転車を借りたい。自転車を借りるとき、トムさんはいくら払わなければならないか。

1　2,800円
2　2,300円
3　2,000円
4　1,800円

レンタサイクルで春を楽しもう！

A 全長*5km

塩を運んだ道にできた歴史のある町を
めぐります。伝統*料理もどうぞ。
初心者*も楽しめるコースです。

スタート📍 塩谷駅
↓
塩谷神社
↓
大浦街道の町と古民家
↓
塩谷駅 📍ゴール

B 全長 40km

自転車で山登りにチャレンジ！
山と山の間に自然に囲まれた村が
あります。

スタート📍 塩谷駅
↓
永山登山道入り口
↓
山の里（山村*集落*）
↓
大沢温泉
↓
永山駅 📍ゴール

C 全長 80km

体力に挑戦！ 新緑*の山を走った後は、
湖岸*の桜のトンネルをゆっくり
お楽しみください。

スタート📍 塩谷駅
↓
塩谷パークウェイ
↓
塩谷山頂*展望台*
↓
湖岸桜の道
↓
永山駅 📍ゴール

D 全長 100km

湖の周りを一周します。
湖の景色を楽しみながら、
走りましょう。

スタート📍 塩谷駅 📍ゴール
↓ ↑
大崎寺
↓ ↑
あおき湖
↓ ↑
大川神社

塩谷駅レンタサイクル 〈レンタル*料金〉

普通自転車　500円／1日　　電動自転車　1,000円／1日
他の駅に返す場合 ＋800円

※ ただし、預かり金*として1,000円が必要です。（自転車返却時*に返金します*）
※ 免許証、パスポートなど、本人が確認できるものをご用意ください。
※ 電動自転車は前日までに予約が必要です。

◆ **やってみましょう** の正解・少し難しい言葉(*)の翻訳は別冊にあります

日付 ひづけ	／	／	／
得点 とくてん	／2	／2	／2

文字・語彙

文法

読解

聴解

日本語能力試験形式問題　読解（情報検索）

　　右のページは、北海道を乗り降り自由に旅行できる鉄道パス＊の案内である。下の問いに
対する答えとして最もよいものを、１・２・３・４から一つ選びなさい。

　　山下さんは、奥さんと小学生の子ども一人と一緒にこのパスを利用して北海道を旅行
したいと考えている。子どもの夏休みは８月31日までだが25日からサマースクール＊に
出なければならない。山下さんは８月10日まで仕事を休むことができない。奥さんは
21日から仕事がある。旅行は５日間のコースで行きたいが、料金が高い期間を避けたい＊。

　1　希望に合う出発日はいつか。

　　１　８月15日
　　２　８月16日
　　３　８月17日
　　４　８月18日

　2　希望の条件で予約できた場合、料金はいくらになるか。

　　１　29,500 円
　　２　32,500 円
　　３　34,000 円
　　４　38,000 円

第1回
第2回
第3回
第4回
第5回
第6回
第7回
第8回

乗り降り自由　気楽*でおトクな
「北海道フリーパス」

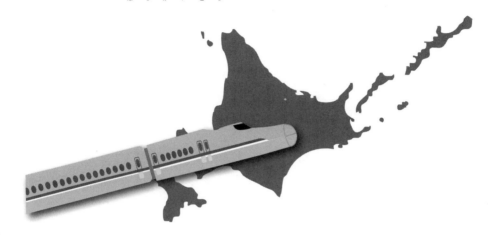

期間内なら北海道内の鉄道路線*で何回でも
乗ったり降りたりできます。
自由席も指定席も利用できます。

発売期間　8月1日〜9月10日
有効期間*　使用開始*から連続する*4日間〜6日間

4日間　大人 11,500円　子ども（小学生以下）6,500円
　　　　（8/13〜8/15　大人 13,500円　子ども 8,000円）

5日間　大人 12,500円　子ども 7,500円
　　　　（8/13〜8/15　大人 14,500円　子ども 9,000円）

6日間　大人 17,500円　子ども 9,000円
　　　　（8/13〜8/15　大人 19,500円　子ども 10,500円）

◆ **やってみましょう** の正解・少し難しい言葉（*）の翻訳は別冊にあります

日本語能力試験形式問題　読解（情報検索）

右のページは、リサイクル*の案内である。下の問いに対する答えとして最もよいものを、
1・2・3・4から一つ選びなさい。

1　A～Dの4人がリサイクルキャンペーン*のチラシ*を見ている。クーポン券*を
もらえる可能性があるのはだれか。

Aさん：引っ越しをするので衣類を整理している。不用になった*衣類のうち、
まだ使える衣服が数点*ある。友達に着てほしいと思っている。

Bさん：もう着なくなった衣服があって捨てたいと思っている。しかし、衣料品
のごみが問題になっているので、捨てる方法を探している。

Cさん：SanSanブランド*の財布とベルトを使っていたが、どちらも古くなった
ので、新しいのを買いたいと思っている。

Dさん：最近太ったので着られなくなった洋服が何点かある。古着*屋に持って行
って売って、新しい服を買いたい。SanSanブランドの服は持っていない。

1　AさんとBさん
2　CさんとDさん
3　AさんとCさん
4　BさんとDさん

2　木村さんはSanSanブランドのコートを買いたいと思っていた。古着をこのキャ
ンペーンに出そうと思っている。クーポンはいくらもらえるか。持って行く古着
は、夫のコート1枚、自分のコート1枚、スカート2枚、セーター2枚、子ども
のズボン1枚。そのうち、SanSanブランドの製品は、夫と自分のコートである。

1　2,000円
2　3,500円
3　4,500円
4　7,000円

第1回

第2回

第3回

第4回

第5回

第6回

第7回

第8回

リサイクルキャンペーン

あなたの一着を未来につなげます。

いつも SanSan ブランドの製品をご愛用*ください

まして、ありがとうございます。

　今「不用な衣料品」は「世界のゴミ」になって、環境問題になっています。

SanSan では、不用な衣料品を回収して*、まとめて細かくし、新しい布にして

新しい服を作る活動を始めました。不用になった衣料品をクーポンと交換

しませんか。

衣料品の回収のご案内

古いコートやもう着なくなったスーツなどはありませんか。

いらなくなった衣料品を SanSan にお持ちください。

1,000 円のクーポン券と交換いたします*。

> お引き取り期間：20 ○○年 6 月 1 日～8 月 31 日

・SanSan 製品 1 点につき 1,000 円のクーポン 1 枚を差し上げます。

　SanSan 以外の製品は、1 点につき 500 円のクーポン 1 枚を差し上げます。

・汚れのひどいもの、革製品*、バッグ・ベルトなどの雑貨*製品はお引き取り

　できません*。

・クーポン券との引き換え*は、お一人様 10 点までとさせていただきます。

・お引き取りした衣料品の返却はできませんので、ご注意ください。

クーポンの使い方ご案内

・クーポンは SanSan製品を 10,000円以上お買い上げの場合に、1 枚 (1,000 円)

ご利用いただけます。

・クーポンの利用期間：20 ○○年 6 月 1 日～12 月 31 日

問い合わせ先：（株）SanSan お客様センター

URL https://www.sansan****.co.jp

◆ **やってみましょう** の正解・少し難しい言葉(*)の翻訳は別冊にあります

聴解
ちょうかい

Listening
Nghe hiểu

会話を聞き取るポイント かいわ き と

音の変化に注意！ へん か 文末の声の調子 ぶんまつ こえ ちょうし Voice tone at the end of a sentence Tình trạng lên xuống của âm thanh cuối câu 上げる ↗ 下げる ↘

Listen for the change of tone ◇ Chú ý đến sự thay đổi của âm

1 音の変化に注意して例文を聞きましょう。 へん か れいぶん 🔊)) 02

～ちゃ・～じゃ	～ては・～では ～てしま・～でしま	例文 れいぶん
～ちゃう ～じゃう	～てしまう ～でしまう	● A：え、それ、捨て**ちゃう**の？ す B：うん。もう使わないから。
～ちゃった ～じゃった	～てしまった ～でしまった	● あ、財布、忘れ**ちゃった**。 さい ふ わす ● もう全部読ん**じゃった**の？ 早いね。 ぜん ぶ
～ちゃおう ～じゃおう	～てしまおう ～でしまおう	● この仕事、今やっ**ちゃおう**。
～なくちゃ ～なきゃ	～なくてはいけない ～なければならない	● もう寝**なくちゃ**。明日早いから。 ね ● 今月中にレポート書か**なきゃ**。 ちゅう
～ちゃいけない ～じゃいけない	～てはいけない ～ではいけない	● 酒を飲みすぎ**ちゃいけない**。 さけ ● 道路で遊ん**じゃいけない**よ。 どう ろ あそ
～ちゃだめ（だ） ～じゃだめ（だ）	～てはだめだ ～ではだめだ	● そこ、座っ**ちゃだめ**。ペンキ * 塗りたて * すわ ぬ だから。 ● それ、飲ん**じゃだめ**。お父さんのよ。

～とく・～どく	～ておく・～でおく	例文 れいぶん
～とく ～どく	～ておく ～でおく	● A：飛行機のチケット、とれたよ。 ひ こう き B：ありがとう。じゃあ、ホテル予約し**とく**ね。 よ やく ● A：あ、ここ、掃除しなくちゃ。 そう じ B：あとでやっ**とく**よ。
～といて ～どいて	～ておいて ～でおいて	● A：はさみ、お返しします。 かえ ありがとうございました。 B：あ、そこに置い**といて**ください。 お ● 明日の朝、タクシーを呼ん**どいて**ください。 よ
～といた ～どいた	～ておいた ～でおいた	● A：パーティーで使う食器、全部並べ**といた**よ。 しょっ き ぜん ぶ なら B：サンキュー。
～とこう ～どこう	～ておこう ～でおこう	● 友達が来る前に部屋を片付け**とこう**。 とも だち へ や かた づ ● 風邪ひいたかな。薬を飲ん**どこう**。 か ぜ

| ～とかなくちゃ | ～ておかなくてはいけない | • 寝る前に明日の準備をし**とかなくちゃ**。 |
| ～どかなくちゃ | ～でおかなくてはいけない | • 会議の資料を読ん**どかなくちゃ**。 |

～てる・でる	～ている・～でいる	例文
～てる ～でる	～ている ～でいる	• A：野菜食べ**てる**？ 　B：うん。食べ**てる**よ。 • 新聞読ん**でる**人が減っ**てる**らしい。
～てない ～でない	～ていない ～でいない	• A：あ、雨だ。傘、持っ**てる**？ 　B：ううん。持っ**てない**。 • A：このレポート、もう読みましたか。 　B：いいえ、まだ読ん**でません**。
～てた ～でた	～ていた ～でいた	• キムさんが「ありがとう」って言っ**てた**よ。 • A：ヤンさん、見てない？ 　B：ヤンさんなら、さっきロビー*で新聞、読ん**でた**よ。

そりゃ	それは	例文
そりゃ	それは	• A：大学、合格しました。 　B：**そりゃ**よかった。おめでとう。 • A：徹夜で*仕事をしたから、疲れました。 　B：**そりゃ**そうでしょう。今日は早く寝てください。

～って	～と・～は	例文
～って	～と聞いた ～と言った ～と言っていた	• ヤンさんが少し遅れる**って**。 • 明日は雨だ**って**。
～って？ ～って何？	～とは何ですか	• A：ＳＤＧs**って**？ 　B：さあ、何だろう。
～っていう	～という	• A：木村一郎さん**って（いう）**人、知ってる？ 　B：うちの課長だよ。
～って	～は	• A：アルバイトを探すの**って**、大変だね。 　B：そうだね。

◆少し難しい言葉（*）の翻訳は別冊にあります

～ん	～の	例文
～もん	～もの	● A：野菜、食べないの？ 　 B：うん。おいしくない**もん**。 ● A：連休、何した？ 　 B：天気が悪かった**もん**だから、ずっと家にいたよ。

		例文
～でしょ	～でしょう	● A：引っ越し、大変だった**でしょ**。 　 B：うん。でも、友達が手伝ってくれて、助かった。
～だろ	～だろう	● A：引っ越し、大変だった**だろ**。 　 B：うん、疲れた。
～とこ	～ところ	● この写真、見て。うちの子猫が寝てる**とこ**。 　 かわいいでしょ。
～ないと	～ないといけない	● あ、8時だ。もう帰ら**ないと**。

2 文の終わりに注意して例文を聞きましょう。　🔊 03

表現	意味	例文
そうですね そうだね	そう思う	● A：もう帰りませんか。 　 B：**そうですね**。↘
	そう思わない	● A：日曜日、テニスをしませんか。 　 B：**そうですね**。→　日曜日ですか。
そうですか そう（か）	わかった	● A：今日のミーティングは2時からになりました。 　 B：**そうですか**。↘ ● A：美術館に入れるのは4時までだよ。 　 B：**そう**。↘
	そう思わない	● A：駅前にできたラーメン屋、おいしいですね。 　 B：**そうですか**？↗ ● A：この絵、いいね。 　 B：**そう**？↗
そうです（よ） そう（だ）よ	そうだ そう思う	● A：これ、Bさんのかばんですか。 　 B：**そうです**。↘ ● A：ああ、もっと勉強すればよかった。 　 B：**そうよ**！↘

いいですね いいね	そう思う	● A：土曜日、映画を見に行きませんか。 　　B：**いいですね**。 ● A：帰りに、食事しない？ 　　B：**いいね**。
	「わかったか」	● A：遅刻（ちこく）してはいけませんよ、**いいですね**。 　　B：はい。
～の	～んですか	● A：今日、会社へ行く**の**？ 　　B：うん。行くよ。
	理由（りゆう）を聞く 理由（りゆう）を言う	● A：どうした**の**？ 　　B：頭が痛（いた）い**の**。↘

表現（ひょうげん）	意味	例文（れいぶん）
～（ん）じゃ ないです（か） ～（ん）じゃ ない（か）	～と思う	● A：このアイディアがいい**んじゃない**？ 　　B：そうですね。いいですね。
	強く言う 「～だ」	● A：このアイディア、いい**じゃない**。 　　B：ありがとうございます。 ● A：そんなことしちゃ、だめ**じゃないか**。↘ 　　B：ごめんなさい。
～っけ ～（ん）だっけ	～（です）か	● A：あ、かぎ、かけた**っけ**。 　　B：うん、かけたよ。 ● A：明日の会議（かいぎ）、何時に始まる**んだっけ**。 　　B：10時だよ。
～か	「よくない」	● A：今度の日曜日、お花見（はなみ）をしませんか。 　　B：今度の日曜日です**か**。→
～が	言いにくいことを言う 遠慮（えんりょ）しながら言う To say something hesitantly Nói điều khó nói, vừa nói vừa ngại	● A：あのう、ちょっとお願（ねが）いがあるんです**が**。 　　B：はい、何（なん）でしょうか。

◆少（すこ）し難（むずか）しい言葉（ことば）(*)の翻訳（ほんやく）は別冊（べっさつ）にあります

この言い方に注意！

Be wary of this expression!　◇　Chú ý cách nói này!

3 表現や接続に注意して例文を聞きましょう。　🔊)) 04

表現	意味	例文
（それ）だったら	それなら	● A：この仕事、だれかに頼みたいんだけど。 B：**だったら**、田中さんがいいよ。
だって	なぜなら というのは	● A：どうして行かないの？ B：**だって**、行きたくないんだもん。
ということは ってことは	言い換え put differently /nói cách khác	● A：「無人運転」**ってことは**、運転手がいないってことですよね。 B：ええ。事故が起こったら、どうしたらいいんでしょう。心配ですね。
〜んじゃない↗	〜だと思う	● A：カーテン、これ、どう？ B：もっと明るいのがいい**んじゃない**？↗
〜んじゃないか↗	意見を言う	● A：あの人、今日来るかな。 B：来ない**んじゃないか**。↗
やっぱり やはり	元のほう 前のほう⌉がいい	● A：あ、これもいいね。これ、どう？ B：う〜ん。**やっぱり**さっきのほうがいいと思う。
〜ないわけにはいかない	（し）なければならない	● A：上司の命令だから、やら**ないわけにはいかない**ね。（＝やる） B：そうだね。
〜というのも（ね） 〜というのは（ね）	よくない	● A：みんなが参加するのに、私たちだけ参加しない**というのもね**。 （⇒参加しないのはよくない） B：そうだね。仕方がないね。

会話を聞き取るポイント

Important point to listen out for conversations
Điểm chính khi nghe hội thoại

第1回

第2回

第3回

第4回

第5回

第6回

第7回

第8回

第9回

第10回

表 現 ひょうげん	意 味	例 文 れいぶん
〜んですか 〜んです	理由が聞きたい りゆう 理由を言う りゆう	● A：電車が止まってる**んですか**。 　 B：ええ。事故があったようです。 　　　　　じこ ● A：え、もう帰る**んですか**。 　 B：ええ。今日は午後休みを取った**んです**。 　　　　　　　　　　　　　　　と
そうなんですか	びっくりした （強調 emphasis /nhấn mạnh） きょうちょう	● A：私、来月帰国することになりました。 　 B：え、**そうなんですか**。
（じゃ、）それで	それがいい それにする	● 店員：デザートはこちらのアイスクリームが 　てんいん　　　　　　　　おすすめです。 　客　：**じゃ、それで**。 　きゃく
ちょっと	よくない 反対する はんたい 断る ことわ	● A：どうですか。この色、いいと 　　　思いませんか。 　 B：その色は**ちょっと**。 ● A：今夜いっしょに食事をしませんか。 　 B：すみません。今夜は**ちょっと**。
なるほど		● **なるほど**。そういうことですか。わかりました。
たしかに	相手の言ったことが あいて わかる／わかった	● **たしかに**、それはいい方法ですね。じゃ、 　　　　　　　　　　　ほうほう 　そうしましょう。
それはそうだ		● **それはそうです**ね。君が怒るのは当然＊だと 　　　　　　　　　　きみ　おこ　　　とうぜん 　思います。
それが	予想と違う よそう　ちが	● A：お願いした資料、できましたか。 　　　ねが　　　しりょう 　 B：**それが**、ちょっと遅れていまして。 　　　　　　　　　　おく

文字・語彙

文法

読解

聴解

聞き取れますか？　🔊 05

Can you comprehend? ◇ Có nghe được không?

問題　質問と話を聞いて、（　　）に聞こえた言葉を書いてください。

それから、1〜4の中から最もよいものを一つ選んでください。
　　　　　　　　　　　もっと　　　　　　　えら

1 🔊 06

1　25分ぐらい

2　30分ぐらい

3　40分ぐらい

4　1時間ぐらい

男の人が病院の人と話しています。男の人はあとどれくらい待ちますか。

M：あのう、すみません。私、もう30分待っていますけど、まだ呼ばれない
　　んです。　　　　　　　　　　　　　　　　　　　　　　　　　　よ

F（病院の人）：そうですか。受付番号をお持ちですか。
　　　　　　　　　　　うけつけばんごう

M：はい。これです。①(　　　　　　　　)です。今、何番ですか。
　　　　　　　　　　　　　　　　　　　　　　　　　　なんばん

F：ええと……今 ②(　　　　　　　　　　　　　　　　　)です。

M：③(　　　　　　　　)か。どれぐらい待つのかなあ。

F：そうですねえ。④(　　　　　　　　　　　　　　　　)。

M：それじゃ、⑤(　　　　　　　　　　　　　　)ことになりますね。

F：はい、申し訳ありません。
　　　　　もう　わけ

男の人はあとどれくらい待ちますか。

🔑

**解答の
ポイント**　⑤「結局*、1時間近く待つ」ここへ来てから今まで、もう30分待った。そして、
　　　　　けっきょく
　　　　　これから25分ぐらい待つ⇒来てから呼ばれるまでの時間は、全部で55分ぐら
　　　　　　　　　　　　　　　　　　　　よ　　　　　　　　　　　　　　ぜんぶ
　　　　　い（＝1時間近く）待つ。

　⚠「1時間近く」はこれから待つ時間ではない。

第1回
第2回
第3回
第4回
第5回
第6回
第7回
第8回

2 🔊 07

1 左手でペンを使う
2 右手で歯みがきをする
3 左手で歯をみがく
4 左手で文字を書く

男の人と女の人が話しています。女の人は今晩何をしますか。

F：先生は「頭の働きを良くするための練習」という本を書いていらっしゃいますね。①(　　　　　　　　　　)んでしょうか。

M（先生）：あ、もともとの頭を変えることはできませんが、②(　　　　　　　　)ことはできますよ。

F：本当ですか！　じゃあ、私の頭の働きもよくなるかしら。

M：なりますよ。練習の方法はいろいろありますが、一つの方法として、③(　　　　　　　　　　　　　　)という練習があります。

F：私、利き手*は右ですから、左手を使うんですか。

M：そうです。まずは④(　　　　　　　　　　)がいいですね。

F：え？　左手で字を書くなんてやったことないし、難しそう。

M：たしかに、⑤(　　　　　　　　　　　)から、まずは、⑥(　　　　　　　　　)といいですよ。それに慣れたら文字を書く練習をするのがいいですね。

F：わかりました。今晩からやってみます。

女の人は今晩何をしますか。

🔑 **解答の
ポイント**　③利き手の反対の手を使う練習がある。（右利き right-handed thuận tay phải の人なら左手を使う）
⑤「急に左手でペンを使うのは難しいから」＝これからすぐに左手で字を書くのは難しいから、⑥ その前に左手で歯みがきをする練習を始める

◆**聞き取れますか？**の正解・少し難しい言葉(*)の翻訳は別冊にあります

3 🔊 08

1	ウ	エ
2	イ	ウ
3	ア	イ
4	ア	ウ

ア　イ　ウ　エ

男の人と女の人が話しています。女の人がこれから買うものは何ですか。

F：これからホームセンター*へ行ってくるね。

M：あ、ちょっと待って。これ、地震や大雨が多いから、そのために準備をしておくもの、頼みたいんだ。

F：何？　え、こんなにたくさん？

M：全部じゃないよ。

F：ええと、小型ラジオ、丈夫なスリッパ、厚い手袋、それから、水、食品の缶詰、懐中電灯*……。

M：ラジオ、最近、電池がいらないソーラーラジオ*のほうがいいっていうけど、①(　　　　　　　　　　　　　　　　　　　　　　　)よね。

F：うん。それから、スリッパ、手袋、これはいつも置いてある。あ、でも、②(　　　　　　　　　　　　　　　　　　　　)。

M：うん、③(　　　　　　　　　　)。それからっと……④(　　　　　　　　　　　　　　)。これがないと停電した*とき、困るからな。

F：そうね。⑤(　　　　　　　　　　　　)、これはいつも買っといてあるよ。

M：じゃあ、⑥(　　　　　　　　　)ね。あ、そうだ、忘れてた！これこれ、⑦(　　　　　　　　　　　　　　　)から、たくさん⑧(　　　　　　　　　　　　)。

F：わかった。じゃあ、行ってきます。

女の人がこれから買うものは何ですか。

🔑 **解答のポイント**

① 今うちにある普通のラジオでいい　⇒エ 買わない

② 手袋あるけど厚いの、あったっけ　＝厚い手袋はないかもしれない

③ それ＝厚い手袋、買っといて　⇒ウ 買う

④ 懐中電灯は2、3本あるから大丈夫　⇒ア 買わない

⑤⑥ それはいい　＝それは買わない　⇒水のボトル*は買わない

⑦ ラジオにも懐中電灯にも使うもの＝電池　⇒イ 電池

⑧ 買っておかないと　⇒イ 買う

180

◆**聞き取れますか？**の正解・少し難しい言葉(*)の翻訳は別冊にあります

やってみましょう

Let's try!
Cùng làm thử 🔊 09

日本語能力試験形式問題　聴解（課題理解）

　この問題では、まず質問を聞いてください。それから話を聞いて、問題用紙の1から4の中から、最もよいものを一つ選んでください。

1番 🔊 10

1　図書館へ行く

2　ネットで探す

3　近所の古本屋*へ行く

4　神田で探す

2番 🔊 11

1　招待*のお礼

2　出席できない理由

3　お祝いの言葉

4　欠席すること

3番 🔊 12

1　8,000円まで

2　7,000円まで

3　5,000円まで

4　4,000円まで

第1回
第2回
第3回
第4回
第5回
第6回
第7回
第8回

◆ **やってみましょう** の正解・スクリプト・少し難しい言葉(*)の翻訳は別冊にあります

聞き取れますか？　◀)) 13
と

Can you comprehend?　◇　**Có nghe được không?**

問題　質問と話を聞いて、（　　）に聞こえた言葉を書いてください。
　　　　　　　　　　　　　　　　　　　　　　　　　 こと ば
　　　それから、１〜４の中から最もよいものを一つ選んでください。
　　　　　　　　　　　　　　もっと　　　　　　　　　えら

1　◀)) 14　　　　１　４時

　　　　　　　　　　　２　４時 30 分

　　　　　　　　　　　３　５時

　　　　　　　　　　　４　５時 30 分

男の人と女の人が話しています。男の人は何時に家を出ますか。

Ｆ：明日出張でしょ。飛行機は何時？
　　　 しゅっちょう　 ひ こう き

Ｍ：７時。

Ｆ：え、朝７時？　早いね。５時に起きたんじゃ間に合わないね。
　　　　　　　　　　　　　　　　　　　　　　　　　 ま　あ

Ｍ：空港行きの①(　　　　　　　　　　　　　)だから、②(　　　　　　　　　　　　)
　　 く う こう
　　つもり。

Ｆ：私、この間空港まで１時間以上かかったよ。それに空港が混んでたら
　　　　　　　　　　 く うこう　　　　　　　　　　　　　　　　 く うこう　　 こ
　　手続きにも時間がかかるんじゃない？
　　 て つづ

Ｍ：そうかな。朝だし、道路は混んでないと思うけど。
　　　　　　　　　　　 どう ろ

Ｆ：空港行きのバス、30 分ごとに出てるんでしょ？　③(
　　 く うこう
　　　　　　　　　　　　　　　　　　)にしたら？

Ｍ：わかった。そうするよ。

男の人は何時に家を出ますか。

🔑 解答の
　 ポイント　①②　男の人は「５時に家を出る」と言っている。

　　　　　　 ③　　女の人は「30 分早く出るように」と言っている。

第1回

第2回

第3回

第4回

第5回

第6回

第7回

第8回

2 🔊 15

1 電話をかける

2 食事をする

3 駅で待つ

4 スマホで調べる

男の人と女の人が話しています。男の人はこれから何をしますか。

M：もしもし。これから帰るんだけど、どっかで晩御飯食べない？

F：いいね。私も終わったよ。

M：じゃ、①（　　　　　　　　　　　　　　）よ。

F：うん、でも少し用事があって、待たせちゃうから、②（　　　　　　　　　　　　　　）。

M：いいけど、何食べる？

F：ネットで見つけたいいお店があるの。トンカツ屋さんで、「トントン」っていうの。駅のすぐ近く。③（　　　　　　　　　　　　　　）。

M：わかった。

F：④（　　　　　　　　　　　　　　　　　）。

M：じゃあ、後で。

男の人はこれから何をしますか。

---

①男の人は「駅で待つ」と言った。

②女の人は「先に店に行くように」と言っている。

③男の人は店がどこにあるか知らないので、女の人は「スマホで場所を調べて行くように」と言っている。

④男の人は店の場所を調べて、わからなかったら女の人に電話する。

---

3 16

男の人と女の人が話しています。女の人はどうしますか。

M：あ、すみません。ちょっと手伝っていただけませんか。

F：はい。いいですよ。

M：この紙を壁に貼りたいんですが、紙を持っていていただけませんか。

F：いいですよ。これでいいですか。

M：あ、①(　　　　　　　　　　　　　　)してください。

　　②(　　　　　　　　　　　　　　　)。

F：こんな感じですか。

M：あ、③(　　　　　　　　　　　)ください。

F：はい。

女の人はどうしますか。

 解答の ポイント　[紙の持ち方]　①長い方を横にする。
　　　　　　　　　　　②角を持つ。
　　　　　　　　　　　③ピンと広げる。 spread out / mở rộng ra

◆**聞き取れますか？**の正解・少し難しい言葉(*)の翻訳は別冊にあります

やってみましょう

✍ Let's try!
Cùng làm thử   🔊 17

日付 ひづけ	／	／	／
得点 とくてん	／3	／3	／3

日本語能力試験形式問題　聴解（課題理解）

　この問題では、まず質問を聞いてください。それから話を聞いて、問題用紙の1から4の中から、最もよいものを一つ選んでください。

1番 🔊 18

1　　2　　3　　4

2番 🔊 19

1　フロント*で申し込みをする
2　食事の予約をする
3　コース*の内容を確認する
4　コースと食事の内容を確認する

3番 🔊 20

1　ジムのパンフレット*をもらう
2　パソコンでジムを調べる
3　会社の近くのジムを見に行く
4　家の近くのジムに行ってみる

◆ **やってみましょう** の正解・スクリプト・少し難しい言葉(*)の翻訳は別冊にあります

第1回 第2回 第3回 第4回 第5回 第6回 第7回 第8回

185

第4回 ポイント理解①　　　　　　Comprehension of key points ①
だい　かい　　　　　　　　　　りかい　　　　　　　　　　　　　　　　　　　　Hiểu điểm chính ①

文字・語彙

文法

読解

聴解

聞き取れますか？ 21
と

Can you comprehend？ ◇ Có nghe được không？

問題　まず質問を聞いて、そのあとせんたくしを読んでください。それから話を
聞いて、（　　）に言葉を書いてください。最後に１〜４の中から最もよい
ことば　　　　　　　　　　　　　　　　　　　　　　　さいご　　　　　　　　もっと
ものを一つ選んでください。
えら

1　🔊 22

> 女の人と店の人が話しています。女の人はどれを買うことにしましたか。
>
> １　グリーン＊のコート　　　　　　　２　グレー＊のコート
> ３　ブルー＊の長めのコート　　　　　４　ブルーの短いコート

> M：コートをお探しですか。
> 　　　　　　　　さが
> F：ええ、①（　　　　　　　　　　　　　　　　）んですけど。
> M：長めでしたら、これはいかがでしょう。
> F：あ、それ、デザイン、素敵ね。でも、色はあんまり……。
> 　　　　　　　　　　　すてき
> M：②（　　　　　　　　　　　　　　　　　　）。他の色ですと、
> 　　　　　　　　　　　　　　　　　　　　　ほか
> 　　グリーンはいかがでしょう。
> F：③（　　　　　　　　　　　　　　　　　　　　　　）。
> M：少し短くてもよろしければ、ブルーがあります。
> 　　　　みじか
> F：やっぱり、短いのはちょっと……。
> 　　　　　みじか
> M：④（　　　　　　　　　　　　）、⑤（　　　　　　　　　）
> 　　 こともできます。
> F：何日ぐらいかかりますか。
> M：そうですね、⑥（　　　　　　　　　　　　　　　　　）。
> F：１週間……⑦（　　　　　　　　　　　）。
>
> 女の人はどれを買うことにしましたか。

解答の
ポイント

①　　　長めのコートがほしい。　　　　　　　②グレーは好きじゃない。
②③　　「グリーンもねえ。……ブルーのはありませんか。」＝グレーとグリーンは
　　　　あまり好きではない。ブルーの（長めの）コートがあればほしい。
④⑤⑥　<u>ブルーの長めのコート</u>を取り寄せる＊ことができるが、来るまで１週間
　　　　　　　　　　　　　　　と　よ　　　　　　　　　　　　　　　　　　　　　　　
　　　　ぐらいかかる。
⑦　　　１週間待ってもいい＝取り寄せてもらう＝取り寄せたコートを買う
　　　　　　　　　　　　　　　　と　よ　　　　　　　　と　よ

2 🔊 23

男の人と女の人が話しています。どうして今週中か来週の平日がいいと言っていますか。

1　予約ができるから	2　割引券が使えるから
3　みんなの都合がいいから	4　月末は混むから

F：この間、アンさんたちと行ったあの店、よかったわね。

M：うん、あそこは安くておいしいから人気の店なんだ。

F：割引券をもらったから、①（　　　　　　　　　　　　　　　）もう一度みんなで
　　行きたいね。

M：うん、2割引きになるね。でも、あれは今月中しか使えない券だよ。

F：そう↘。今月中に行かないと。

M：今月中って②（　　　　　　　　　　　　　　　　　　　）。

F：③（　　　　　　　　　　　　　　　　　　　　　）わ。
　　平日でないとね。

M：あ、そうか。でも、来週は混むよ、きっと。もう最後だから。

F：ま、④（　　　　　　　　　　　　　　　　　　　　　　　）。

M：それじゃ、今週中か来週の平日で⑤（
　　　　　　　　　　）。

どうして今週中か来週の平日がいいと言っていますか。

🔑 **解答の
ポイント**　①②③　割引券が使えるのは今週中か来週の平日。
　　　　　　⑤　　　みんなの都合は、まだ聞いていない。これから聞く。

⚠ いろいろ言っているが、いちばん大事なことは、割引券が使える間に行くこと。

187

◆**聞き取れますか？**の正解・少し難しい言葉（*）の翻訳は別冊にあります

女の人と男の人が話しています。沖縄へ行かないのはどうしてですか。
　　　　　　　　　　　　　　　　おきなわ

1　気が変わり*やすいから
　　　か
2　暖かいところに行きたいから
　　あたた　　　　い
3　京都へ行きたいから
　　きょうと
4　日焼け*が心配だから
　　ひ や　　　しんぱい

M：夏の旅行、どこへ行く？　そろそろ決めようよ。
F：そうだね。昨日写真見たんだけど、北海道っていいところね。
　　　　　　きのう　　　　　　ほっかいどう
　　行ってみたいな。
M：え？　君、この間は、沖縄に行きたいって言ってたよ。
　　　　きみ　　　　　おきなわ
F：そういえば*そうだわ。あのときはまだ寒かったから、①(
　　　　　　　　　　　　　　　　　　　　　　　)。だけど、②(　　　　　　　　　　　　)。
M：いいよ。でも、その前は、京都へ行きたいって言ってなかった？
　　　　　　　　　　　　　きょうと
F：え？　私、そんなこと言ってた？
M：言ってたよ。君って気が変わりやすいね。
　　　　　　　きみ　　　か
F：気が変わったんじゃなくて、季節が変わったということよ。③(
　　か　　　　　　　　　　　きせつ　　か
　　　　　　　　　　　)、④(　　　　　　　　　　　　)？
M：そうか、⑤(　　　　　　　　　　　　)。沖縄はもう真夏*だからね。
　　　　　　　　　　　　　　　　　　　おきなわ　　　まなつ

沖縄へ行かないのはどうしてですか。
おきなわ

🔑 解答の
　ポイント　③④⑤　今の沖縄はもう真夏で太陽の日差し*が強い ⇒肌の日焼けが心配だ
　　　　　　　　　おきなわ　　まなつ　　　　　ひ ざ　　つよ　　　はだ　ひ や　　しんぱい
　　　　　⇒だから真夏の沖縄には行かない
　　　　　　　　まなつ　おきなわ

◆聞き取れますか？の正解・少し難しい言葉(*)の翻訳は別冊にあります
　き と　　　　　　せいかい　　むずか　　ことば　　　　ほんやく　べっさつ

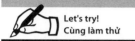

やってみましょう

Let's try!
Cùng làm thử

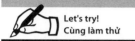 25

日付 ひづけ	／	／	／
得点 とくてん	／3	／3	／3

第1回

第2回

第3回

第4回

第5回

第6回

第7回

第8回

日本語能力試験形式問題　聴解（ポイント理解）

　この問題では、まず質問を聞いてください。そのあと、問題用紙を見てください。読む時間があります。それから話を聞いて、問題用紙の1から4の中から、最もよいものを一つ選んでください。

1番 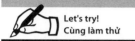 26

1　サッカーの試合を見ないこと

2　焼き肉弁当を作ること

3　テレビを見ないで早く寝ること

4　部屋を片付けること

2番 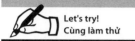 27

1　「グルメツアー」に参加する

2　来月のツアーを待つ

3　今月の「ハイキングツアー」に参加する

4　次の「ハイキングツアー」を待つ

3番 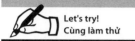 28

1　魚の缶詰

2　コーヒー

3　ラーメン

4　チョコレート

189

◆ **やってみましょう** の正解・スクリプト・少し難しい言葉（＊）の翻訳は別冊にあります
せいかい　　　　　　　　　　むずか　ことば　　　ほんやく　べっさつ

第5回
だい かい
ポイント理解②
りかい

Comprehension of key points ②
Hiểu điểm chính ②

文字・語彙
文法
読解
聴解

聞き取れますか？
と
🔊 29

Can you comprehend ? ◇ Có nghe được không ?

問題 まず質問を聞いて、そのあとせんたくしを読んでください。それから話を
聞いて、（　　）に言葉を書いてください。最後に1〜4の中から最もよい
ことば　　　　　　　　　　　　　さいご　　　　　　　　　　　　もっと
ものを一つ選んでください。
えら

1 🔊 30

男の人と女の人が話しています。二人はこれから何をしますか。

1　男の人は掃除、女の人は買い物
　　　　　そうじ

2　男の人は買い物、女の人は洗濯
　　　　　　　　　　　　せんたく

3　男の人は掃除、女の人は洗濯
　　　　　そうじ　　　　　せんたく

4　男の人は洗濯、女の人は掃除
　　　　　せんたく　　　　そうじ

M：今年も今日を入れて、①（　　　　　　　　　）。お正月の準備しなくちゃね。
　　　　　　　　　　　　　　　　　　　　　　　　　　　　　　じゅんび

F：うん。②（　　　　　　　　　　　　　　）だから、今日明日は掃除だね。
　　　　　　　　　　　　　　　　　　　　　　　　　　　　　そうじ

M：料理の材料は？
　　　　ざいりょう

F：少しは買ったけど、生ものとかはまだ。③（　　　　　　　　）に買うつもり。
　　　　　　　　　　　なま

M：去年31日に買いに行ったら、売り切れてて買えなかったものもあったよね。

F：でも、今日は早すぎるから、④（　　　　　　　　　　　　　）。

M：そうだね。⑤（　　　　　　　　　）だね。

F：そうね。今日はお天気がいいから、⑥（　　　　　　　　　　　）な。

M：天気がいいうちにしたほうがいいね。午後になると天気が悪くなるって
　　　　　　　　　　　　　　　　　　　　　　　　　　わる
言ってたよ。

F：うん。⑦（　　　　　　　　　　　　）。

M：ぼくも天気のいいうちに、⑧（　　　　　　　　　　）よ。

二人はこれから何をしますか。

解答の
ポイント

①　今日を入れて3日で今年が終わる ⇒二人が話しているのは、12月＿＿＿日

②　料理：31日にする＝今日はしない

③④　買い物：明日＝今日はしない　　　　⑤　掃除：今日する
　　　　　　　　　　　　　　　　　　　　　　そうじ

⑥⑦　女の人：カーテンを洗いたい⇒今日する
　　　　　　　　　　あら

⑧　男の人：今日、これから庭の掃除をする
　　　　　　　　　　　　にわ　そうじ

2 🔊 31

男の人と女の人が話しています。男の人は何のためにダイエットをしていますか。

1 食事の後で眠くならないようにするため

2 体重を減らすため

3 頭と体がよく動くようにするため

4 スマートな人になるため

M：ごちそうさま。

F：あれ？ ①(　　　　　　　　　　　　　)？ どうしたの？ どこか具合悪いの？

M：そうじゃないよ。まあ、ちょっとダイエット。

F：そういえば、最近少し太ったよね。体重、増えたでしょう。

M：それはそうだけど、②(　　　　　　　　　　　　　　　　　)よ。

F：そうよね。ダイエットしなきゃいけないほどじゃないもんね。じゃ、健康のため？

M：そうじゃなくて、③(　　　　　　　　　　　　　　)のはご飯とかパンを食べるからなんだって。

F：え、それは食べすぎるからでしょう？

M：いやいや。本で読んだんだけど、食べる量よりも何を食べるかが問題なんだって。肉や魚、野菜はいいらしいよ。

F：ええ！ そう？ ご飯を食べないと頭も体も動かないと思うけどな。

男の人は何のためにダイエットをしていますか。

解答の
ポイント
①男の人がご飯を残した。

②「やせるためってわけじゃない」＝やせたいからではない

③「食事の後、眠くなる」ことが問題だ。

◆聞き取れますか？の正解・少し難しい言葉(*)の翻訳は別冊にあります

3 32

> 男の人と女の人が話しています。女の人はどうして会社を辞めますか。

1　自分のやりたい仕事ではないから

2　自分の力が伸びたかどうかわからないから

3　自分のしている仕事の効果がわからないから

4　頑張っても認めてもらえないから

F：久しぶり。新しい会社、どう？　うまくいってる？

M：大変だけど、面白いよ。まだ小さいけど、少しずつお客さんも増えてるから。

F：いいね。私も①（　　　　　　　　　　　　　　　）、したいなあ。

M：何、どうしたの？　何かうまくいかないことがあるの？

F：②（　　　　　　　　　　　　　　　　　　）んだけど、目の前*の仕事を
　順番に片付けている感じでね。

M：それって、すごいんじゃない？　ベテランになってきたってことじゃない。↷

F：そうかなあ。最近、自分がしてることが③（
　　　　　　　　　　　　　　　）。

M：君の会社はかなり大きいからね。一人の力が会社全体にどんな影響が
　あるか、わかりにくいよね。

F：うん。④（　　　　　　　　　　　　　　　　）ところで働きたい
　なって思ってるの。

M：え、今の会社、辞めちゃうの？

F：うん。まだ課長には言ってないけどね。

女の人はどうして会社を辞めますか。

🔑 **解答の
ポイント**　女の人は
①「自分の力がわかる仕事」をしたいと思っている。
②仕事はうまくいっている。
③自分のしている仕事が役に立っているのかどうかわからない。
　＝自分がしている仕事の効果がわからない。
④自分の力が必要だとわかるところで働きたい。＝今の会社を辞めたい。

◆**聞き取れますか？**の正解・少し難しい言葉（*）の翻訳は別冊にあります

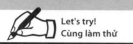

やってみましょう

Let's try!
Cùng làm thử

 33

日付 ひづけ	／	／	／
得点 とくてん	／3	／3	／3

日本語能力試験形式問題　聴解（ポイント理解）

　この問題では、まず質問を聞いてください。そのあと、問題用紙を見てください。読む時間があります。それから話を聞いて、問題用紙の1から4の中から、最もよいものを一つ選んでください。
えら　　　　　　　　　　　　　　　　　　　　　　　　　　　　　　もっと

1番 🔊 34
ばん

1　就職試験を受けるから
　　しゅうしょく　　　う

2　インテリアデザイナー*の勉強をするから

3　父親の病院で働くから
　　ちちおや

4　進路が決まらないから
　　しんろ　　き

2番 🔊 35
ばん

1　友達が頼みに来るのを待つ
　　ともだち　たの

2　大家さんに紹介してもらう
　　おおや　　しょうかい

3　ネットで探す
　　　　　さが

4　コンビニに紹介してもらう
　　　　　　　しょうかい

3番 🔊 36
ばん

1　西山駅の噴水
　　にしやま　ふんすい

2　西山駅のバス停
　　にしやま　　てい

3　西山駅のホーム
　　にしやま

4　電車の座席
　　　　　ざせき

◆ **やってみましょう** の正解・スクリプト・少し難しい言葉(*)の翻訳は別冊にあります
　　　　　　　　　　　せいかい　　　　　　　　　　むずか　ことば　　　ほんやく　べっさつ

聞き取れますか？ 🔊 37

Can you comprehend? ◇ **Có nghe được không?**

問 題 まず話を聞いて、（　）に言葉を書いてください。それから、質問と
ことば
せんたくしを聞いて、1〜4の中から最もよいものを一つ選んでください。
もっと　　　　　　えら

1 🔊 38

男の人と女の人が話しています。

F：今度の①（　　　　　　　　　　　　　　　　　）？

M：うん、お天気もよさそうだし、外の空気が吸えるとこがいいな。
す

F：あ、そういえば、②（　　　　　　　　　　　　　　　　　　　　　）ね。

M：植物園？　バラとかいろんな花があるところ？
しょくぶつえん

F：花もあるけど、野鳥*もたくさんいるらしいよ。
や ちょう

M：へえ、③（　　　　　　　　　　　　　）。いいじゃないか。↘

F：でも、他におすすめの場所ない？
ほか

M：そうだな。横浜へ行くんなら、④（　　　　　　　　　　　　）かな。
よこはま

F：うん、じゃ、⑤（　　　　　　　　　　　　　　　）のはどう？

M：え？　両方行くの？　なんか疲れそうだ。
りょうほう　　　　　　つか

F：そうかな。

二人は何について相談していますか。
そうだん

1　植物園に行くことついて
　しょくぶつえん
2　船に乗ることについて
　ふね
3　週末のプランについて
　しゅうまつ
4　花や鳥を見ることについて

解答の
ポイント ① 正解のポイント。
　せいかい
② ③と④　プランを二つ出している：どこへ行くかの案。
　　　　　　　　　　　　　　　　　　　　あん

第1回
第2回
第3回
第4回
第5回
第6回
第7回
第8回

2 🔊 39

男の人と女の人が話しています。

F：いつも何で通勤してるの？　地下鉄？

M：ぼくはＪＲの山手線。

F：①(　　　　　　　　　　　　　　　　　　　　)から、時間がかかるでしょ？

M：うん、時間はかかる。でも、安心なんだ。

F：安心？　事故がなくて安全だっていうこと？

M：そうじゃない。安心。②(　　　　　　　　　　　　　　　　　)。

F：え？　昨日どうしたの？

M：うっかり*居眠りをしちゃって、目が覚めたら、もう降りる駅を
　　過ぎちゃってて。

F：あ、③(　　　　　　　　　　　　)？

M：そう。でも、④(　　　　　　　　　　　　　　　　　　　　　)。

F：あ、そうか。それができるからいいんだ。

M：そう、⑤(　　　　　　　　　　　　　　　　　　　　　)。

F：でも、遠回りをして*会社に遅刻しちゃうこともあるでしょ。↴

M：うん、そんなこともあるから、いつも早めに家を出るんだ。

男の人が言いたいことは何ですか。

１　山手線は安全だ

２　山手線は便利だ

３　遅刻してはいけない

４　通勤は時間がかかる

**解答の
ポイント**　山手線は終点がない。ぐるっと*回って行く。
乗り越しても降りないで乗っていれば、
乗り越した駅にまた戻る。

乗る駅
目が覚めた駅
降りる駅

◆**聞き取れますか？**の正解・少し難しい言葉(*)の翻訳は別冊にあります

3 40

男の人と女の人が果物売り場で話しています。

M：どのみかんがいいのかなあ。いろいろ種類があるねえ。

F：①（　　　　　　　　　　　　　　　　　　　）よね。

M：②（　　　　　　　　　　　　　　　　）のかな。

F：③（　　　　　　　　　　　　　　）。⤴

M：ほら、あれなんか、大きくて色もきれいだ。

F：あれ？ そうそう、八百屋のおじさんが言ってたよ。④（
　　　　　　　　　　　　　　　）って。

M：え、そうなの？ じゃ、こっちのはおいしいかな。⤵ でも、⑤（
　　　　　　　　　　　　）ね。

F：おじさん、言ってた。⑥（　　　　　　　　　　　　　　　）って。

M：え、そう。じゃ、こっちのにしよう。

二人は何について話していますか。

1　みかんのおいしい食べ方

2　おいしいみかんの選び方

3　みかんの種類と味の関係

4　みかんと美人の関係

**解答の
ポイント** おいしいみかんを買うために、値段、大きさ、色について話している。

①　　どのみかんを買おうか迷っている。

②③ 値段の高いみかんがおいしいとはかぎらない。

③　「そうとも言えない」 ＊「そう」＝値段の高いみかんがおいしい。

④　　小さいみかんがおいしい。

⑤⑥ 皮がきれいじゃないみかんがおいしい。

やってみましょう

Let's try!
Cùng làm thử

 41

日付 ひづけ	／	／	／
得点 とくてん	／3	／3	／3

日本語能力試験形式問題　聴解（概要理解）

　この問題では、問題用紙に何もいんさつされていません。この問題は、全体としてどんな内容かを聞く問題です。話の前に質問はありません。まず話を聞いてください。それから、質問とせんたくしを聞いて、1から4の中から、最もよいものを一つ選んでください。

1番))) 42

I	2	3	4

2番))) 43

I	2	3	4

3番))) 44

I	2	3	4

◆ **やってみましょう** の正解・スクリプト・少し難しい言葉（*）の翻訳は別冊にあります

聞き取れますか？ 🔊 45
と

Can you comprehend？ ◇ **Có nghe được không？**

問題 まず話を聞いて、（　）に言葉を書いてください。それから、質問と
ことば
せんたくしを聞いて、1〜4の中から最もよいものを一つ選んでください。
もっと　　　　　　　えら

1 🔊 46

男の人が女の人にインタビュー* をしています。

M：アンナさんは世界中のコンサートでピアノを弾いていらっしゃいます。
ひ
コンサートでは、ピアノの演奏だけでなく、アンナさんの服装も注目さ
えんそう　　　　　　　　　　　　　　ふくそう　ちゅうもく
れて* います。今日はそのお話を伺いたいのですが。
うかが

F (アンナ)：私の服装ですか。そうですね。あのう、女性のピアニスト* は皆さん
ふくそう　　　　　　　　　　　　じょせい　　　　　　　　みな
きれいな色のすてきなドレスを着られますよね。肩や腕を出して、きらきら*
かた　うで
光るアクセサリーをつけて、とても美しいです。……でもそれは……、どう
うつく
でしょう。……コンサートで私は①（　　　　　　　　　　　　　　　）。
楽しい曲もあるけれど、②（　　　　　　　　　　　　　　　　　　）
きょく
もあります。もし、③（　　　　　　　　　　　　　　　　　）、
聞く人はどう感じるかしら。④（　　　　　　　　　）ではありませんか。
かん
……それで私は、いつも⑤（　　　　　　　　　　　）を着てピアノを
弾くんですよ。どんな曲でもね。
ひ　　　　　　　きょく

女の人はどんな服でピアノを弾きますか。
ひ

1　きれいな色のドレス　　　　　　2　派手ではない服
　　　　　　　　　　　　　　　　　　　　はで
3　すてきなドレス　　　　　　　　4　悲しい感じの服
　　　　　　　　　　　　　　　　　　　かなし　かん

🔑 **解答の
ポイント**

①② いろいろな感情や状況 situation / tình trạng を表す曲を弾く。
かんじょう　じょうきょう　　　　　　　　　　　　　　あらわ　きょく　ひ
③ 悲しい曲、さびしい曲を派手な服を着て弾いたら。
かなし　きょく　　　　　　　はで　ふく　き　ひ
④ いい感じではない。
かん
⑤ 普通のシャツやブラウスを着る。
ふつう

 47

テレビでアナウンサーが話しています。

M (アナウンサー)：明日からあさってにかけて、①(　　　　　　　　　　　　　　)
　　ところが多いでしょう。②(　　　　　　　　　　　)雨や雪の降るところが
　　ありそうです。特に、北日本は大雪になるおそれがあります。西日本では、
　　強い風にも注意が必要です。③(　　　　　　　　　　　)は晴れるでしょう。
　　明日の最高気温は北日本や西日本では平年*より低くなりますが、その他
　　の地域は④(　　　　　　　　　　　　　　)見込み*です。

明日の天気はどうだと言っていますか。

１　全国的に寒くなる

２　全国的に天気が悪くなる

３　北日本は寒くなるが、西日本は寒くならない

４　北日本と西日本は寒くなるが、その他の地域は寒くならない

解答の
ポイント
　①「北日本は雨や雪が降る」⇒寒い
　②「西日本でも」：北日本と同じ＝雨や雪が降る⇒寒い
　③「その他の地域」＝北日本、西日本以外
　④「平年*と同じか少し高くなる」⇒寒くならない

◆**聞き取れますか？**の正解・少し難しい言葉(*)の翻訳は別冊にあります

3 48

ラジオでスポーツ選手が話しています。

M（スポーツ選手）：私は、昨年のオリンピック*で金メダル*をとって以来、ラジオ
やテレビのトーク番組*でお話をすることが多くなりました。私はマラ
ソン*選手ですから、これまでは走るところを皆様に見ていただくべき
だと思っていました。しかし、このようにトーク番組でお話をさせていた
だくことは、①（　　　　　　　　　　　　　　）貴重な*機会であると感じています。
また、これまで自分が悩んだり苦しんだりしたことを②（
　　　　　　　　　　　　　　　　　　　　　）。これは私に
とって③（　　　　　　　　　　　　　　　　　　　　　）と思います。

この人は何について話していますか。

1　トーク番組の面白さ
2　トーク番組に出てよかったこと
3　トーク番組とスポーツの違い
4　トーク番組に出るようになったきっかけ

**解答の
ポイント**
①トーク番組に出ると、自分を振り返る^{look back on oneself}ことができる。
（振り返る：nhìn lại bản thân）
②悩んだり、苦しんだりしたことを言うと気持ちが軽くなる。
③「金メダル以上の価値^{worth}がある」＝大きな価値がある。
（価値：giá trị）

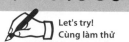

やってみましょう

Let's try!
Cùng làm thử   49

日付 ひづけ	／	／	／
得点 とくてん	／3	／3	／3

日本語能力試験形式問題　聴解（概要理解）

　この問題では、問題用紙に何もいんさつされていません。この問題は、全体としてどんな内容かを聞く問題です。話の前に質問はありません。まず話を聞いてください。それから、質問とせんたくしを聞いて、1から4の中から、最もよいものを一つ選んでください。

1番 50

1	2	3	4

2番 51

1	2	3	4

3番 52

1	2	3	4

第1回
第2回
第3回
第4回
第5回
第6回
第7回
第8回

201

◆ **やってみましょう** の正解・スクリプト・少し難しい言葉(*)の翻訳は別冊にあります
せいかい　　　　　　　　　　　　　　むずか　ことば　　　　　ほんやく　べっさつ

即時応答
_{そく じ おうとう}

文字・語彙

文法

読解

聴解

聞き取れますか？ _と 🔊 53

Can you comprehend ?　◇　Có nghe được không ?

問題　まず文とその返事を聞いて、（　　　）に言葉を書いてください。
_{へん じ}　　　　　　　　　　　　　　　　　　　　_{こと ば}
それから、１～３の中から、最もよい返事を一つ選んでください。
_{もっと}　　　_{へん じ}　　_{えら}

1 🔊 54

すみません。ちょっと①（　　　　　　　　　　　　　　　　　）。
１　さあ、どうでしょうか。
２　はい、いつでしょうか。
３　はい、②（　　　　　　　　　　　　　）。

解答の
ポイント　「今よろしいでしょうか」＝今話をしてもいいですか

2 🔊 55

大変①（　　　　　　　　　　　　　）。
_{たいへん}
１　はい、お世話になりました。
_{せ わ}
２　②（　　　　　　　　　　　　　）。
３　それは大変でしたね。
_{たいへん}

解答の
ポイント　①「大変お世話になりました」：お世話になったお礼の気持ちを表すあいさつの言葉。
_{たいへん}_{せ わ}　　　　　_{せ わ}　　　　_{れい}　　　　_{あらわ}　　　　_{こと ば}
②「いいえ、こちらこそ」＝お世話になったのは私のほうです
_{せ わ}

3 🔊 56

はじめまして。①（　　　　　　　　　　　　　　　　　　）。
１　②（　　　　　　　　　　　　　　　）。
２　はい、いいですよ。
３　さあ、いいかどうかわかりません。

解答の
ポイント　①「はじめまして。よろしくお願いいたします。」：初めて会ったときのあいさつ
_{ねが}　　　　　　　　_{はじ}
の言葉。
_{こと ば}

4 🔊 57

君がやってくれるの？　①(　　　　　　　　　　　)。
きみ

|　いいえ、悪くありません。

2　②(　　　　　　　　　　　　　　)。

3　やってもらいましょう。

解答の
ポイント

①「悪いね」:「ありがとう」の気持ち

　　返事は「私がやります」
　　へんじ

②「まかせてください」: 私が全部します
　　　　　　　　　　　　　　ぜんぶ

5 🔊 58

どうぞ①(　　　　　　　　　　　　　)。

|　②(　　　　　　　　　　　　　)。

2　どうぞよろしく。

3　はい、かけました。

解答の
ポイント

①「どうぞおかけください」＝どうぞ座ってください
　　　　　　　　　　　　　　　　　すわ

6 🔊 59

①(　　　　　　　　　　　　　　　　　　)ね。

|　はい、②(　　　　　　　　　　　　　　　　)。

2　もう行ったんですか。

3　昨日、メールをもらいました。
　　きのう

解答の
ポイント

①「わざわざ行くのも大変です」: わざわざ行かないで、もっと楽な方法でいい。
　　　　　　　　　たいへん　　　　　　　　　　　　　　　　　らく　ほうほう

②「電話で済ませましょう*」: 電話はするが、行かない。
　　　　　す

◆**聞き取れますか？**の正解・少し難しい言葉(*)の翻訳は別冊にあります
　き　と　　　　　　　　せいかい　　むずか　　　ことば　　　　ほんやく　べっさつ

7 🔊 60

あ、①(　　　　　　　　　　　　　　　　　)。

1　②(　　　　　　　　　　　　　　)。

2　はい、そんな時間ですね。

3　ええ、ゆっくりできますね。

🔑 **解答の
ポイント**　①「もうこんな時間」：時計を見て驚いている⇒遅くなった。急がなければならない。
おどろ　　　　　　　　　　　　　おそ
②「お急ぎなんですか」＝急いでいますか

8 🔊 61

そんなことをしても①(　　　　　　　　　　　)。

1　がんばってください。

2　うまくいくといいですね。

3　②(　　　　　　　　　　)。

🔑 **解答の
ポイント**　①「無駄ですよ」＝「しないほうがいい」
むだ

9 🔊 62

ねえ、①(　　　　　　　　　　　　　　　　)。

1　「水」と言うんだよ。

2　「おひや」を知ってる?

3　②(　　　　　　　　　)よ。

🔑 **解答の
ポイント**　①「～って何だっけ」＝～というのは何ですか／どういう意味ですか
なん　　　　　　　　　　　　　　　　　なん
②「～のことだ」＝～という意味だ

◆**聞き取れますか?**の正解・少し難しい言葉(*)の翻訳は別冊にあります
き　と　　　　　　　　せいかい　　むずか　　　ことば　　　　ほんやく　べっさつ

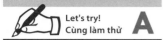

やってみましょう

Let's try!
Cùng làm thử **A**

🔊 63

日付 ひづけ	／	／	／
得点 とくてん	／9	／9	／9

第1回

第2回

第3回

第4回

第5回

第6回

第7回

第8回

日本語能力試験形式問題　聴解（即時応答）

この問題では、問題用紙に何もいんさつされていません。まず文を聞いてください。
それから、その返事を聞いて、1から3の中から、最もよいものを一つ選んでください。

1番 🔊 64 　 | 　 2 　 3

2番 🔊 65 　 | 　 2 　 3

3番 🔊 66 　 | 　 2 　 3

4番 🔊 67 　 | 　 2 　 3

5番 🔊 68 　 | 　 2 　 3

6番 🔊 69 　 | 　 2 　 3

7番 🔊 70 　 | 　 2 　 3

8番 🔊 71 　 | 　 2 　 3

9番 🔊 72 　 | 　 2 　 3

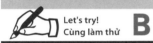

やってみましょう

Let's try!
Cùng làm thử **B**

 🔊 73

日本語能力試験形式問題　聴解（即時応答）

この問題では、問題用紙に何もいんさつされていません。まず文を聞いてください。
それから、その返事を聞いて、1から3の中から、最もよいものを一つ選んでください。

1番 🔊 74 　 | 　 2 　 3

2番 🔊 75 　 | 　 2 　 3

3番 🔊 76 　 | 　 2 　 3

4番 🔊 77 　 | 　 2 　 3

5番 🔊 78 　 | 　 2 　 3

6番 🔊 79 　 | 　 2 　 3

7番 🔊 80 　 | 　 2 　 3

8番 🔊 81 　 | 　 2 　 3

9番 🔊 82 　 | 　 2 　 3

◆ **やってみましょう** の正解・スクリプト・少し難しい言葉（*）の翻訳は別冊にあります
せいかい　　　　　　　　　　　　むずか　　ことば　　　　　ほんやく　べっさつ

語彙索引

語彙索引

著者紹介

問題作成＋解説：

　　　星野 恵子：元拓殖大学日本語教育研究所講師

　　　辻　 和子：ヒューマンアカデミー日本語学校東京校元校長

翻　訳： 　Andrew Tighe

　　　　　Lai Thi Phuong Nhung

録　音： 　勝田 直樹

　　　　　かとう けいこ

イラスト： 　　花色 木綿

カバーデザイン： 　ナガイ アヤコ

編集協力： 　　りんがる舎

ドリル&ドリル 日本語能力試験 N2 基礎力アップ 文字・語彙 / 文法 / 読解 / 聴解

2022 年 11 月 20 日 初版発行

　［監　修］　星野恵子
　［著　者］　星野恵子・辻和子　2022©
　［発行者］　片岡 研
　［印刷所］　シナノ書籍印刷株式会社
　［発行所］　株式会社ユニコム
　　　　　　　Tel.03-5496-7650　Fax.03-5496-9680
　　　　　　　〒 153-0064 東京都目黒区下目黒 1-2-22-702
　　　　　　　http://www.unicom-lra.co.jp

ISBN　978-4-89689-514-8

別冊
べっさつ

Separate Booklet
Quyển riêng

正解と
せいかい
少し難しい言葉の
すこ　むずか　　　こと　ば
翻訳
ほんやく

Correct answers and translation of slightly difficult words
Phiên dịch đáp án và các từ ngữ hơi khó

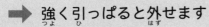

強く引っぱると外せます
つよ　ひ　　　　　　はず

Pull out this separate booklet.
Giật mạnh thì có thể tháo rời ra được.

◆ 文字・語彙 ◆
正解と翻訳
せいかい　ほんやく

第1回

📖 **覚えましょう！**
おぼ

値段 ね だん	price giá
支払う し はら	pay thanh toán
支払い し はら	payment thanh toán
1回払い かいばら	one-time payment thanh toán 1 lần
おつり	change tiền thừa trả lại
ポイントカード	rewards/loyalty card thẻ tích điểm
電子マネー でん し	e-money tiền điện tử
レシート	receipt hóa đơn chi tiết
領収書 りょうしゅうしょ	receipt hóa đơn
請求書 せいきゅうしょ	bill, invoice đề nghị thanh toán
金額 きんがく	amount of money số tiền
代金 だいきん	fee, cost số tiền
料金 りょうきん	fare, fee số tiền
有料 ゆうりょう	not free, at a charge mất phí
無料 む りょう	free (of charge) miễn phí
商品 しょうひん	merchandise, goods hàng hoá
品物 しなもの	thing, item sản phẩm
手数料 て すうりょう	charge, fee lệ phí
送料 そうりょう	shipping/freight (charge) tiền gửi
自動販売機 じ どうはんばい き	vending machine máy bán hàng tự động
売れる う	sell bán chạy
売り上げ う あ	earnings, sales doanh thu
売り切れ う き	sold out bán hết
得（を する） とく	(make) a profit/gain lợi
損（を する） そん	lose, (have made) a loss thiệt
サービス（する）	service dịch vụ
セール	sale giảm giá
物価（が 上がる / 下がる） ぶっか あ さ	prices (go up /down) vật giá (lên / xuống)
物価（が 高い / 安い） ぶっか たか やす	prices (are high/low) vật giá (cao / thấp)
お札 さつ	bill(s), cash note(s) tiền giấy

硬貨 こうか	coin(s) tiền xu
小銭 こ ぜに	small change, coin tiền lẻ
～円玉 えんだま	~ yen coin xu ~ yên
◆ 1 円玉 / 5 円玉 /10 円玉 / えんだま えんだま えんだま 50 円玉 /100 円玉 /500 円玉 えんだま えんだま えんだま	1/5/10/50/100/500 yen coin xu 1/5/10/50/100/500 yên
～円札 えんさつ	~ yen bills/notes tờ ~ yên
◆ 千円札 / 5 千円札 / 1 万円札 せんえんさつ せんえんさつ まんえんさつ	thousand/5-thousand/ 10-thousand yen notes tờ 1000/5000/10000 yên
両替（する） りょうがえ	currency exchange đổi tiền
（お金を）送る かね おく	send (money) chuyển tiền
送金（する） そうきん	sending/remitting money chuyển tiền
入金（する） にゅうきん	deposit (money) gửi tiền
（お金を）ためる かね	save money tiết kiệm tiền
貯金（する） ちょきん	savings, deposit tiền tiết kiệm
（お金が）かかる かね	cost (money) tốn tiền
税 ぜい	tax thuế
～税 ぜい	~ tax thuế ~
◆ 消費税 しょう ひ ぜい	consumption-tax thuế tiêu dùng
税金（を 払う / 納める） ぜいきん はら おさ	(pay) taxes (trả) tiền thuế
（税金が）かかる ぜいきん	(taxes) apply (mất) tiền thuế
（お金を）借りる かね か	owe (money) vay (tiền)
借金（する） しゃっきん	debt, loan tiền vay
（お金を）返す かね かえ	pay ... back (money) trả (tiền)
キャッシュカード	cash card thẻ rút tiền mặt
暗証番号 あんしょうばんごう	PIN, (secret) code number mật khẩu
口座 こう ざ	(bank) account tài khoản ngân hàng
残高 ざんだか	the balance số dư
通帳 つうちょう	passbook sổ ngân hàng
判子 はん こ	stamp con dấu
家賃 や ちん	rent tiền thuê nhà
水道料金 / 水道代 すいどうりょうきん すいどうだい	water charges, water bill tiền nước
電気料金 / 電気代 でん き りょうきん でん き だい	electricity charges, electricity bill tiền điện
ガス料金 / ガス代 りょうきん だい	gas charges, gas bill tiền gas
収入 しゅうにゅう	income thu nhập
支出（する） し しゅつ	expense sự chi tiêu
費用 ひ よう	expense, cost chi phí

交通費 こうつう ひ	transportation expenses phí đi lại	
食費 しょく ひ	food expenses tiền ăn	
生活費 せいかつ ひ	living expenses sinh hoạt phí	
学費 がく ひ	school expenses học phí	

練習しましょう
れんしゅう

❶ 1.**d**　2.**b**　3.**c**　4.**a**　5.**e**
❷ 1.**c**　2.**d**　3.**b**　4.**e**　5.**a**
❸ 1.**e**　2.**d**　3.**c**　4.**b**　5.**a**
❹ 1.**c**　2.**d**　3.**b**　4.**a**　5.**e**

やってみましょう

A ①4 ②3 ③1 ④2 ⑤3 ⑥1 ⑦1 ⑧2
B ①4 ②3 ③1 ④4 ⑤2 ⑥1 ⑦3 ⑧4
C ①4 ②1 ③2 ④1 ⑤2 ⑥3 ⑦2 ⑧4

第2回

覚えましょう！
おぼ

道路 どう ろ	road, street con đường	
通り とお	street đường	
車道 しゃどう	roadway đường ô tô	
歩道 ほ どう	sidewalk đường đi bộ	
横断(する) おうだん	crossing băng qua đường	
渋滞(する) じゅうたい	heavy traffic tắc nghẽn	
混雑(する) こんざつ	congestion hỗn loạn	
停車(する) ていしゃ	stop/stopping (of a vehicle/bus/ train) dừng xe	
(電車が / 道が)込む/混む でんしゃ　みち　こ　こ	(train/road) crowded (tàu/đường) đông	
(電車が / 道が)すく でんしゃ　みち	(train/road) vacant (tàu / đường) vắng	
交通 こうつう	traffic giao thông	
高速道路 こうそくどう ろ	expressway, highway dđường cao tốc	
出発(する) しゅっぱつ	departure xuất phát	
到着(する) とうちゃく	arrival đến nơi	
着く つ	arrive, reach tới nơi	
遅れる おく	be late, be delayed trễ	
間に合う ま　あ	be on time kip	
早く はや	early, quickly sớm	
(時間が)かかる じ かん	(time) consuming mất (thời gian)	

乗り継ぎ(する) の　つ	transit chuyển tiếp	
経由(する) けい ゆ	by way of, via quá cảnh, nối chuyến	
空港 くうこう	airport sân bay	
飛行機 ひ こう き	airplane máy bay	
直行便 ちょっこうびん	direct flight bay thẳng	
行き先 い/ゆ　さき	destination nơi đến	
目的地 もくてき ち	destination điểm đến	
地下鉄 ち か てつ	subway, underground tàu điện ngầm	
停留所 ていりゅうじょ	bus stop bến xe buýt	
荷物 に もつ	baggage hành lý	
事故 じ こ	accident sự cố, tai nạn	
切符 きっ ぷ	ticket vé	
片道 かたみち	one way một chiều	
往復 おうふく	round trip, both ways hai chiều	
行き い	bound, on the way there chuyến đi	
帰り かえ	return, on the way back chuyến về	
鉄道 てつどう	railroad, railway đường sắt	
列車 れっしゃ	train tàu	
ＪＲ ジェイアール	JR (Japan Railways) JR	
新幹線 しんかんせん	bullet train shinkansen, tàu siêu tốc	
特急 とっきゅう	limited express tàu tốc hành đặc biệt	
急行 きゅうこう	express (train) tàu tốc hành	
快速 かいそく	rapid tàu nhanh	
普通電車 ふ つうでんしゃ	ordinary train tàu thường	
各駅停車 かくえきていしゃ	local train tàu chậm, tàu dừng từng ga	
乗り場 の ば	bus stop, platform, taxi stand, pier bến lên, xuống	
上り のぼ	up, inbound hướng đi	
下り くだ	down, outbound hướng về	
エスカレーター	escalator thang cuốn	
席 せき	seat chỗ ngồi, ghế ngồi	
座席 ざ せき	seat ghế ngồi	
座席指定 ざ せき し てい	seat reservation/selection chỉ định chỗ ngồi	
指定席 し ていせき	reserved/designated seat ghế chỉ định, ghế đặt trước	
自由席 じ ゆうせき	non-reserved seat ghế tự do	

3

満員 まんいん	no vacancy, be filled to capacity đầy ắp
満席 まんせき	no vacant tables/seats kín chỗ
空席 くうせき	vacant seat chỗ trống
（席が）空く せき　あ	a seat becomes empty/available trống (chỗ)
始発 しはつ	first train điểm đầu tiên
乗車（する） じょうしゃ	ride lên tàu, lên xe
終点 しゅうてん	terminal điểm cuối
下車（する） げしゃ	getting off a train/bus xuống tàu, xuống xes
降りる お	get off/out xuống tàu, xuống xe
乗り換える の　か	transfer, change (trains/busses/airplanes) chuyển tàu, chuyển xe
通過（する） つうか	passing đi quá
線路 せんろ	railroad track đường ray
～方面 ほうめん	(bound) for ~, the direction of ~ về phía ~
～行き い/ゆ	to ~ đi ~
通勤（する） つうきん	commuting to work đi làm
移動（する） いどう	movement, transfer di chuyển
通路側 つうろがわ	aisle side phía lối đi
◆通路側の席 つうろがわ　せき	aisle seat ghế ngồi phía lối đi
運賃 うんちん	fare giá vé
日帰り ひがえ	one-day trip đi về trong ngày
旅館 りょかん	ryokan, Japanese-style inn nhà nghỉ kiểu Nhật
宿泊（する） しゅくはく	lodging, accommodation ở trọ
泊まる と	stay ở trọ

練習しましょう
れんしゅう

❶ 1.**c**　　2.**e**　　3.**d**　　4.**b**　　5.**a**

❷ 1.**e**　　2.**a**　　3.**b**　　4.**c**　　5.**d**

❸ 1.**e**　　2.**b**　　3.**a**　　4.**c**　　5.**d**

❹ 1.**c**　　2.**a**　　3.**d**　　4.**e**　　5.**b**

やってみましょう

A ①3 ②2 ③1 ④3 ⑤4 ⑥1 ⑦4 ⑧4

B ①2 ②1 ③4 ④2 ⑤3 ⑥1 ⑦2 ⑧4

C ①2 ②4 ③1 ④3 ⑤2 ⑥4 ⑦1 ⑧3

第3回

覚えましょう！
おぼ

朝食 ちょうしょく	breakfast bữa sáng
昼食 ちゅうしょく	lunch bữa trưa
夕食 / 晩御飯 ゆうしょく　ばんごはん	dinner bữa tối
夜食 やしょく	late-night snack bữa đêm
御飯 ごはん	(cooked) rice, meal cơm, bữa ăn
おかず	side dishes thức ăn
おやつ	snack ăn vặt
外食（する） がいしょく	eating out ăn ngoài
うちで 食べる た	eat at home ăn ở nhà
弁当 べんとう	lunch box bento
テイクアウト / （お）持ち帰り も　かえ	takeout, takeaway mang về
デリバリー / 配達（する） はいたつ	delivery chuyển phát
キャンセル（する）	cancellation sự hủy bỏ
取り消す と　け	cancel hủy, bỏ
追加（する） ついか	add thêm vào
おかわり	seconds (of food), another (drink) gọi thêm
カフェ	cafe, coffee house quán cà phê
ファミリーレストラン	family restaurant quán gia đình
食堂 しょくどう	cafeteria, dining room quán ăn
ビュッフェ / バイキング	buffet ăn tự chọn
ファーストフード / ファストフード	fast food đồ ăn nhanh
メニュー	menu thực đơn
ドリンク	drink đồ uống
おすすめ	recommended item món đề xuất
本日の ほんじつ （おすすめ / ランチ）	Today's (recommendation/lunch) (món đề xuất / bữa trưa) hôm nay
定食 ていしょく	set meal cơm phần
セット	set, suit phần ăn
食べ放題 た　ほうだい	all-you-can-eat ăn thoải mái
試食（する） ししょく	tasting (foods) ăn thử
試飲（する） しいん	tasting (drinks) uống thử
サービスが いい / 悪い わる	good/poor service dịch vụ tốt/xấu

サービス料 りょう	service charge phí dịch vụ	
おなかが すく/すいた	hungry đói	
おなかが いっぱい / いっぱいだ	full no	
食欲が ある / ない しょくよく	have an/no appetite có / không có thèm ăn	
のどが かわく/かわいた	thirsty khát	
よう / よっぱらう	get drunk say xin	
営業する / している えいぎょう	open kinh doanh	
（料理を）残す りょう り　　　　の こ	leave the food để thừa (thức ăn)	
焼く や	burn, grill/bake/roast nướng	
ゆでる	boil luộc	
煮る に	cook, stew ninh	
御飯を炊く ご はん　　た	cook rice nấu cơm	
（お）湯（を 沸かす） ゆ　　　わ	boil hot water (đun) nước nóng	
-（お）湯（が 沸く） ゆ　　　わ	- hot water boils - nước (sôi)	
きざむ	chop, mince cắt nhỏ	
割る わ	break, divide bẻ	
皮 かわ	skin, leather vỏ	
（皮を）むく かわ	peel bóc (vỏ)	
温める - 温まる あたた　　　あたた	warm/heat (up) - get warm làm ấm - ấm lên	
冷やす - 冷える ひ　　　ひ	cool/chill- get cold/chilly làm lạnh - lạnh đi	
冷ます - 冷める さ　　　さ	cool- get cold làm nguội - nguội đi	
こがす - こげる	burn - get burnt làm cháy - bị cháy	
かむ	bite, chew nhai	
硬い かた	hard cứng	
やわらかい	soft, tender mềm	
食器 しょっ き	tableware, the dishes bát đĩa, dụng cụ ăn uống	
食品 しょくひん	food đồ ăn	
冷凍食品 れいとうしょくひん	frozen food đồ ăn đông lạnh	
調味料 ちょう み りょう	seasoning gia vị	
インスタント食品 しょくひん	instant food đồ ăn sẵn	
缶詰 かんづめ	canned/tinned food đồ hộp	
生 なま	rare sống	
生もの なま	raw, uncooked đồ sống	
食料 しょくりょう	food nguyên liệu thực phẩm	

作物 さくもつ	farm products sản phẩm nông nghiệp	
食物 しょくもつ	grocery, food thực phẩm	
豆 まめ	bean đậu	
缶 かん	can, tin hộp, lon	
びん	bottle chai	
ペットボトル	plastic bottle, PET bottle (PET: polyethylene terephthalate) chai nhựa	
（プラスチック）容器 ようき	(plastic) container đồ đựng (bằng nhựa)	
体に いい / 悪い からだ　　　　　　　　わる	good for one's health, healty / unhealthy tốt/không tốt cho cơ thể	
カロリー	calorie calo	
栄養（が ある / ない） えいよう	nourishing / no nutrition có/không có dinh dưỡng	
たんぱく質 しつ	protein chất đạm	
ビタミン	vitamin vitamin	
（しょうゆを）かける	pour on soy sauce rưới (xì dầu)	
味（が 濃い / 薄い） あじ　　　こ　　　うす	(strong, thick / thin, weak) taste vị (đậm / nhạt)	
塩辛い しおから	salty mặn	
すっぱい	sour chua	

練習しましょう
れんしゅう

❶ 1.**e**　　2.**c**　　3.**b**　　4.**a**　　5.**d**

❷ 1.**e**　　2.**b**　　3.**d**　　4.**a**　　5.**c**

❸ 1.**a**　　2.**c**　　3.**d**　　4.**b**　　5.**e**

❹ 1.**b**　　2.**e**　　3.**d**　　4.**a**　　5.**c**

バランス balance / cân bằng

やってみましょう ✍

A ①4 ②1 ③4 ④2 ⑤4 ⑥1 ⑦3 ⑧2

B ①2 ②1 ③3 ④4 ⑤2 ⑥1 ⑦2 ⑧3

C ①4 ②2 ③4 ④3 ⑤1 ⑥1 ⑦2 ⑧3

第4回

覚えましょう！
おぼ

衣服 い ふく	clothes trang phục	
服装 ふくそう	dress, clothes, outfit trang phục	
かっこう	dress, appearance, outfit diện mạo	
普段着 ふ だん ぎ	everyday clothes đồ mặc hàng ngày	
ワイシャツ	men's shirt sơ mi trắng	

5

ジャンパー	jumper quần		針 はり	needle kim
ジーンズ	jeans quần bò		糸 いと	thread sợi
ダウンジャケット	down jacket áo khoác lông vũ		ミシン	sewing machine máy khâu
和服 わ ふく	kimono 〈Japanese traditional clothes〉 trang phục kiểu Nhật		ハイヒール	high heels cao gót
婦人服 ふ じんふく	women's wear quần áo nữ		長靴 ながぐつ	boots bốt
紳士服 しん し ふく	men's wear quần áo nam		スニーカー	sneakers giày thể thao
下着 した ぎ	underwear đồ lót		サンダル	sandals xăng đan
えり	collar cổ áo		スリッパ	slipper dép lê
袖 そで	sleeve tay áo		ベルト	belt thắt lưng
半袖 はんそで	short sleeve tay ngắn		ボタン	button cúc
長袖 ながそで	long sleeve tay dài		イヤリング	earrings hoa tai
模様 も よう	pattern họa tiết		洋品店 ようひんてん	clothing store cửa hàng quần áo
柄 がら	pattern hình họa		寸法 すんぽう	size số đo
色 いろ	color màu sắc		サイズ	size cỡ
真っ赤 ま か	bright/deep red đỏ chót		ゆるい	loose rộng
地味(な) じ み	quiet, dark, subdued tối màu		きつい	tight, hard, tough chật
派手(な) は で	showy, loud màu sặc sỡ		ちょうどいい	just the right size vừa
おしゃれ(な)	fashionable, stylish thời thượng, phong cách		ぴったりした	tight, tight-fitting vừa
素敵(な) す てき	nice, cool tuyệt vời		厚い あつ	thick dày
デザイン	design thiết kế		薄い うす	thin mỏng
形 かたち	shape hình dạng		細い ほそ	thin, fine, slender nhỏ
(服の) スタイル ふく	(clothes) style phong cách (quần áo)		太い ふと	wide rộng
モデル	model mẫu		短い みじか	short ngắn
ファッション	fashion thời trang		(幅が) 狭い はば せま	(width) narrow hẹp
センス (が いい)	(good) sense thẩm mĩ (tốt)		似合う に あ	look good on a person hợp
はやる	be in fashion, be popular mốt		合う あ	fit vừa
流行(する) りゅうこう	trend thịnh hành		試着(する) し ちゃく	trying on mặc thử
布 ぬの	cloth vải		試す ため	try thử
きれ	a piece of cloth miếng vải		着替える き が	change (one's) clothes thay đồ
生地 き じ	cloth vải		たたむ	fold gấp
木綿 も めん	cotton côt tông		しわ	wrinkles nhàu
ナイロン	nylon ni lông		アイロン	iron bàn là
ウール	wool len		(アイロンを) かける	iron là
裁縫 さいほう	sewing may			
縫う ぬ	sew may			

練習しましょう

❶ 1.**e**   2.**b**   3.**c**   4.**d**   5.**a**

❷ 1.**b**   2.**d**   3.**a**   4.**e**   5.**c**

❸ 1.**e**   2.**a**   3.**c**   4.**d**   5.**b**

❹ 1.**c**   2.**b**   3.**d**   4.**e**   5.**a**

やってみましょう

A ① 4 ② 1 ③ 3 ④ 1 ⑤ 3 ⑥ 2 ⑦ 4 ⑧ 2

B ① 4 ② 2 ③ 1 ④ 3 ⑤ 1 ⑥ 4 ⑦ 2 ⑧ 3

C ① 4 ② 3 ③ 1 ④ 4 ⑤ 1 ⑥ 3 ⑦ 4 ⑧ 2

第5回

覚えましょう！

美術館 びじゅつかん	art museum bảo tàng mỹ thuật
博物館 はくぶつかん	museum bảo tàng
植物園 しょくぶつえん	botanical garden vườn thực vật
動物園 どうぶつえん	zoo vườn thú
建物 たてもの	building tòa nhà
役所 / 区役所 やくしょ / くやくしょ	public/government office / ward office cơ quan hành chính/ ủy ban quận
会議場 かいぎじょう	conference hall hội trường hội nghị
図書館 としょかん	library thư viện
交番 こうばん	police box đồn công an
警察（署） けいさつ しょ	police (station) (sở) cảnh sát
消防署 しょうぼうしょ	fire department sở cứu hỏa
体育館 たいいくかん	gymnasium nhà thể thao
商店街 しょうてんがい	shopping street phố mua sắm
住宅街 / 住宅地 じゅうたくがい / じゅうたくち	residential area phố đô thị
工場 こうじょう	factory nhà máy
駐輪場 ちゅうりんじょう	bicycle parking lot nơi để xe 2 bánh
駐車場（が ある / ない） ちゅうしゃじょう	there is a/no parking lot (có/không có) bãi đỗ ô tô
案内板 あんないばん	sign bảng hướng dẫn
神社 じんじゃ	(Shinto) shrine đền
寺 てら	(Buddhist) temple chùa
教会 きょうかい	church nhà thờ
（お）墓 はか	grave mộ
消防車 しょうぼうしゃ	fire engine xe cứu hỏa
パトカー	police car ô tô cảnh sát

救急車 きゅうきゅうしゃ	ambulance xe cứu thương
ごみ捨て場 す ば	garbage dump chỗ vứt rác
掲示板 けいじばん	bulletin board bảng thông báo
地域 ちいき	area khu vực
住民 / 市民 / 区民 じゅうみん / しみん / くみん	residents / citizens / ward residents cư dân/ thị dân/ cư dân của quận
集める - 集まる あつ あつ	collect, gather - gather, get together tập hợp / tập trung
（新しい建物が）できる あたら たてもの	(new building) is built có (tòa nhà mới)
（落とし物を）届ける お もの とど	deliver (lost items) nộp (đồ bị rơi)
環境（が いい / 悪い） かんきょう わる	environment is (good/bad) môi trường (tốt/xấu)
設備（が いい） せつび	(be well) -equipped/furnished thiết bị (tốt)
設備（が 新しい / 古い） せつび あたら ふる	equipment is (new/old) thiết bị (mới/cũ)
部屋 へや	room phòng
居間 / リビング いま	living room phòng khách
台所 / キッチン だいどころ	kitchen bếp
寝室 しんしつ	bedroom phòng ngủ
洗面所 せんめんじょ	bathroom nhà tắm
トイレ	toilet, restroom nhà vệ sinh
（お）風呂 ふろ	bath bồn tắm
階段 かいだん	stairs cầu thang
物置 ものおき	storeroom kho
押し入れ お い	closet tủ âm tường
ろうか	corridor hành lang
ベランダ	veranda ban công
柱 はしら	pillar cột
床 ゆか	floor sàn
壁 かべ	wall tường
天井 てんじょう	ceiling trần nhà
屋上 おくじょう	roof (of a building) tầng thượng
マンション	condominium, apartment chung cư
一戸建て いっこだて	house nhà riêng
車庫 しゃこ	garage ga ra ô tô
畳 たたみ	tatami, straw mat chiếu tatami
カーペット / じゅうたん （を しく）	(lay) carpet trải (thảm)
DK / LDK ディーケー エルディーケー	dining room and kitchen / living-dining room plus kitchen phòng ăn và bếp / phòng khách, phòng ăn và bếp

家具 かぐ	furniture đồ đạc	会議 かいぎ	meeting, conference họp
たんす（に しまう）	(put in) a chest of drawers tủ quần áo	話題 わだい	topic đề tài
洋服だんす ようふく	wardrobe tủ quần áo Âu	話し合う はな あ	discuss thảo luận
戸棚 とだな	cupboard tủ chén	意見 いけん	opinion ý kiến
ソファ	sofa sô pha	プレゼンテーション	presentation trình bày
電気／明かり でんき あ	light đèn điện	決定（する） けってい	decision quyết định
蛍光灯 けいこうとう	fluorescent light đèn huỳnh quang	発表（する） はっぴょう	announcement, presentation phát biểu
電球 でんきゅう	light bulb bóng đèn	協力（する） きょうりょく	cooperation, working together hợp tác
（電球を）取り替える でんきゅう と か	change (light bulb) thay (bóng đèn)	伝える つた	communicate / report / convey truyền đạt
エアコン（を つける）	(turn on) the air conditioner (bật) điều hòa	命令（する） めいれい	order mệnh lệnh
コンセント（に さす）	(plug into) an outlet (cắm) ổ điện	指示（する） しじ	instructions, directions chỉ thị
スイッチ（を 入れる／切る） い き	(turn on/off) the switch (bật/tắt) công tắc	契約（する） けいやく	contract hợp đồng
（花を）植える はな う	plant (flowers) trồng (hoa)	能率 のうりつ	efficiency, effectiveness năng suất
建てる - 建つ た た	build / be built xây	手間（が かかる） てま	(it takes) time and effort (tốn) công
不動産屋 ふどうさんや	real estate agent công ty bất động sản	順調（な） じゅんちょう	good, smooth suôn sẻ
ビル	building tòa nhà	競争（する） きょうそう	competition cạnh tranh
住む す	live sống	担当（する） たんとう	in charge of đảm nhiệm
引っ越す ひ こ	move chuyển nhà	出勤（する） しゅっきん	going to work đi làm
探す さが	look for tìm	出張（する） しゅっちょう	business trip đi công tác
		事務 じむ	office work, desk work văn phòng

練習しましょう

❶ 1.**a**　2.**d**　3.**c**　4.**b**　5.**e**

❷ 1.**b**　2.**d**　3.**e**　4.**c**　5.**a**

❸ 1.**b**　2.**d**　3.**a**　4.**e**　5.**c**

❹ 1.**b**　2.**e**　3.**c**　4.**a**　5.**d**

やってみましょう

A ①3 ②1 ③2 ④3 ⑤1 ⑥4 ⑦2 ⑧4

B ①4 ②2 ③3 ④3 ⑤1 ⑥2 ⑦4 ⑧1

C ①1 ②4 ③4 ④2 ⑤3 ⑥2 ⑦2 ⑧4

第6回

覚えましょう！
おぼ

企業 きぎょう	company, corporation công ty	パソコン	PC máy tính
経営（する） けいえい	management kinh doanh	スマホ／スマートフォン	smartphone điện thoại thông minh
予定（する） よてい	plan dự định	携帯／携帯電話 けいたい けいたいでんわ	mobile phone điện thoại di động
計画（する） けいかく	plan kế hoạch	給料 きゅうりょう	pay, salary lương

ボーナス	bonus thưởng
商売 しょうばい	business, trade kinh doanh, buôn bán
販売（する） はんばい	sale bán hàng
かせぐ	earn, make money kiếm tiền
もうかる	profitable có lãi
利益 りえき	profit lợi nhuận
規則 きそく	rule, regulations quy tắc
ルール	rule quy định
守る まも	keep, protect, obey bảo vệ, tuân thủ
違反（する） いはん	violation vi phạm
休日 きゅうじつ	day off ngày nghỉ

日時 にちじ	time and date ngày giờ
イベント	event sự kiện
チャンス	chance cơ hội
公務員 こうむいん	public servant, government employee công chức
役人 やくにん	public servant, government official quan chức
国会 こっかい	parliament quốc hội
政府 せいふ	government chính phủ
政治 せいじ	politics chính trị
政治家 せいじか	politician, statesperson chính trị gia
知事 ちじ	governor thống đốc
選挙 せんきょ	election bầu cử
法律 ほうりつ	law pháp luật
義務 ぎむ	obligation nghĩa vụ
権利 けんり	right quyền lợi
平等（な） びょうどう	equal bình đẳng
税金 ぜいきん	tax tiền thuế
経済 けいざい	economy kinh tế
都市 とし	city đô thị
地方 ちほう	locality, regional area địa phương
警官 けいかん	police officer cảnh sát
刑事 けいじ	detective hình sự
おまわりさん	police officer cảnh sát
事件 じけん	incident, case, happenings sự việc, vụ việc
事実 じじつ	fact, the truth sự thật
原因 げんいん	cause nguyên nhân, lý do
情報 じょうほう	information, news thông tin
世間 せけん	the world, people thế gian
災害地 さいがいち	disaster area khu thảm họa
ボランティア	volunteer tình nguyện
活動（する） かつどう	activities hoạt động
助ける たす	help giúp đỡ
困難（な） こんなん	difficult, hard, tough khó khăn
大変（な） たいへん	big, tough, terrible, serious khó khăn, vất vả
参加（する） さんか	participation tham gia
失業者 しつぎょうしゃ	unemployed person, the jobless người thất nghiệp

人手 ひとで	hand, help, manpower giúp đỡ
少子化 しょうしか	declining birthrate sinh ít
人口 じんこう	population dân số
普及（する） ふきゅう	spread phổ cập
（○○化 / 普及 が）進む か　ふきゅう　　すす	advance (○○-ification) / widespread (○○ hóa / phổ cập) tiến triển
申し込む もうこ	apply đăng ký
手続き（する） てつづ	procedure, formalities thủ tục
郵送（する） ゆうそう	by mail gửi bưu điện
免許 めんきょ	license giấy phép

練習しましょう
れんしゅう

❶ 1.e　2.d　3.a　4.c　5.b
❷ 1.e　2.d　3.c　4.b　5.a
❸ 1.d　2.a　3.c　4.e　5.b
❹ 1.e　2.d　3.b　4.a　5.c

📖 ますます more and more / càng ngày càng

やってみましょう ✍

A 1 3 2 2 3 1 4 4 5 1 6 2 7 1 8 3
B 1 2 2 4 3 4 4 1 5 3 6 1 7 4 8 2
C 1 2 2 1 3 4 4 1 5 2 6 2 7 4 8 3

第7回

覚えましょう！
おぼ

体操 たいそう	gymnastics thể dục
陸上競技 りくじょうきょうぎ	athletics thế vận hội
水泳 すいえい	swimming bơi lội
ゴルフ	golf gôn
柔道 じゅうどう	judo 〈Japanese martial art〉 nhu đạo
剣道 けんどう	kendo 〈Japanese art of fencing〉 kiếm đạo
ジョギング	jogging đi bộ
運動（する） うんどう	sport, exercise vận động
競技場 きょうぎじょう	arena sân vận động
運動場 / グラウンド うんどうじょう	athletic field / sportsground sân vận động / sân
会場 かいじょう	hall, place of an event hội trường
競技会 きょうぎかい	competition tranh tài
運動会 うんどうかい	field/sports day ngày hội thể thao

開く（ひら）	hold, have	mở
プロ	professional	chuyên nghiệp
アマ / アマチュア	amateur	nghiệp dư
トレーナー	trainer	huấn luyện viên
コーチ	coach	huấn luyện viên
記録（する）（きろく）	record, note	kỷ lục
試合（を する）（しあい）	(play) a match	(chơi) trận đấu
勝つ / 勝ち（か）（か）	win	thắng/chiến thắng
負ける / 負け（ま）（ま）	lose	thua / chiến bại
引き分ける / 引き分け（ひ わ）（ひ わ）	draw	hòa
優勝（する）（ゆうしょう）	championship	vô địch, giải nhất
～位（い）	~ place	thứ ~
◆ 1位 / 2位 / 3位（い）（い）（い）	1st/2nd/3rd place	thứ 1/2/3
ジム	gym	gym
スポーツクラブ	sports club	câu lạc bộ thể dục
トレーニング（する）	training	tập luyện
行う（おこな）	do	thực hiện
練習（する）（れんしゅう）	practice, training	luyện tập
得意（な）（とくい）	be good at	giỏi
苦手（な）（にが て）	be not good at, dislike	không giỏi
技術（ぎ じゅつ）	technique, skill	kỹ thuật
美術（び じゅつ）	art	mỹ thuật
演劇（えんげき）	play, drama	kịch nghệ
芸術（げいじゅつ）	art	nghệ thuật
コンサート	concert	hòa nhạc
ライブ	live, concert	trực tiếp
演奏会（えんそうかい）	concert	hòa nhạc
楽器（がっき）	musical instrument	nhạc cụ
ダンス	dance	nhày
踊る（おど）	dance	múa
コーラス	chorus, choir	điệp khúc
（ふえを） 吹く（ふ）	blow (the whistle)	thổi (sáo)
（トランペットを） 吹く（ふ）	play (the trumpet)	thổi (kèn)
ステージ	stage	sân khấu
劇場 / ホール（げきじょう）	theater / hall	nhà hát kịch, hội trường

拍手（する）（はくしゅ）	applause, clap	vỗ tay
レッスン（を 受ける）（う）	take a lesson	(dự) giờ học
発表会（はっぴょうかい）	presentation	buổi biểu diễn
チケット	ticket	vé
展覧会（てんらんかい）	exhibition	buổi triển lãm
～展（てん）	~ exhibition	triển lãm ~
◆ 写真展 / 絵画展 / 美術展（しゃしんてん）（かい が てん）（び じゅつてん）	photo exhibition / painting exhibition / art exhibition	triển lãm ảnh/ triển lãm tranh / triển lãm mỹ thuật
美術品（び じゅつひん）	art	tác phẩm mỹ thuật
作品（さくひん）	the work	tác phẩm
読書（どくしょ）	reading books	đọc sách
小説（しょうせつ）	novel	tiểu thuyết
詩（し）	poetry	thơ
ドラマ	drama	kịch
語学（ご がく）	studying a foreign language	ngôn ngữ học
書道（しょどう）	calligraphy	thư pháp
茶道（さ どう）	tea ceremony	trà đạo
歌舞伎（か ぶ き）	kabuki 〈Japanese traditional form of drama and music〉	kabuki
動物（どうぶつ）	animal	động vật
植物（しょくぶつ）	plant	thực vật
温泉（おんせん）	hot spring	onsen, suối nước nóng
見学（する）（けんがく）	visit (for study), field trip	dã ngoại thực tế
見物（する）（けんぶつ）	sightseeing	tham quan thực tế
観光（する）（かんこう）	sightseeing	tham quan, du lịch
ドライブ（する）	drive	lái xe
ファン	fan	cổ động viên
観客（かんきゃく）	audience, spectator	khán giả
アイドル	idol	thần tượng
番組（ばんぐみ）	(TV etc.) program	chương trình ti vi
チャンネル	channel	kênh
職人（しょくにん）	craftsman, artisan	nghệ sĩ
画家（が か）	painter	họa sỹ
作家（さっか）	writer	nhà văn
歌手（か しゅ）	singer	ca sỹ
俳優（はいゆう）	actor/actress	diễn viên

練習しましょう
れんしゅう

❶ 1.**e**　　2.**d**　　3.**b**　　4.**a**　　5.**c**

❷ 1.**e**　　2.**c**　　3.**d**　　4.**a**　　5.**b**

❸ 1.**b**　　2.**c**　　3.**a**　　4.**e**　　5.**d**

❹ 1.**d**　　2.**a**　　3.**e**　　4.**c**　　5.**b**

やってみましょう

A ①4 ②1 ③3 ④2 ⑤3 ⑥4 ⑦2 ⑧4

B ①2 ②4 ③1 ④3 ⑤2 ⑥4 ⑦1 ⑧2

C ①2 ②1 ③4 ④4 ⑤1 ⑥4 ⑦3 ⑧4

第8回

覚えましょう！
おぼ

暮らす く	live sống
過ごす す	spend trải qua
片付け かた づ	decluttering dọn dẹp
片付ける かた づ	put away, clean up dọn dẹp
子育て（する） こ そだ	child rearing nuôi con
育てる そだ	grow, bring up, raise nuôi nấng
手伝い て つだ	help, assistance giúp đỡ
手伝う て つだ	help, assist giúp đỡ
支度（する） し たく	preparation chuẩn bị
準備（する） じゅん び	preparation chuẩn bị
外出（する） がいしゅつ	going out ra ngoài
急ぐ いそ	hurry (up) nhanh chóng, vội vàng
かぎ	key, lock chìa khóa
（かぎを）かける	lock khóa
留守 る す	absence vắng nhà
留守番 る す ばん	house-sitting ở nhà, trông nhà
忙しい いそが	busy, hectic bận
ぐっすり（寝る / 眠る） ね ねむ	(sleep) well, fast asleep (ngủ) say
（目が）覚める め さ	wake up mở (mắt), tỉnh giấc
寝坊（する） ね ぼう	oversleeping ngủ quá
ごみ	garbage rác
生ごみ なま	raw garbage rác sống
燃やす ゴミ も / 燃やさない ゴミ も	burnable garbage /non-burnable garbage rác đốt được / rác không đốt được

（ごみを）出す だ	put out (the garbage) bỏ (rác)
空き缶 / 空きびん あ かん あ	empty cans/bottles lon trống / bình rỗng
ほこり（が たまる）	dust (gathers) đọng (bụi)
ほうき（で 掃く） は	(sweep with a) broom (quét bằng) chổi
掃除機（を かける） そう じ き	vacuum (bật) máy hút bụi
汚れる よご	become dirty bẩn
雑巾（で ふく） ぞうきん	(wipe with) a rag (lau bằng) dẻ lau
バケツ	bucket xô
洗濯機 せんたく き	washing machine máy giặt
洗濯物（を 洗う / 乾かす） せんたくもの あら かわ	(wash/dry) the laundry (giặt/phơi) đồ giặt
済む す	finish/end xong
ごちそう	feast cảm ơn đã cho ăn
冷蔵庫 れいぞう こ	refrigerator tủ lạnh
日用品 にちようひん	daily commodities đồ dùng hàng ngày
ほっとする	relieved nhẹ người
必要（な） ひつよう	necessary, requisite, essential cần thiết
不要（な） ふ よう	unnecessary, needless không cần thiết
教育（する） きょういく	education giáo dục
科目 か もく	subject môn
教科書 きょう か しょ	textbook sách giáo khoa
成績 せいせき	grade, score thành tích
学部 がく ぶ	department, faculty khoa
教授 きょうじゅ	professor giáo sư
講義（する） こう ぎ	lecture giờ học
指導（する） し どう	teaching, guidance hướng dẫn
教わる おそ	be taught dạy
学ぶ まな	learn học
知識 ち しき	knowledge tri thức
基礎 き そ	basics cơ sở
学力 がくりょく	academic ability học lực
レベル	level cấp độ
努力（する） ど りょく	effort năng lực
通学（する） つうがく	going to school đi học
受験（する） じゅけん	taking an entrance exam thi cử
入学試験 にゅうがく し けん	entrance exam thi đấu vào

合格 (する)　こうかく	passing the exam đỗ
失敗 (する)　しっぱい	failure, mistake thất bại
将来　しょうらい	(in the) future tương lai
未来　みらい	future tương lai
現在　げんざい	the present hiện tại
過去　かこ	past quá khứ
昔　むかし	a long time ago ngày xưa
平日　へいじつ	weekday ngày thường
週末　しゅうまつ	weekend cuối tuần
連休　れんきゅう	consecutive holidays kỳ nghỉ dài
明け方　あけがた	dawn bình minh
早朝　そうちょう	early morning sáng sớm
日中　にっちゅう	daytime trong ngày
夕方　ゆうがた	evening chiều muộn
夕べ　ゆうべ	last night tối
夜中　よなか	during the night đêm
真夜中　まよなか	middle of the night đêm muộn
深夜　しんや	late at night, late in the night đêm khuya
晩　ばん	night tối
今晩　こんばん	tonight tối nay
前日　ぜんじつ	the day before hôm trước
翌日　よくじつ	the next day hôm sau
当日　とうじつ	the appointed day, on the (designated) day hôm đó
先日　せんじつ	the other day hôm nọ

練習しましょう
れんしゅう

❶ 1.**e**　　2.**d**　　3.**b**　　4.**a**　　5.**c**
❷ 1.**a**　　2.**b**　　3.**c**　　4.**e**　　5.**d**
❸ 1.**c**　　2.**b**　　3.**a**　　4.**d**　　5.**e**
❹ 1.**e**　　2.**d**　　3.**a**　　4.**b**　　5.**c**

やってみましょう

A 　1 4 　2 2 　3 4 　4 1 　5 4 　6 1 　7 4 　8 3
B 　1 4 　2 2 　3 1 　4 1 　5 2 　6 2 　7 1 　8 3
C 　1 4 　2 1 　3 2 　4 4 　5 3 　6 3 　7 2 　8 1

第9回

覚えましょう！
おぼ

身長　しんちょう	height (of body) chiều cao
体重　たいじゅう	(body) weight cân nặng
太る　ふと	gain weight béo
やせる	lose weight, become thin gầy
ダイエット (する)	diet ăn kiêng
心臓　しんぞう	heart tim
胃　い	stomach dạ dày
骨　ほね	bone xương
肌　はだ	skin da
歯　は	tooth răng
虫歯　むしば	caries răng sâu
血液 / 血　けつえき / ち	blood máu
血圧　けつあつ	blood pressure huyết áp
消化 (する)　しょうか	digestion tiêu hóa
呼吸 / 息　こきゅう / いき	breath, respiration thở/ hơi thở
体調　たいちょう	physical condition tình trạng sức khỏe
具合　ぐあい	condition tình trạng
調子が いい / 悪い　ちょうし / わる	in good/bad shape tình trạng tốt/xấu
健康　けんこう	health sức khỏe
睡眠　すいみん	sleep ngủ
眠い　ねむ	sleepy buồn ngủ
疲れる　つか	be tired mệt
休養 (する)　きゅうよう	rest nghỉ dưỡng
休憩 (する)　きゅうけい	break nghỉ ngơi
熱 (が ある / ない)　ねつ	(have a/no) fever (bị/không) bị sốt
熱 (が 上がる / 下がる)　ねつ / あ / さ	the fever (goes up/down) sốt lên/hạ sốt
体温　たいおん	body temperature nhiệt độ cơ thể
体温計　たいおんけい	thermometer cặp nhiệt độ
せき	cough ho
鼻水　はなみず	runny nose nước mũi
くしゃみ	sneeze hắt hơi
涙　なみだ	tears nước mắt
汗　あせ	perspiration, sweat mồ hôi

だるい	feel tired, be dull	mệt mỏi
めまいが する	feel dizzy	chóng mặt
はき気が する	feel sick, have nausea	buồn nôn
寒気が する	feel a chill	ớn lạnh
痛み	pain	đau
頭痛	headache	đau đầu
腹痛	stomach ache	đau bụng
かゆい	itch	ngứa
やけど (する)	scald	bỏng
けが (する)	injury	bị thương
骨折 (する)	fracture	gẫy xương
しびれる	be numb	tê chân/tay
内科	department of internal medicine	nội khoa
外科	surgery	ngoại khoa
小児科	pediatrics	khoa nhi
整形外科	orthopedics	khoa ngoại chỉnh hình
耳鼻科	ear, nose, and throat department	khoa tai mũi họng
眼科	ophthalmology	nhãn khoa
歯科	dental	nha khoa
皮膚科	dermatology	khoa da liễu
診察 (する)	medical examination	kiểm tra, khám
診る	see / examine (by a doctor)	thăm khám
診察券	patient registration card	thẻ khám
保険証	health insurance card	thẻ bảo hiểm
医者 / 医師	(medical) doctor	bác sỹ
歯医者	dentist	nha sỹ
看護師	nurse	y tá
患者	patient	bệnh nhân
検査 (する)	examination, inspection	xét nghiệm
血液検査	blood test	xét nghiệm máu
レントゲン	roentgen	x-quang
治療 (する)	treatment	điều trị
注射 (する)	injection	tiêm
手術 (する)	operation, surgery	phẫu thuật

看病 (する)	nursing	điều dưỡng
予防 (する)	prevention, precaution	dự phòng
治る	recover/heal, be cured	khỏi
薬	medicine	thuốc
薬が 効く	the medicine works, the medicine is effective	thuốc có có tác dụng
薬が 効かない	the medicine doesn't work, the medicine isn't effective	thuốc không có tác dụng
飲み薬	internal medicine	thuốc uống
薬を 飲む	take medicine	uống thuốc
塗り薬	ointment	thuốc bôi
薬を 塗る	apply medicine	bôi thuốc
目薬	eye drops	thuốc nhỏ mắt
目薬を さす	point to eye drops	nhỏ thuốc mắt
湿布を 貼る	apply a compress	dán thuốc
インフルエンザ	influenza	cúm
ワクチン	vaccine	vắc xin
うがい (する)	gargle	súc miệng
手洗い	washing hands	rửa tay
マスク	mask	khẩu trang
入院 (する)	hospitalization	nhập viện
退院 (する)	leaving the hospital	ra viện
お見舞い	visiting an inpatient in the hospital	thăm ốm

練習しましょう

❶ 1.**e**　　2.**c**　　3.**b**　　4.**a**　　5.**d**

❷ 1.**b**　　2.**a**　　3.**d**　　4.**c**　　5.**e**

❸ 1.**c**　　2.**a**　　3.**e**　　4.**d**　　5.**b**

❹ 1.**b**　　2.**a**　　3.**c**　　4.**d**　　5.**e**

やってみましょう

A ⦋1⦌3 ⦋2⦌1 ⦋3⦌4 ⦋4⦌2 ⦋5⦌3 ⦋6⦌2 ⦋7⦌4 ⦋8⦌2

B ⦋1⦌2 ⦋2⦌4 ⦋3⦌1 ⦋4⦌3 ⦋5⦌3 ⦋6⦌3 ⦋7⦌1 ⦋8⦌2

C ⦋1⦌2 ⦋2⦌4 ⦋3⦌3 ⦋4⦌2 ⦋5⦌1 ⦋6⦌2 ⦋7⦌1 ⦋8⦌2

第 10 回

覚えましょう！

性格（せいかく）	character, personality / tính cách
性質（せいしつ）	nature / tính chất
人柄（ひとがら）	personality, character / cá tính
印象（いんしょう）	impression / ấn tượng
明るい（人／性格）（あか・ひと・せいかく）	cheerful, bright (person/personality) / (người/tính cách) tươi tắn
ほがらか（な）	cheerful / vui vẻ
利口（な）（りこう）	clever, smart / thông minh
素直（な）（すなお）	obedient / thật thà
正直（な）（しょうじき）	honest / thành thật
上品（な）（じょうひん）	elegant / sang trọng
下品（な）（げひん）	vulgar / rẻ tiền
活動的（な）（かつどうてき）	active / hoạt bát
社交的（な）（しゃこうてき）	sociable / xã giao
勝手（な）（かって）	selfish / ích kỷ
乱暴（な）（らんぼう）	rough / thô thiển
失礼（な）（しつれい）	rude / thất lễ
のんき（な）	easy-going / dễ dãi
厳しい（きび）	severe, strict / nghiêm khắc
おとなしい	quiet, gentle, obedient / người lớn
才能（さいのう）	talent / tài năng
能力（のうりょく）	ability, capability, competence / năng lực
（お）世話に なる（せわ）	receive kindness/favor/help / được giúp đỡ
（お）世話を する（せわ）	take care of, look after / chăm sóc
男性（だんせい）	man / nam
女性（じょせい）	woman / nữ
客／お客さん／お客様（きゃく・きゃく・きゃくさま）	customer, guest / khách
新人（しんじん）	rookie / người mới
ベテラン	veteran / người có kinh nghiệm
目上（めうえ）	superior / người lớn hơn
年配（ねんぱい）	elderly / người già
若者（わかもの）	youth, the young / người trẻ
関係（かんけい）	relation, relationship / quan hệ

仲（なか）	(friendly) relationship / thân thiết
親しい（した）	close, intimate / thân thiết
友人（ゆうじん）	friend / bạn
親友（しんゆう）	close friend / bạn thân
親戚（しんせき）	relatives / họ hàng
他人（たにん）	others, other people, stranger / người khác
知人（ちじん）	acquaintance / người quen
本人（ほんにん）	the person himself/herself / đương sự
相手（あいて）	opponent, partner, the other person / đối phương
サークル	circle, club, group / câu lạc bộ
交流（する）（こうりゅう）	interaction, friendship / giao lưu
交際（する）（こうさい）	relationship, dating / giao tiếp
付き合い（つ・あ）	relationship, friendship / quan hệ hẹn hò
付き合う（つ・あ）	be friends (with), date / có quan hệ hẹn hò
愛する（あい）	love / yêu
結婚（する）（けっこん）	marriage / cưới, kết hôn
離婚（する）（りこん）	divorce / ly hôn
態度（たいど）	attitude / thái độ
行動（する）（こうどう）	action, behavior / hành động
気分（きぶん）	feeling / tâm trạng
感情（かんじょう）	feelings, emortion / cảm xúc
表情（ひょうじょう）	expression, look / diễn đạt
言葉づかい（ことば）	use of language / sử dụng từ ngữ
礼儀（れいぎ）	etiquette, manners / lễ nghi
マナー	manners / tác phong
トラブル	trouble / vấn đề
けんか	quarrel, fight / cãi nhau
ストレス	stress / xì trét
悩み（なや）	worry / lo lắng
つらい	hard, tough / khó khăn
苦しい（くる）	tough, hard, difficult / khó khăn, mệt mỏi
つまらない	dull, boring / chán, chán nản
いや（な）	disgusting, unpleasant / không thích
不満（な）（ふまん）	dissatisfaction, complaint / bất mãn

不運(な) ふ うん	unfortunate, unlucky không may
困る こま	have trouble/difficulty gặp khó khăn
緊張(する) きんちょう	tension căng thẳng
幸せ(な) しあわ	happy hạnh phúc
感動(する) かんどう	excitement cảm động
感謝(する) かんしゃ	thanks, gratitude cảm tạ
尊敬(する) そんけい	respect tôn trọng
満足(する) まんぞく	satisfaction thỏa mãn
うらやましい	envious ghen tị
平気(な) へいき	calm, unconcerned bình thản
理解(する) り かい	understanding hiểu
落ち着く お つ	calm down bình tĩnh
のんびりする	relax thỏa mái
安心(する) あんしん	relief an tâm
楽しみ（に する） たの	look forward háo hức

練習しましょう
れんしゅう

❶ 1.**e**　　2.**c**　　3.**b**　　4.**d**　　5.**a**

❷ 1.**c**　　2.**b**　　3.**d**　　4.**a**　　5.**e**

❸ 1.**c**　　2.**d**　　3.**e**　　4.**a**　　5.**b**

❹ 1.**c**　　2.**d**　　3.**e**　　4.**b**　　5.**a**

やってみましょう

A ①3 ②1 ③2 ④4 ⑤3 ⑥1 ⑦2 ⑧2

B ①3 ②1 ③1 ④3 ⑤2 ⑥4 ⑦1 ⑧1

C ①2 ②4 ③1 ④1 ⑤2 ⑥4 ⑦1 ⑧1

◆◆ **文法** ◆◆
ぶんぽう
正解と翻訳
せいかい　ほんやく

第1回

🗣💬 わかりますか？

❶ A 「今お電話してもいいです（**か**）。」
いま でんわ

B 「これから会議なので、12 時（**まで**）出られ
かいぎ じ で
ません。」

A 「わかりました。午後、お電話します。」
ご ご でんわ

B 「3 時から別の会議なので、3 時（**までに**）
じ べつ かいぎ じ
お願いします。」
ねが

A 「はい。では、2 時（**に**）お電話します。」
じ でんわ

❷ ① 午後は会議があるので、12 時（**までに**）
ご ご かいぎ じ
電話をしてください。
でんわ

② 明日（**までに**）できればいいので、急がなく
あした いそ
てもいいです。

③ そんなに遅く（**まで**）仕事をしたら、疲れる
おそ しごと つか
でしょう？

❸ ① A 「ああ、疲れました（**ね**）。休みましょう。」
つか やす
B 「ええ。それがいいです（**ね**）。」

② A 「どうしたの？」　B 「頭が痛いんだ（**よ**）。」
あたま いた

③ A 「ミーティング、何時からだ（**っけ**）。
なんじ
連絡あった？」
れんらく
B 「うん。2 時からだ（**って**）。」
じ

❹ ① 女子校に入れるのは女子（**だけ**）です。
じょしこう はい じょし

② 最近 残業（**ばかり**）で、いやになります。
さいきん ざんぎょう

③ この仕事、3 人（**だけ**）でするんですか。
しごと にん
それは無理です。
む り

④ 遊んで（**ばかり**）いないで、勉強しなさい。
あそ べんきょう

❺ ① ドア（**が**）開いてる。だれかいるの（**かな**）。
あ

② 変なにおい（**が**）する。くさい*（**な**）。
へん
📖 くさい stinky / mùi hôi

③ あ、だれ（**か**）いる。だれか（**な**）。

❻ ① ここから駅へ行く（**には**）バスが便利ですよ。
えき い べん り

② 山田さんに会える（**とは**）思いませんでした。
やま だ あ おも
うれしいです。

③ 私は友達と旅行するのが好きです。一人で旅
わたし ともだち りょこう す ひと り りょ
行する（**のも**）好きです。
こう す

やってみましょう ✍️

問題1　①4　②3　③1　④2　⑤3　⑥3　⑦2
　　　　⑧4　⑨3　⑩1　⑪4　⑫1　⑬2　⑭3

📓 仕方（が）ない　it can not be helped / không có cách nào khác
　タブレット　tablet / máy tính bảng
　帰国する　return to one's country / về nước

問題2　①3　④電話番号　①とか　③連絡先を聞く
　　　　②の を
　　　　②4　②で　①いい　④から　③手伝って
　　　　③4　①ばかり　③ではなく　④外国人　②にも

📓 和食　Japanese cuisine / món ăn Nhật

問題3　①4　②1　③3

第2回

🔊 わかりますか？

❶ A「すみません。少し遅れます。食事、先に
　　始めて（いて）ください。」
　B「何時ごろに（なり）そうですか。」
　A「15時15分ごろには（着ける）と思います。」
　B「では、（お待ちして）います。」
　A「（お待たせして）すみません。
　　急いで行きます。」
❷ ① A「夏休み、どうしますか。」
　　 B「北海道へ（行こう）と思っています。
　　　　Aさんは？」
　　 A「私は、アルバイトを（する）つもりです。」
　 ② A「私も（泳げる）ようになりたいな。
　　　　Bさんは（泳げる）？」
　　 B「ううん、（泳げない）。」
❸ ① A「うれしそうですね。」
　　 B「ええ。課長に（ほめられた）んです。」
　 ② A「どうしたの。」
　　 B「コーチに10キロも（走らされて）足が
　　　　痛いんだ。」
　 ③ A「その仕事、私に（させて）ください。」
　　 B「ありがとうございます。お願いします。」
❹ ① A「しょうゆ、（とって）。」　B「はい。」
　 ② A「北海道へ（行った）んだってね。
　　　　（どう）だった？」
　　 B「（楽しかった）。また（行きたい）。」
　 ③ A「（ここ）に自転車を（とめても）いいですか。」
　　 B「あ、（そこ）は困ります。ここにとめて
　　　　ください。」

④ A「（この）マークは（入るな）、（その）マーク
　　は注意（しろ）という意味です。」
❺ A「これ、軽い。（便利）かもしれない。買って
　　みよう。」
　B「え、（そんなの）いらないよ。」
❻ A「ここ（有名な）美術館よ。入ってみない？」
　B「いいね。でも、今日は（休みだ）と書いて
　　あるよ。」
　A「（そう）なんだ。」
❼ A「おかげさまで就職が決まりました。」
　B「（それは）よかったですね。」

やってみましょう ✍️

問題1　①4　②1　③4　④2　⑤2　⑥1　⑦4
　　　　⑧3　⑨2　⑩1　⑪2　⑫4　⑬3　⑭2

📓 減らす　reduce, cut down / giảm
　参加者　participant / người tham gia

問題2　①1　②運動する　④ようにと　①言われた　③ので
　　　　②3　②受けられなかったら　①どう　③しようと
　　　　　　④思ったが
　　　　③1　②シャツを　④店員に　①すすめられて
　　　　　　③買って

問題3　①2　②1　③2

📓 車を発進させる　start a car / khởi động ô tô
　ブレーキを踏む　step on the brakes / đạp phanh

第3回

🔊 わかりますか？

❶ A「花火、どうだった？」
　B「きれいだった。（でも）人が多くて帰りの電
　　車に乗れなかった。」
　A「え、（それで）どうしたの？」
　B「歩いて帰った。（だから）今日は足が痛い。」
　A「それは大変だったね。（じゃあ）今日は
　　ゆっくり休んだほうがいいね。」
❷ ① 女の人「みどり公園に行きたいんです（が）、
　　　　　　何番のバスですか。」
　　 バスの運転手「5番です。」
　 ② A「日曜日、何した？」
　　 B「さくら町へ（行って）、友達に会った。」
　 ③ A「テニス、行ってきます。」
　　 B「え、雨が降っている（のに）練習があるの？」
　　 A「うん、今日の練習は体育館なんだ。」

❸ 今日の予定です。最初に美術館へ行きます。（それから）お昼を食べます。（そのあと）船に乗ります。（そして）湖を一周します＊。

📖 湖を一周する go for a lap around the lake / đi vòng quanh hồ nước

❹ A「すみません。（この）近くに郵便局はありませんか。」
B「この道をまっすぐ行ってください。（すると）コンビニがあります。郵便局は（その）となりです。」

❺ ① A「ごちそうさまでした。おいしかったです。（ところで）（ご）両親は（お）元気でいらっしゃいますか。」
B「はい、元気にして（おります）。」
② A「いらっしゃいませ。どうぞ（お入りください）。」
B「失礼します。」
③ A「（お）荷物、（お持ちします）。」
B「ありがとうございます。」
④ A「こちら（ご）家族の（お）写真ですね。（拝見しても）よろしいですか。」
B「ええ、どうぞ。いすに（座っている）のが父と母です。」

やってみましょう ✍️

問題1 ①1 ②3 ③2 ④3 ⑤2 ⑥1 ⑦4 ⑧2 ⑨1 ⑩3 ⑪3 ⑫1 ⑬4 ⑭2

📖 大型 large, big / to lớn
感じがいい（人）nice (person) / (người) tốt

問題2 ①3 ²なるときは ¹車で ³お送りします ⁴ので
②3 ²20分も ⁴待っているんです ³けど ¹まだです
③2 ⁴それなのに ³歩きながら ²たばこを吸っている ¹人が

問題3 ①2 ②3 ③2

📖 ご無沙汰をしております
Please forgive me for my long silence.
xin lỗi vì lâu không liên lạc

第4回

🔍 わかりますか？

問題1 ①4 ②1

問題2 ①3 ⁴には ²元気でいて ³もらいたい ¹と
②3 ⁴卒業したら ¹日本の ³会社で ²働こう
③1 ²この仕事が ⁴できる ¹ように ³なって

問題3 ①2 ②3 ③1 ④4

📖 満員電車 packed train / tàu điện kín chỗ
がまん（する）patience / nhẫn nại, kiên nhẫn
自宅 one's house / nhà riêng

やってみましょう ✍️

A ①4 ②1 ③2 ④3 ⑤4 ⑥3 ⑦1 ⑧2

B ①3 ②4 ③4 ④1 ⑤2 ⑥3 ⑦4 ⑧3

📖 申込書 application form / đơn xin
編む knit / đan

C 問題1
①4 ³締め切りを ²少し ⁴延ばして ¹いただけません

📖 締め切り deadline / thời hạn

②1 ⁴通訳の仕事が ³できる ¹ように ²なりたい

③3 ¹暮らせる ⁴平和な世界に ³なれば ²いい

📖 平和（な）peaceful / hòa bình, yên bình

問題2
①2 ②4 ③1 ④3

📖 レジ袋 plastic (shopping) bag / túi mua đồ

第5回

🔍 わかりますか？

問題1 ①3 ②1

問題2 ①4 ³割れ ²やすい ⁴から ¹気を付けて
②3 ²雨の量は ⁴去年の8月 ³に ¹比べて
③2 ¹80歳 ³という ²年齢 ⁴にしては

問題3 ①3 ②4 ③2 ④3

📖 予測される be predicted / dự đoán
地球（の）温暖化 global warming / tình trạng trái đất nóng lên
乾燥する dry / khô
農地 farmland / đất nông nghiệp
今後 from now on / từ nay về sau

やってみましょう ✍

A ①3 ②4 ③4 ④2 ⑤3 ⑥3 ⑦2 ⑧2

B ①1 ②1 ③2 ④1 ⑤3 ⑥1 ⑦3 ⑧4

　　📖 指をはさむ　catch a finger / kẹp ngón tay
　　　　ゆび
　　　電子レンジ　microwave / lò vi sóng
　　　でん し

C 問題1

　①1　³勉強しなかった　²わりには　¹よく　⁴できた
　　　　べんきょう
　②3　²つけた　⁴ままに　³して　¹おいて
　③3　⁴軽くて　²じょうぶな　³ので　¹旅行
　　　　かる　　　　　　　　　　　　　　　りょこう

　問題2

　①4　②3　③1

　　📖 近年　in recent years / những năm gần đây
　　　　きんねん
　　　ドイツ風　German style / phong cách Đức
　　　　　　ふう

第6回

🧑‍💬🎧 わかりますか？

問題1 ❶1 ❷3 ❸4

　　📖 節約する　save cost/money / tiết kiệm
　　　　せつやく
　　　ブレーキ　brake / phanh
　　　うわさ　rumor / lời đồn

問題2 ❶4　³中国語を　¹話して　⁴いるから　²中国人
　　　　　　ちゅうごくご　　はな　　　　　　　　ちゅうごくじん
　　　　❷2　⁴会長に　³選ばれるのは　¹川村さん
　　　　　　　かいちょう　えら　　　　　　かわむら
　　　　　　¹じゃないか
　　　　❸4　³によると　²この夏は　⁴暑く　¹なる
　　　　　　　　　　　　　なつ　　　あつ

問題3 ❶①2　②1　③2

　　📖 案外　unexpectedly / không lường trước
　　　　あんがい
　　　❷①3　②1　③3

　　📖 影響　impact / ảnh hưởng
　　　　えいきょう

やってみましょう ✍

A ①1 ②4 ③2 ④4 ⑤3 ⑥3 ⑦1 ⑧1

　　📖 夢が実現する　dream come true / thực hiện giấc mơ
　　　　ゆめ　じつげん
　　　（会社の）景気がいい　(business is) prosperous /
　　　　かいしゃ　けいき　　　(công ty) phát triển tốt

B ①3 ②2 ③4 ④2 ⑤1 ⑥1 ⑦2 ⑧4

　　📖 居眠り運転　fall asleep at the wheel / lái xe ngủ gật
　　　　い ねむ うんてん

C 問題1

　①3　²予想　⁴どおりに　³日本の　¹選手が
　　　　よそう　　　　　にほん　　せんしゅ
　②1　⁴合格した　³学生たちは　¹とても
　　　　ごうかく　　がくせい
　　　²うれしそうな
　③2　⁴必ず　³上がると　²思っていたら　¹下がって
　　　　かなら　あ　　　　おも　　　　　　　さ
　　📖 株　shares / cổ phiếu
　　　　かぶ

問題2

①4 ②3 ③1

第7回

🧑‍💬🎧 わかりますか？

問題1 ❶4 ❷2 ❸2

　　📖 社内　within a company / trong công ty
　　　　しゃない
　　　地位　position / vị trí
　　　　ち い

問題2 ❶4　³息子は　¹アメリカに　⁴留学する　²ことに
　　　　　　むすこ　　　　　　　　　りゅうがく
　　　　❷3　²おかげで　⁴試験に　³合格する　¹ことが
　　　　　　　　　　　しけん　　ごうかく
　　　　❸1　⁴白い馬の　²ように　¹見える　³ことから
　　　　　　　しろ うま　　　　　　　み

問題3 ❶①2　②1　③4
　　　　❷①2　②2　③3

　　📖 小型　small / cỡ nhỏ
　　　　こがた
　　　新発売　be new on the market
　　　　しんはつばい　sản phẩm mới ra thị trường
　　　場所を取る　secure some space / lấy chỗ
　　　　ば しょ と
　　　長所　strong point / điểm mạnh
　　　　ちょうしょ
　　　機能　function / chức năng
　　　　き のう
　　　無駄（な）　waste / lãng phí
　　　　む だ
　　　（電気の）節約　saving (on electricity)
　　　　でんき　せつやく　tiết kiệm điện

やってみましょう ✍

A ①4 ②3 ③1 ④3 ⑤1 ⑥2 ⑦4 ⑧2

B ①2 ②4 ③2 ④1 ⑤4 ⑥4 ⑦1 ⑧3

C 問題1

　①4　²雨の　¹ために　⁴飛行機の　³到着が
　　　　あめ　　　　　ひこうき　　とうちゃく
　②3　¹彼と　⁴結婚したのは　³彼が　²優しい人
　　　　かれ　けっこん　　　　かれ　　やさ　ひと
　③2　⁴旅行する　³のに　²どれくらい　¹お金が要る
　　　　りょこう　　　　　　　　　　　かね い

　問題2

　①3　②4　③1

第8回

🧑‍💬🎧 わかりますか？

問題1 ❶3 ❷1 ❸3

　　📖 断る　refuse / từ chối
　　　　ことわ
　　　素人　amateur / người không chuyên
　　　　しろうと
　　　（川が）あふれる　(the river) flood / (sông) bị ngập
　　　　かわ

問題2 ❶1　²人が　⁴社会で　¹活躍する　³とは
　　　　　　ひと　　しゃかい　かつやく
　　　📖 活躍する　do well / tích cực hoạt động
　　　　　かつやく
　　　　❷3　⁴対して　¹そんな　³言い方を　²するべき
　　　　　　　たい　　　　　　い かた

③1 ⁴立場から ²見ると ¹問題の解決は ³難しいだろう
　　解決 solution / giải quyết
　　立場 position / vị trí

問題3 ①①2 ②3 ③1
　　活気 vibrancy / náo nhiệt
②①3 ②3 ③2

やってみましょう

A 1|2 2|4 3|2 4|4 5|4 6|3 7|2 8|1
　　冗談 joke / đùa
　　状況 situation / tình trạng

B 1|1 2|1 3|3 4|3 5|1 6|2 7|2 8|4

C 問題1
1|4 ¹なら ³行かないと ⁴言って ²断れば
　　頼る rely on / phụ thuộc
2|2 ³ばかり ¹いないで ²自分で ⁴考えて
3|2 ⁴大丈夫だ ¹といって ²油断を ⁴しては
　　油断(を)する be off one's guard / lơ là

問題2
1|4 2|2 3|3
　　無駄にする go to waste / lãng phí

第9回

わかりますか?

問題1 ①2 ②4 ③2
　　木の葉 leaf / lá cây
　　通勤時間 commuting time / giờ đi làm

問題2 ①1 ⁴冗談でも ³そんな ¹ことを ²言っては
②3 ⁴行って ⁴はじめて ³自分の国の ¹良さが
③4 ²行くの ¹なら ⁴ぼく ³も

問題3 ①①2 ②3 ③1
　　たった only / chỉ
　　数倍 several times / nhiều lần
②①4 ②2 ③2
　　録音する record / ghi âm
　　(テストに)パスする pass (an exam) / đỗ (kỳ thi, kiểm tra) ＝(試験に)合格する
　　集団生活 living in a group / sinh hoạt tập thể
　　面接試験 interview exam / thi vấn đáp

やってみましょう

A 1|2 2|4 3|4 4|3 5|3 6|2 7|1 8|3
　　ありがたい be thankful / cảm tạ

B 1|1 2|3 3|3 4|4 5|2 6|3 7|1 8|1
　　完売する sold out / bán hết

C 問題1
1|1 ⁴いっしょに ²来てくれる ¹なら ³ぼくは
2|3 ⁴降らない ¹かぎり ³計画の ²とおりに
3|4 ³立場を ¹あなたに ⁴わかって ²もらえたら

問題2
1|3 2|1 3|2

第10回

わかりますか?

問題1 ①2 ②1 ③4
　　体力 physical strength / thể lực

問題2 ①1 ⁴考えた ²うえで ¹返事を ³したい
②2 ⁴から ¹3月 ²にかけて ³雪が
③4 ³までに ²この書類を ⁴出さないと ¹試験が

問題3 ①①4 ②1 ③4 ④2
　　前売り advance sale / bán trước
②①3 ②1 ③4

やってみましょう

A 1|4 2|1 3|2 4|4 5|1 6|3 7|1 8|2

B 1|3 2|2 3|4 4|1 5|2 6|1 7|1 8|4

C 問題1
1|2 ⁴来る ³たびに ²息子の ¹自慢話を
　　自慢話 boast / câu chuyện tự mãn
2|4 ³少しで ²車に ⁴ひかれる ¹ところ
　　車にひかれる be run over by a car / bị xe hơi cán
3|3 ²仕事が ⁴終わった ³ところで ¹休憩に

問題2
1|2 2|4 3|3 4|1
　　発達する develop / phát triển

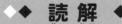

◆◆ 読解 ◆◆
正解と翻訳
せいかい　　ほんやく

第2回

わかりますか？

❶ 3 　　❷ 1

やってみましょう

(1) ①1

🔍 解答のポイント

・「暑さを乗り越える」の意味は「夏を元気に過ごす」。
あつ　の　こ　　　　いみ　なつ　げんき　す

・「暑さに負ける」は「暑さを乗り越える」と反対
あつ　ま　　　　あつ　の　こ　　　　はんたい
のこと。

⇒「暑さに負ける」は「夏を元気に過ごす」と反対
あつ　ま　　　　なつ　げんき　す　　　はんたい
のこと。

📖 江戸時代（1603-1867）the Edo period / thời đại Edo
えど じだい

乗り越える overcome / vượt qua
の　こ

麦茶 barley tea / trà lúa mạch
むぎちゃ

〜を見習う learn from 〜 / nhìn để học tập
みなら

健康法：健康でいるための方法
けんこうほう　けんこう　　　　　　　ほうほう

(2) ②4

📖 ネズミ mouse / chuột

恐ろしい＝とてもこわい
おそ

敵 enemy/ kẻ thù
てき

群れ＝いっしょに行動するグループ
む　　　　　　　こうどう

可能性 possibility, potential / khả năng
か のうせい

(3) ③3

📖 ミネラルウォーター mineral water / nước khoáng

水道水＝水道の水
すいどうすい　すいどう みず

（オリンピックの）選手村 Olympic village / làng vận
せんしゅむら
động viên (Ô-lim-pic)

第3回

わかりますか？

❶ 4 　　❷ 3

やってみましょう

(1) ①4

キーセンテンス

・「最近、人と人のコミュニケーションが今まで以
さいきん　ひと　ひと　　　　　　　　　　　　　　いま　い
上に重要になっていると感じます。」
じょう じゅうよう　　　　　　　かん

📖 今まで以上に＝今までよりもっと
いま　いじょう　　　いま

重要（な）＝大切（な）
じゅうよう　　　たいせつ

(2) ②1

📖 無視する ignore / lờ đi
む し

わがまま（な）selfish / ích kỷ

(3) ③4

キーワード 「温暖化への対策」
おんだんか　　たいさく

📖 対策 measure / biện pháp
たいさく

経済的（な）economic / tính kinh tế
けいざいてき

科学的（な）scientific / tính khoa học
か がくてき

同時に at the same time / đồng thời
どうじ

社会的（な）social / tính xã hội
しゃかいてき

第4回

わかりますか？

❶ 3 　　❷ 2

やってみましょう

(1) ①2

📖 転勤＝同じ会社の中で働く場所が変わること
てんきん　おな かいしゃ なか はたら ばしょ か

キャラクター＝性格
せいかく

〜こともあるかと＝〜こともあるかもしれないと

(2) ②3

📖 休校＝学校が休みになること
きゅうこう がっこう やす

接近する＝近くに来ている
せっきん　　ちか　き

警報 warning / cảnh báo
けいほう

交通機関 transport system / phương tiện giao thông
こうつう き かん

(3) ③3

📖 ただ／ただし＝でも

セミナー seminar / hội thảo

第5回

🎧 わかりますか？

問1：**4**　問2：**2**　問3：**3**

✍️ やってみましょう

(1) 1 2　2 3　3 4

📖 寿命 lifespan / tuổi thọ
　介護 nursing care / điều dưỡng

(2) 1 1　2 3　3 2

📖 砂浜 beach / bãi cát
　松林＝松（pine tree / cây thông）の林
　漁業 fishery / ngư nghiệp
　声が上がる＝意見が出る
　市民運動 citizens' movement / vận động thị dân
　意見を通す＝意見を受け入れさせる

第6回

🎧 わかりますか？

問1：**1**　問2：**3**　問3：**1**

✍️ やってみましょう

(1) 1 4　2 3　3 2

📖 ～とは限らない＝必ず～か、わからない

(2) 1 3　2 2　3 3

📖 長男＝いちばん年上の息子
　握りしめる＝しっかり握る
　うなずく nod / gật đầu ＝頭を上から下に動かす
　（はい、わかった、という気持ちを表すことが多い）
　（お）互いに顔を見合わせる look at each other / nhìn
　mặt nhau　＊（お）互い each other / lẫn nhau
　社会性が高い sociable / tính xã hội cao
　共通する common / chung

第7回

🎧 わかりますか？

問1：**3**　問2：**1**　問3：**1**　問4：**4**

✍️ やってみましょう

A 1 1　2 1　3 2　4 4

キーワード	1「あきっぽい」　2「変化」「活発」
	3「旅行に出かけて」

⚠️ 4「規則正しい生活」＝「変化のない生活」

📖 発売する launch (new product) / bán ra
　習い事 lessons / học thêm ＝芸術やスポーツ、外国
　語などを学校以外の場所で習うこと
　あきっぽい＝すぐあきる性格だ
　＊あきる＝同じことや物が続いていやになる
　刺激 stimulation / kích thích
　活発（な）active / năng động
　サボる＝しなければいけないことをしない

B 1 4　2 2　3 1　4 3

📖 テーマ topic / chủ đề, đề tài
　取り組む＝一生懸命にする
　お手ふき＝手をふくためのぬれた小さいタオル
　機械的に mechanically / mang tính máy móc ＝何も考え
　ずに、機械のように決められたことを決められ
　たようにするようす
　サンプル (free) sample / mẫu
　習慣 habit / thói quen

C 1 4　2 3　3 2　4 4

📖 オンラインで online / trực tuyến ＝インターネット
　を使って
　タイミング timing / đúng lúc ＝何かするのに、ちょ
　うどよいとき
　身振り手振り gesture / cử chỉ ＝ジェスチャー
　動作＝体の動き
　スタイル style / phong cách ＝考えや行動のしかた

第8回

🎧 わかりますか？

問1：**3**　問2：**2**

✍️ やってみましょう

A 1 2　2 1

📖 サイクリング cycling / tái chế
　建築 construction, architecture / xây dựng
　民家 private house / nhà riêng
　電動＝電気で動く
　全長＝全体の長さ
　伝統（の）traditional / truyền thống
　初心者 beginner, novice / người mới bắt đầu
　山村 mountain village / làng núi ＝山の中の村
　集落＝家が集まっているところ
　新緑 fresh green / màu xanh non ＝春の新しい葉の緑

湖岸 shore of a lake / bờ hồ ＝ 湖の岸
（こがん）（みずうみ きし）
山頂 ＝ 山のいちばん上
（さんちょう）（やま うえ）
展望台 lookout / đài quan sát
（てんぼうだい）
レンタル rental / tiền thuê ＝お金をもらって物を
貸すこと（かね もの か）
預かり金 deposit (money) / tiền gửi
（あず きん）
返却時＝返すとき
（へんきゃくじ かえ）
＊返却（する）＝借りたもの返すこと
（へんきゃく か かえ）
＊〜時＝〜するとき
（じ）
返金する＝お金を返す
（へんきん かね かえ）

B ①2 ②2

パス pass / vé trọn gói

サマースクール summer school / trường mùa hè

避ける avoid / tránh
（さ）
気楽（な）＝心配がない
（きらく しんぱい）
（鉄道）路線 line / đường ray
（てつどう ろせん）
有効期間＝使える期間
（ゆうこうきかん つか きかん）
開始＝はじめ
（かいし）
連続する＝続いている
（れんぞく つづ）

C ①4 ②3

リサイクル recycling / tái chế

キャンペーン campaign / khuyến mại

チラシ flyer / tờ rơi

クーポン（券）coupon, voucher / phiếu giảm giá
（けん）
不用になる＝使わなくなる
（ふよう つか）
数点＝何点か、いくつか
（すうてん なんてん）
ブランド brand / thương hiệu

古着 secondhand clothing / quần áo cũ
（ふるぎ）
愛用する＝気に入っていつも使う
（あいよう き い つか）
回収する＝集める
（かいしゅう あつ）
交換する＝取り替える
（こうかん と か）
革製品＝革（leather/ da）でできた製品
（かわせいひん かわ せいひん）
雑貨＝日常生活で使ういろいろな細かいもの
（ざっか にちじょうせいかつ つか こま）
引き取りする＝品物を受け取る
（ひ と しなもの う と）
引き換え＝取り替えること
（ひ か と か）

◆◆ 聴解 ◆◆
（ちょうかい）
正解と翻訳＋スクリプト
（せいかい ほんやく）

第1回

📙 ペンキ paint / sơn, vẽ

塗りたて＝今塗ったばかり
（ぬ いま ぬ）
ロビー lobby / sảnh

徹夜で＝夜、眠らないで
（てつや よる ねむ）
当然 naturally /đương nhiên
（とうぜん）

第2回

🎧 聞き取れますか？
（き と）

❶1
① 46番
（ばん）
② 40番の方が終わったところ
（ばん ほう お）
③ あと5人
（にん）
④ 一人5分ほどかかります
（ひとり ふん）
⑤ 結局＊、1時間近く待つ
（けっきょく じかんちか ま）
📙 結局 after all / kết cục
（けっきょく）

❷3
① 練習することで本当に頭がよくなる
（れんしゅう ほんとう あたま）
② 頭の動き、働きを良くする
（あたま うご はたら よ）
③ よく使う利き手＊の反対の手を使う
（つか き て はんたい て つか）
④ 左手で文字を書く練習
（ひだりて もじ か れんしゅう）
⑤ 急に左手でペンを使うのは難しい
（きゅう ひだりて つか むずか）
⑥ 歯みがきから始める
（は はじ）
📙 利き手 dominant hand / tay thuận
（き て）

❸2
① 今うちにある普通のラジオでいい
（いま ふつう）
② 手袋あるけど厚いの、あったっけ
（てぶくろ あつ）
③ それ買っといて
（か）
④ 懐中電灯＊は2、3本あるから大丈夫
（かいちゅうでんとう ぼん だいじょうぶ）
⑤ 水のボトル＊
（みず）
⑥ それはいい
⑦ ラジオにも懐中電灯にも使う
（かいちゅうでんとう つか）
⑧ 買っておかないと
（か）
📙 ホームセンター DIY store / trung tâm mua sắm gia đình

懐中電灯 flash light, torch/ đèn pin
（かいちゅうでんとう）
ソーラーラジオ solar radio / radio năng lượng mặt trời

停電する to have a blackout / mất điện
（ていでん）
ボトル＝びん

やってみましょう ✍

1番：2

男の人と女の人が話しています。男の人はどうやって本を探しますか。

F：本を探しているんだって？

M：そう。「日本の自然と美術」っていう本。図書館にはないし、近所の本屋も見たけど……。

F：ネットで探してみた？

M：うん、出版社*のホームページ*を見たけど、もう出版して*いないって。

F：新しい本はもう出していないのね。じゃ、神田に行ってみたら？

M：え、神田？　ああ、古本*を売る店が集まっているところだね。

F：あそこなら見つかるかもしれない。

M：でも、古本屋*を回って*探すのも大変だな。

F：じゃ、古本屋のネットワーク*のサイト*を見たら？

M：ああ、それなら家でできるから、やってみよう。やっぱりパソコンだね。

男の人はどうやって本を探しますか。

📖 **出版社** publisher / nhà xuất bản
　ホームページ web page / trang chủ
　出版する publish / xuất bản
　古本 used book / sách cũ
　古本屋＝古本を売る店
　回る look around / vòng quanh
　ネットワーク network / mạng lưới
　サイト website / trang chủ

2番：3

男の人と女の人が話しています。女の人はこのあと何を書きますか。

F：中村さん、ちょっと教えてほしいことがあるんですが、今いいですか。

M（中村）：はい、何ですか。

F：あのう、日本人の友達から誕生日パーティーの招待*メールが来ました。それで今、欠席の返事を書いているんです。

M：パーティーに行けないんですか。

F：そうなんです。それで、はじめに招待のお礼を書いてから、「行けません」と書きました。でも、それだけでは失礼でしょう？

M：そうですね。

F：欠席の理由も書いたほうがいいでしょうか。

M：理由をわざわざ*書く必要はないでしょう。でも一つ大事なことを忘れていませんか。

F：え？　何でしょう。

M：お誕生日ですから、「おめでとう」と書かなければ。

F：ああ、そうだ。

M：それ、最初に書きましょう。

F：わかりました。ありがとうございます。

女の人はこのあと何を書きますか。

📖 **招待（する）** inviting / mời
　わざわざ bother to (do something) / mất công

3番：2

男の学生と女の学生が話しています。男の人は1泊いくらまででホテルを探しますか。

F：夏の合宿*のことだけど、早く予約しなくちゃ。

M：温泉とかプールとかがあるとこは、高いから無理だね。

F：でもやっぱり温泉があるといいな。練習のあとで温泉に入れれば最高だもん。

M：でも、そういうとこは高いよ。毎年、部の予算*は1泊5,000円だから、今年もそれ以上は無理だろ？

F：でもさあ、予算より少し高くても温泉があるほうがいいって言う人も多いんじゃない？

M：「少し高くても」って、いくらぐらいまでかな。

F：そうねえ……プラス3,000円。

M：えっ、そんなに出せないよ。

F：じゃ、それよりマイナス1,000円。これで探してみてくれる？

M：わかった。その線でさっそく*探してみよう。

男の人は1泊いくらまででホテルを探しますか。

📖 **合宿** training camp / trại tập huấn
　予算 budget, estimate / dự toán
　さっそく＝すぐ

第3回

🎧👤 **聞き取れますか？**

❶ 2

① バスは5時30分

② 5時に家を出る

③ 30分早く出て、もう一本早いの

❷ 4
① 駅で待ってる　　② 先にお店に行ってて
③ スマホで調べてみて。
④ わからなかったら、電話ちょうだい

❸ 1
① 長いほうを横に　　② 角を持ってください
③ ピンと広げて

やってみましょう ✍️

1番：3

ホテルで男の人と女の人が話しています。男の人はどんな服装で食事に行きますか。

F（ホテルの人）：お客様、お部屋は5階512でございます。こちらからお好きな柄の浴衣*をお選びくださいませ。温泉にいらっしゃるときにお召しになって*ください。お部屋にスリッパがご用意してあります。

M（客）：お、浴衣。いいなあ。あ、じゃあ、これにします。

F：はい。お夕食はこちらのロビーの上、2階「レストランさくら」でお召し上がりください。

M：わかりました。あの、まず温泉に入りたいんですが。

F：温泉は、お部屋のある建物の地下1階*にございます。

M：温泉に入って、その後レストランに行って、冷えたビールを飲みながら夕食だな。

F：はい。ただ、お部屋のある建物は浴衣とスリッパで移動していただけますが、こちらロビーのある建物のほうでは、浴衣とスリッパはご遠慮いただいております*。

M：え、そうなんですか。温泉に入ったら浴衣でゆっくりしたい*んですけどね。

F：申し訳ございません。

男の人はどんな服装で食事に行きますか。

📖浴衣＝お風呂から出たときや夏に着る、薄くてすずしい着物
いらっしゃるときにお召しになって
＝行くときに着て
地下1階 B1 floor / tầng hầm 1
ご遠慮いただいております
＝遠慮してもらいます＝やめてください
ゆっくりする make oneself at home / chậm rãi

2番：4

旅行会社の人が説明をしています。ツアーに参加する人はまず何をしなければなりませんか。

M：皆様、お疲れ様でした。明日の予定をご説明します。明日は自由に観光なさってください。市内観光ツアーをご希望の方は、ホテルフロント*でお申し込みください。ツアーはA、B、C、3つのコース*がございます。それぞれの行き先の案内はフロントにございます。ホテルのホームページにも案内がございまして、フロントでも、ホームページからでもお申し込みいただけます。どのコースも昼食のサービスを付けることができます。ご希望の方は、お食事の内容をご確認いただきまして、コースの申し込みと同時にご予約をなさってください。お申し込みいただいたコース、お食事とも明日の変更はできませんので、ご注意ください。

ツアーに参加する人はまず何をしなければなりませんか。

📖フロント the front desk / lễ tân
コース course / hành trình

3番：3

会社で男の人と女の人が話しています。男の人はこのあとまず何をしますか。

M：医者に運動不足*だって言われたんだけど、何か簡単にできるスポーツってないかな。

F：スポーツねえ。サッカーとかテニスとかは？学生のとき、やってたんでしょ？

M：サッカーもテニスもいいけど、休みの日とかじゃないと無理だし、クラブとかに入らないとできないからね。もっと簡単にできるようなの、ないかな。

F：じゃあ、ジムにしたら？仕事の帰りに行けるし、インストラクター*がついて指導もしてくれるよ。

M：ジムかあ。高そうだな。

F：まあ、お金はかかるけど、ちゃんと行けば効果はあるんじゃない？試しに*行ってみたら？さくら駅の前にもあるよ。パンフレット*、よく駅前で配ってる*よ。

M：どうせ行くなら、評判*のいいところがいいなあ。

F：ネットで調べたらいろいろ出てくるけど、まずは行ってみたらいいじゃない。あそこ、山田さんが通ってて、いいって言ってたよ。

M：そうか。この近くだと会社の人に会っちゃうよね。

F：まあ、そうだけど、とりあえず *見てきて、よさそうだったら、場所とか値段とか、設備とか調べて、気に入るところを探したら？

M：そうだね。ありがとう。そうするよ。

男の人はこのあとまず何をしますか。

> ■ 運動不足＝運動が足りない
>
> インストラクター instructor / huấn luyện viên
>
> 試しに as a test / thử
>
> パンフレット brochure, pamphlet / tờ rơi quảng cáo
>
> 配る distribute / phát
>
> 評判 reputation / đánh giá
>
> とりあえず for now / trước hết

第4回

聞き取れますか？

① 3

① 長めのコートがほしい

② グレー *はお好きじゃないですか

③ グリーン *もねえ。……ブルー* のはありませんか

④ 長めのブルーがよろしいなら

⑤ メーカー *から取り寄せる*

⑥ 1週間ほどお待ちいただければ *

⑦ それじゃ、待ちます

> ■ グリーン green / xanh lá
>
> グレー gray / xám
>
> ブルー blue / xanh nước biển
>
> メーカー manufacturer / nhà sản xuất
>
> 取り寄せる order, have something sent / đặt hàng
>
> 1週間ほどお待ちいただければ
> ＝1週間ぐらい待ってくれれば（いいです）

② 2

① 券が使えるうちに

② 今週か来週しかないね

③ 来週の週末はもう月が替わってるからだめだ

④ 混んでもいいんじゃない？ 予約ができれば

⑤ 都合のいい日をみんなに聞いてみる

③ 4

① 暖かいところに行きたいと思っていたのよ

② 沖縄はやめよう

③ 今の季節はもう太陽の光が強くなって

④ 肌に良くないでしょう

⑤ それが心配なんだ

> ■ 気が変わる change one's mind / thay đổi ý định
>
> 日焼け sunburn / cháy nắng
>
> そういえば by the way / như vậy thì
>
> 真夏 midsummer / giữa hè
>
> 日差し sunlight / ánh nắng mặt trời

やってみましょう

1番：4

お母さんと男の子が話しています。男の子は何を約束しましたか。

F（お母さん）：あら、まだテレビを見ているの？早く寝なさい。

M（男の子）：ちょっと待ってよ、今サッカーの試合がいいところなんだから。

F：でもね、寝る前に部屋を片付けるの、忘れないでよ。

M：うん、片付ける。

F：いつも「片付ける」って言うけどねえ……今日はちゃんとやってよ。

M：わかった。約束する。だから明日のお弁当は、肉をいっぱい入れてね。

F：あなたの好きな焼き肉弁当ね。

M：うん、約束だよ。

F：ええ、わかった。約束する。

男の子は何を約束しましたか。

2番：4

女の人と男の人が話しています。男の人はどうすることにしましたか。

F：ＡＢＣトラベルです。お電話ありがとうございます。

M：あのう、今月の「ハイキングツアー」は、まだ参加できますか。

F：あいにく *このツアー* はもう締め切りました *。

M：あ、終わっちゃったの。↘ それは残念。

F：でも、また同じようなツアーも企画されて *いますが。

M：来月にもありますか。
らいげつ

F：あのう、細かいことはまだ決まっていません。
こま き

M：そうですか。

F：別のおすすめツアーも2つございます。「海のグ
べつ うみ
ルメツアー」と「山のグルメツアー」です。ど
やま
ちらも人気のツアーですから、お申し込みは早
にんき もう こ はや
いほうがよろしいと思います。
おも

M：「グルメツアー」って食べることばかりでしょ
おも た
う？ 前にも行ったから、それはもういいです。
まえ い

F：それでは、次の「ハイキングツアー」の予定が
つぎ よてい
決まりましたら、ご案内しましょうか。
き あんない

M：はい、お願いします。
ねが

男の人はどうすることにしましたか。
おとこ ひと

📖 あいにく＝残念ですが
ざんねん

ツアー tour / tham quan

締め切る applications close / hết hạn đăng ký
し き

企画する plan / lên kế hoạch
きかく

3番：1
ばん

会社で昼休みに女の人と男の人が話しています。
かいしゃ ひるやす おんな ひと おとこ ひと はな
送ってもいいものはどれですか。
おく

M：どうしたんですか、こんなに食品を並べて。
しょくひん なら

F：家で余っている＊食品をみんなに持ってきても
いえ あま しょくひん も
らったんです。食べるものがなくて困っている
た こま
国の子どもたちに送るためのもの。
くに おく

M：それをみんな子どもにあげるんですか。

F：全部はあげられないから、今チェックしている
ぜんぶ いま
ところなんです。

M：何をチェックしているんですか。
なに

F：ここに年月日が書いてあるでしょう？ この日ま
ねんがっぴ か ひ
で1ヶ月以上ないものは、送れないんですよ。↘
げついじょう おく

M：はあ、今日は12月20日だから、来月の20日よ
きょう がつ はつか らいげつ はつか
り前のものはだめなんですね。
まえ

F：そう。1月20日より後でないとだめです。だから、
がつはつか あと
このラーメンは送れないんです。
おく

M：こっちのコーヒーは……1月10日かぁ。この魚の
がつとおか さかな
缶詰は……2月1日。あ、チョコレートもある。
かんづめ がついつ ち
1月5日だ。じゃ、これ、ぼくがもらってもいい
がついつか
ですか。

送ってもいいものはどれですか。
おく

📖 余っている＝多すぎていらない、残っている
あま おお のこ

第5回

🎧 **聞き取れますか？**
き と

❶ 3

① あと3日か
みっか
② 31日はお料理作り
にち りょうりづく
③ 明日か、明後日
あした あさって
④ じゃあ、明日にしようか
あした
⑤ まずは掃除
そうじ
⑥ カーテンも洗いたい
あら
⑦ それから始める
はじ
⑧ 庭をやっちゃう
にわ

🔑 二人が話しているのは12月29日
ふたり はな がつ にち

❷ 1

① ご飯、食べないの
はん た
② やせるためってわけじゃない
③ 食事の後、眠くなる
しょくじ あと ねむ

❸ 3

① 自分の力がわかる仕事
じぶん ちから しごと
② 仕事はまあ問題なくできてる
しごと もんだい
③ どれぐらい役に立っているのかわからなくて
やく た
④ 私が必要とされていることがわかる
わたし ひつよう

📖 目の前 in front of one / trước mắt
め まえ

✏️ **やってみましょう**

1番：4
ばん

男の人と女の人が話しています。男の人はどうして
おとこ ひと おんな ひと はな おとこ ひと
旅行に行かないと言っていますか。
りょこう い い

M：山田さん、悪いけど、今度の北海道旅行、キャ
やまだ わる こんど ほっかいどうりょこう
ンセルしたいんだ。

F（山田）：え、どうして？ 卒業試験も来週終わるし、
そつぎょうしけん らいしゅう お
行こうよ。みんな楽しみにしてるよ。
い たの

M：卒業試験はいいけど、就職のことでね。
そつぎょうしけん しゅうしょく

F：え、そうなの？ ＩＴ系の会社＊に決まったって
アイティー けい かいしゃ き
言ってなかったっけ。
い

M：それ、どうしようかと思って。
おも

F：そうだったんだ。別の会社、受けるの？
べつ かいしゃ う

M：というか、勉強し直して＊、インテリアデザイ
べんきょう なお
ナー＊を目指す＊か、迷ってるんだ。それに、父
めざ まよ ちち
の体調がよくないらしくて、父の仕事を手伝わ
たいちょう ちち しごと てつだ
なきゃいけなくなるかもしれないんだ。

F：お父さんの仕事って、病院でしょ？ 大変じゃな
とう しごと びょういん たいへん
い。↘

M：うん。

F：そう。旅行って気分じゃないね。
りょこう きぶん

男の人はどうして旅行に行かないと言っていますか。
おとこ ひと りょこう い い

■ インテリアデザイナー
interior designer / nhà thiết kế nội thất

ＩＴ系の会社　IT company / công ty IT

勉強し直す＝もう一回勉強する

目指す　aim (at), have … / hướng tới

2番：3

男の人と女の人が話しています。女の人はどうやってアルバイトを探すことにしましたか。

F：タンさん、コンビニでバイトしてるでしょ？
私も少し日本語が話せるようになったから、アルバイトをしてみたいんだけど、どうやって探したらいいの？

M（タン）：僕は帰国することになった友達に頼まれて、今の店で働くことになったんだ。

F：そうなんだ。やっぱり紹介してもらうのがいいんだよね。

M：どんなアルバイトをしたいの？　何でもいいわけじゃないでしょう？

F：うん、できるだけ日本語で話すことができる仕事がしたい。難しいかな。

M：コンビニはお客様と話したり、店の人と話したりできるよ。僕の店に聞いてみようか。学校のすぐ近くだよ。

F：ありがとう。でも、学校が休みの日に働きたいから家のそばで探したいの。大家さんに聞いてみようかな。

M：そうだね。ネットでも探せるよ。明日でよかったら、いっしょに探してあげるよ。

F：ほんと!? ありがとう。

女の人はどうやってアルバイトを探すことにしましたか。

3番：4

男の人と女の人が話しています。二人はどこで会いますか。

M：明日の朝、西山駅10時の特急だよね。

F：うん。どこで会う？　西山駅は大きいし、人も多いからわかりにくいよね。

M：駅前の噴水のあるところは？　あそこ、わかりやすいよ。

F：明日雨らしいから外はね。私の家、バスが便利なんで、バスで西山駅まで行こうと思ってるんだけど。

M：西山駅のバス停って、どこだっけ。

F：北口。でも、バスが着く時間、はっきりしない＊よね。

M：じゃあ、駅のホームだね。

F：だったら、座席は？　指定席で、となりだし。

M：そうだね。遅刻して心配をかける＊こともないしね。

F：ええっ？　遅れないでね。

二人はどこで会いますか。

■ はっきりしない＝しっかり決まっていない

心配をかける＝心配させる

第6回

👤 聞き取れますか？

❶ 3
① 土曜日か日曜日、どこか行かない
② 横浜に新しい植物園ができたんだって
③ 花とか鳥が見られるの
④ 港で船を見るのもいい
⑤ 植物園へ行ってから港へ行く

■ 野鳥　wild bird / chim hoang dã

❷ 2
① 山手線は東京の中をぐるっと＊回る
② 昨日も助かったよ
③ 乗り越しちゃった
④ 降りないでそのまま乗って一回りした＊んだ
⑤ 終点がないから、それができる

■ ぐるっと　round and round / vòng quanh

うっかり　inadvertently / vô tình

一回りする　go around / làm 1 vòng

遠回りする
detour, make a roundabout trip / làm vòng tròn

❸ 2
① おいしい果物を選ぶのって難しい
② 値段の高いのがおいしい
③ そうとも言えないんじゃない
④ 大きいのより小さい方がおいしい
⑤ 皮がきれいじゃない
⑥ みかんは美人じゃない方がおいしい

やってみましょう ✍

1番：1

男の人と女の人が話しています。
_{おとこ ひと おんな ひと はな}

M：マリアさん、もうすぐ国へ帰るんですね。日本
を旅行してどうでしたか。

F：とても楽しかったです。日本が大好きになりました。

M：そうですか。日本が気に入った*ようでよかったです。あのう、それで、ちょっと話があるんですが。

F：え？　何でしょうか。

M：あのう、うちの会社で、今、外国人の社員を探しているんですよ。マリアさんは、日本で働きたい気持ちはありませんか。

F：え？　突然*そんな大事な話ですか。

M：ええ、ちょっと考えてみてくれますか。

F：あのう、私、日本が大好きになったのは本当です。でも、日本に住むのはちょっと。でもそれが、国に帰ってからリモートで*できる仕事なら、ぜひやってみたいです。よろしくお願いします。

M：わかりました。

女の人が伝えたい大事なことはどんなことですか。

1　リモートの仕事がしたい
2　旅行がとても楽しかった
3　日本で働きたい
4　この会社の仕事はしたくない

📖 気に入る＝好きになる
　　突然＝急に
　　リモートで remotely/ từ xa

2番：2

女の人が話しています。

F：しばらく前のことですが、「ナウい」という言葉を初めて聞いたとき、私には意味がわかりませんでした。英語と日本語がいっしょになって作られた新語で、「現代的*でかっこいい」という意味だと知りました。でも今は、「ナウい」はあまり使われなくなっています。また、長い言葉を短くした新語もいろいろ生まれています。例えば「しゅうかつ」。これは、「就職活動」を短くした言葉です。このように新しく生まれる言葉もありますが、その一方で*使われなくなって消えてしまう言葉もあるのですね。

何について話していますか。

1　古い言葉が消えること
2　言葉が変わっていくこと
3　言葉が増えていくこと
4　短い言葉が生まれること

📖 現代的 modern / hiện đại
　　その一方で meanwhile / một mặt

3番：1

男の人と女の人が話しています。

M：あのう、私、この病院、初めてなんですけど。

F：初めてですね。そうしますと、かなり*お待ちいただくことになりますが。

M：かなりって、どれぐらいですか。

F：そうですね、1時間ほどお待ちいただきますが。

M：1時間？

F：ええ、でももっと早いかもしれませんが、ちょっと外へ出られてもいいですよ。その場合は、これをお持ちになってください。

M：え、それ、何ですか。

F：呼び出し*の機械です。診察の時間が近づくと呼び出しのチャイム*が鳴ります。そしたら10分以内にお戻りください。

M：へえ、10分？　じゃ、あまり遠くへは行けませんね。

F：ええ、10分以内で戻れるところですね。

M：そうか、じゃあ、それは要りません。

男の人はこのあとどうしますか。

1　順番が来るまで待つ
2　外へ出る
3　機械を借りる
4　1時間待つ

📖 かなり＝とても（ひどく）
　　呼び出し calling / gọi
　　チャイム chime / chuông

第7回

🗣👤 **聞き取れますか？**

❶ 2
① いろいろな曲を弾きます
② 悲しい曲やさびしい気持ちを表す曲
③ 派手なドレスを着て悲しい曲を弾いたら
④ ちょっと変な感じ
⑤ 普通のシャツやブラウス

■インタビュー interview / phỏng vấn

注目する＝注意してよく見る

ピアニスト＝ピアノの演奏をする人、ピアノの
演奏を職業にしている人

きらきら＝星や宝石などが光る様子

❷ 4

① 北日本では雨や雪が降る

② 西日本でも

③ その他の地域

④ 平年＊と同じか少し高くなる

■平年＝普通の年
〜見込みです＝〜だろうと考えられています

❸ 2

① 自分を振り返る

② 言葉にすることで、気持ちが軽くなります

③ 金メダル以上の価値＊がある

■オリンピック the Olympic Games / thể vận hội

金メダル gold medal / huy chương vàng

トーク番組 talk show / chương trình tọa đàm

マラソン marathon (race) / ma-ra-tông

貴重な＝大切な

やってみましょう ✍

1番：4

テレビで男の人が話しています。

M：先月、ふじの市の住宅街で人が突然クマに襲わ
れる＊事故があり、市民の間に不安が広がって
います。山に住んでいるはずのクマがなぜ住宅
街に出てくるようになったのでしょうか。市の
職員が調査した＊ところ、原因は人間にあるこ
とがわかりました。ふじの市は20年前から街の
周りの荒れ地＊に木を植えて、緑の公園を作って
きました。その木が大きくなり、現在は近くに
ある森との境目＊がなくなっています。その結果、
クマが餌を探して公園に入り、木の実＊やゴミを
食べるようになりました。そしてそこから住宅街
まで入ってくるようになったのです。

男の人は何について話していますか。

1 公園に木を植えたのはなぜか

2 公園と森がつながったのはなぜか

3 市民が不安に思っているのはなぜか

4 クマが街の中に入ってきたのはなぜか

■襲う attack / tấn công　調査する＝調べる

荒れ地 wasteland / đất hoang

境目 border / ranh giới

木の実 nuts / hạt của cây

2番：3

研究会で女の人が話しています。

F：これから3つの会場で学校教育に関する活動や
研究について発表が行われます。本日の研究
会は、発表後に発表者と会場の参加者が共に＊
意見を言って話し合うことを目的としています。
発表をするだけ、聞くだけの会ではありません。
この研究会には教師だけではなく、経営者＊、
事務担当者＊など、いろいろな立場の人たちが
参加しています。お互い＊の考えを伝え合って
理解を深めて＊ください。

女の人は何について話していますか。

1 この研究会でいろいろな人が発表すること

2 この研究会で発表者がすること

3 この研究会で発表者と参加者がすること

4 この研究会で参加者が注意すること

■共に＝いっしょに

経営者 manager, owner / người kinh doanh

事務担当者 office clerk / người phụ trách văn phòng

（お）互い＝両方の人

理解を深める＝今よりもっと理解する

3番：1

テレビで女の人が話しています。

F：モルディブは、「世界で最も低い国」と言われて
います。サンゴ礁＊でできている1,000以上の
島がありますが、その高さは平均＊3.3ｍで、温
暖化で多くの島が沈んで＊しまうと心配されて
います。そこで、モルディブでは今、「浮かぶ＊
島」を作って、そこに都市を作る計画が進んで
います。人工＊の島は、はちの巣＊のような形
をしていて、海に浮かびます＊。美しい海を守り
ながら、人々が住む街を作るという計画です。

女の人は何について話していますか。

1 「浮かぶ島」が作られること

2 モルディブが沈みそうなこと

3 温暖化を防がなくては＊いけないこと

4 海を守らなくてはいけないこと

■ サンゴ礁 coral reef / san hô
　平均 average / bình quân, trung bình
　沈む sink, set / chìm
　浮かぶ／浮く float / nổi
　人工 artificial / nhân tạo
　はちの巣 honeycomb / tổ ong
　防ぐ prevent / phòng, chống

第8回

🎧 聞き取れますか？

① : 3
　① 今よろしいでしょうか
　② 何でしょうか

② : 2
　① お世話になりました
　② いいえ、こちらこそ

③ : 1
　① よろしくお願いいたします
　② よろしくお願いします

④ : 2
　① 悪いね
　② はい、まかせてください

⑤ : 1
　① おかけください
　② ありがとうございます

⑥ : 1
　① わざわざ行くのも大変です
　② 電話で済ませましょう*
　■ ～で済ませる
　　make do with ... / hoàn thành bằng cách ...

⑦ : 1
　① もうこんな時間
　② お急ぎなんですか

⑧ : 3
　① 無駄ですよ
　② じゃ、やめましょう

⑨ : 3
　①「おひや」って、何だっけ
　②「水」のことだ

やってみましょう ✍🏻

A

1番：3
よかったら、これお使いください。
1　あ、だめですか。
2　あ、どうぞ。
3　あ、すみません。

2番：2
ご連絡、ありがとうございました。
1　いいえ、わかりません。
2　いいえ、どういたしまして。
3　はい、お願いします。

3番：2
え、また遅刻したの？ 課長が怒るのも無理はない*ね。
1　うん、無理だと思う。
2　うん、悪かったと思ってる。
3　うん、無理じゃないと思う。
　■ ～のも無理はない＝～のは当然だ

4番：1
木村さんはどちらにお住まいですか。
1　大阪です。
2　去年です。
3　5人です。

5番：3
お忙しいのに、申し訳ありません。
1　気を付けてください。
2　そうですか。すみません。
3　いいえ、大丈夫です。

6番：1
どんなにがんばっても、今日中にはできません。
1　じゃあ、明日でいいです。
2　よくがんばりましたね。
3　では、今日中にお願いします。

7番：3
ピアノ、お上手ですね。
1　がんばってください。
2　それはよかったですね。
3　いいえ、それほどでもありません *。
　■ それほどでもない not so much / không đến mức đó
　※ 謙遜の表現
　　Expression of modesty / thể hiện khiêm tốn

8番：2

あのう、ちょっと言いにくい * ことなんですが。

1 じゃあ、練習しましょう。

2 何でしょうか。

3 ゆっくり言ってください。

📱 言いにくい＝（あなたがいやな気持ちになる
かもしれないので）あまり言いたくない

9番：1

実は、父が昨日入院したんです。

1 それはいけません * ね。

2 それじゃ、困っていますか。

3 それは悪かったですね。

📱 それはいけません＝それはよくないです

※ 相手に同情する表現
Expressions that sympathize with the other person
thể hiện đồng cảm với đối phương

B

1番：1

お茶、もう一杯いかがですか。

1 じゃあ、いただきます。

2 じゃあ、もう要りません。

3 はい、どうぞ。

2番：3

あのう、ここ、並んでいるんですよ。⤴

1 そうです。並びました。

2 私も並んでいます。

3 あ、ごめんなさい。

3番：2

今日中にこの仕事を片付けること。

1 おかげさまです。

2 かしこまりました。

3 おつかれさまです。

4番：3

今夜、空いてる？

1 いや、閉めちゃったんだ。

2 どうかなあ。わからないよ。

3 ちょっと約束があって。悪いね。

5番：2

あなたのそのアイデア、とてもいいんじゃない？

1 ええ？　だめですか。

2 あ、よかった。ほめていただけて。

3 もう少し考えてみたほうがいいですね。

6番：1

その辞書、ちょっと使わせてもらっていい？

1 うん、かまわないよ。

2 ううん、よく使っているよ。

3 ええ、使いましょう。

7番：3

今度の日曜日にお宅に伺いたい * のですが。

1 質問があれば、お答えしますよ。

2 はい、伺いましょう。

3 どうぞ。お待ちしています。

📱 お宅に伺いたい＝あなたの家に行きたい

8番：1

優勝するなんて、思っていませんでした。

1 よかったですね。おめでとうございます。

2 そんなことを言わないで、がんばってください。

3 そんなこと、言っていませんよ。

9番：1

そうやってゆっくりしているひまはないんだよ。

1 そうか。急がなくちゃ。

2 うん、もっとゆっくりしたいね。

3 どうぞ、ゆっくりしてね。